EXCELÊNCIA em ATENDIMENTO ao CLIENTE

Alexandre Luzzi Las Casas

EXCELÊNCIA em ATENDIMENTO ao CLIENTE

Atendimento e Serviço ao Cliente como Fator Estratégico e Diferencial Competitivo

M.BOOKS

M.Books do Brasil Editora Ltda.

Rua Jorge Americano, 61 - Alto da Lapa
05083-130 - São Paulo - SP - Telefones: (11) 3645-0409/(11) 3645-0410
Fax: (11) 3832-0335 - e-mail: vendas@mbooks.com.br
www.mbooks.com.br

Dados de Catalogação na Publicação

Las Casas, Alexandre Luzzi
Excelência em Atendimento ao Cliente - Atendimento e serviço ao cliente como fator estratégico e diferencial competitivo
2012 - São Paulo - M.Books do Brasil Editora Ltda.
1. Marketing 2. Marketing de Serviços 3. Administração

ISBN: 978-85-7680-126-9

Editor
Milton Mira de Assumpção Filho

Produção Editorial
Beatriz Simões Araújo

Coordenação Gráfica
Silas Camargo

Capa e Editoração
Crontec

Agradeço a todos os colegas que participaram do projeto deste livro elaborado no Núcleo de pesquisa Marco – Núcleo de pesquisa em marketing e comunicação da PUC-SP e que concordaram e doar os direitos autorais para a DERDIC como um gesto de carinho e proposta social tão necessária para os dias de hoje.

Agradeço a equipe da M.Books pelas sugestões e trabalho eficiente realizado na elaboração deste livro.

ALEXANDRE LUZZI LAS CASAS

Prefácio

Foi com grande satisfação que aceitamos o convite para registrar nossas impressões sobre esta publicação e celebrarmos a oportunidade de agradecer, publicamente, aos seus autores e ao coordenador do trabalho pelo desprendimento e generosidade ao cederem à Derdic/PUC-SP os direitos autorais desta obra.

A Derdic é uma Unidade Suplementar da Pontifícia Universidade Católica de São Paulo, que oferece educação básica para crianças e adolescentes surdos, e qualificação profissional e colocação da pessoa surda no mercado de trabalho.

A Instituição, também, realiza diagnóstico e tratamento para pessoas com alterações de audição, voz e linguagem, totalizando uma média anual de 30 mil procedimentos clínicos. Mantém convênio SUS em saúde auditiva e realiza Triagem Neonatal Universal (TANU) em mais de 12 mil recém-nascidos por ano, em convênio firmado com a Secretaria da Saúde do Município de São Paulo.

A proposta desta obra nos pareceu bastante oportuna, na medida em que se preocupa com os novos paradigmas de atendimento ao cliente, interno e externo às Organizações, assumindo o compromisso da mudança: aquela que transforma, que inova e que, certamente, contribuirá para os jovens em formação e para os leitores, profissionais da área, interessados nos novos panoramas organizacionais.

Cada vez mais nossos jovens vêm se interessando por projetos e processos sustentáveis, circulam com naturalidade e convivem melhor com as diferenças em relação a gerações anteriores e têm pressa e "sede" de novas oportunidades.

Portanto, a responsabilidade de educadores, gestores e empresários em voltarem um novo olhar para esses jovens em formação e, aproveitando a oportunidade, chamarem a atenção para uma população emergente no mercado de trabalho e no papel de consumidores de produtos e de serviços, dada a demanda por contratações de PcDs, Pessoas com Deficiências, que assumem postos de trabalho e aumentam, gradativamente, seu poder aquisitivo.

E - por que não dizer? -, a médio e longo prazo, aumentar em número e em participação nas salas de aula das Universidades.

Nosso respeito e admiração pelos autores e coordenador deste livro e parabéns a todos pela publicação.

Agradecemos, mais uma vez, em nome de nossos alunos e assistidos, a atenção que dedicaram à Derdic, e sentimo-nos honrados em fazer parte do contexto de tão relevante obra.

Maria Cecília S. Santos

Direção Derdic

Sumário

Apresentação

Ao analisarmos a situação atual da comercialização, percebe-se que há muita transformação praticamente em todas as variáveis tradicionais do composto mercadológico e, inclusive, nas formas de abordagens de mercado. Há uma forte influência das variáveis tecnológicas, que praticamente mudaram a maneira das empresas se comunicarem com seus mercados, como também das variáveis sociais que impuseram novos desafios, criando diferentes especializações como o marketing social e o marketing sustentável, além de uma série de outras transformações mais notadamente na tecnologia e comunicações.

Devido à proliferação dos meios de comunicação, fragmentando o mercado e a atenção dos consumidores, houve o desenvolvimento de novos cenários mercadológicos caracterizados por uma proliferação de mídias, consequentemente, tornando difícil o assédio a um determinado público-alvo. A nova realidade decorrente destas tendências é que os administradores foram obrigados a buscar novas alternativas a fim de obter e manter os clientes em suas carteiras. Por isso, desenvolveram o marketing de relacionamento, o marketing interativo e os serviços de atendimento ao consumidor entre outros .

Há muito tempo se fala que, mesmo que a empresa pratique as técnicas de marketing de forma adequada e que tenha os melhores produtos e preços, o contato com o consumidor sempre será determinante para o sucesso das estratégias e táticas arquitetadas. Trata-se do momento em que todo o esforço de comercialização se materializa e se concretiza constituindo-se no momento da verdade com o cliente, conforme termo popularizado por Jan Carlzon em seu livro que trata sobre o assunto e narra suas experiências bem-sucedidas como executivo da SAS, empresa aérea da Escandinávia. Os serviços de atendimento ao cliente têm diante do quadro de modernização das práticas mercadológicas um importante papel no resultado de negócios. Os administradores brasileiros necessitam, portanto, dominar o conhecimento de como fazer um atendimento adequado, de bom nível e que agregue valor para os clientes, o que fará com que retornem e com grandes chances de se tornarem fidelizados. Se o atendimento ao consumidor é uma atividade fundamental para o sucesso dos negócios, é uma surpresa como o assunto é pouco debatido e analisado em níveis organizacional e acadêmicos. A literatura existente aborda aspectos motivacionais e pessoais, o que não deixa de ter a sua importância para o bom desempenho, mas, no entanto, apresenta-se falha em uma abordagem do atendimento ao cliente de forma mais ampla que considera como preparar uma empresa, como treinar os funcionários, como atender bem , pesquisar , avaliar enfim, como realmente ter uma visão administrativa de todo o processo .

Por estes motivos, e para atender esta necessidade do mercado editorial, foi preparado um projeto específico no núcleo MARCO - núcleo de pesquisa em marketing e comunicação da PUC-SP –, pesquisas e análises que incluíssem todas as etapas para preparar um serviço de atendimento ao cliente com excelência. Os tópicos foram distribuídos entre os pesquisadores de acordo com seus interesses em pesquisa e experiências profissionais, pois todos têm, além de experiências acadêmicas e profissionais como consultores ou executivos e empreendedores em multinacionais e empresas brasileiras. Portanto, o projeto foi possível ser realizado devido ao bom envolvimento e dedicação do pessoal selecionado. O resultado foi esta obra que colocamos no mercado e que, com certeza, trará muitas contribuições tanto para administradores como para executivos.

Nosso objetivo principal foi contribuir com o mercado e,conforme mencionado, a tendência de hoje é criar novas formas de comercialização e que agreguem valor para a sociedade. Algumas entidades prestam excelentes contribuições com suas propostas sociais. Uma destas entidades é a Derdic da PUC - Divisão de Educação e Reabilitação dos Distúrbios da Educação -, cuja missão é: "Educar surdos, prestar atendimento e tratamento a pessoas com alterações de audição, voz e linguagem, formar profissionais e realizar pesquisas para que todos os envolvidos nas atividades institucionais possam assumir o papel de agentes transformadores no processo de participação na sociedade." A Derdic tem prestado excelentes serviços sociais e educacionais à sociedade brasileira e teve uma trajetória muito importante em seu desenvolvimento.

Alexandre Luzzi Las Casas

Capítulo 1

Excelência nos Serviços a Clientes

Desde os primórdios do marketing, quando se começou a falar na aplicação do conceito da satisfação de desejos e necessidades do cliente, as empresas têm procurado esforçar-se na adequação de suas atividades para chegar o mais próximo possível dos objetivos de satisfação da clientela. Apesar de incessantes esforços por parte de alguns, os comerciantes têm encontrado muitas dificuldades devido ao fato de os clientes serem imprevisíveis. Além da imprevisibilidade da clientela, há uma extensa relação de outras variáveis que interferem no processo, ficando difícil isolar ou salientar as verdadeiras e mais importantes causas de preferências por produtos e marcas, e assim encontrar o caminho legítimo da aplicação do conceito de marketing. Por isso, muitos erram e há ainda muitas insatisfações no mercado.

Nos últimos tempos, no entanto, a tecnologia contribuiu com uma expressiva melhora nos estudos de consumidores, viabilizando o desenvolvimento de vários softwares e técnicas de análise que facilitaram a identificação de hábitos e preferências do consumo. Esta retaguarda tecnológica possibilitou aprimorar a análise de hábitos de compras, pesquisas *on-line*, entre uma série de outras melhorias. Com estes recursos, chegou-se mais próximo do objetivo de satisfação dos desejos e necessidades dos clientes.

No entanto, observa-se que, mesmo com o desenvolvimento de métricas computacionais e de mecanismos de controle, o contato com o cliente tem sido considerado sempre o principal fator para proporcionar satisfação. Os colaboradores que estão em contato direto com os clientes fazem de seu desempenho um fator-chave para a efetividade de uma unidade empresarial, e afetam diretamente a qualidade e produtividade de bens e serviços (MARINOVA, SINGH, 2008).

A tecnologia permite quantificar, mas o contato pessoal dá o toque humano nas relações. Mesmo que algumas empresas procurem substituir pessoas por máquinas, o contato humano sempre será o mais relevante para proporcionar satisfação. Objetiva-se alcançar o melhor da relação comercial ou um atendimento nota 10: "Proporcionar um atendimento nota 10 é criar uma experiência positiva e inesquecível para cada cliente. (...) Significa procurar oportunidades de surpreender e cativar o cliente de um modo único e inesperado" (Performance Research Associates, 2008, p.11).

A valorização do contato humano nas relações comerciais é premente devido à grande concorrência que diferentes setores vêm encontrando. Uma expressiva quantidade de empresas tem disputado o mercado palmo a palmo, e isso requer uma habilidade diferente, uma abordagem diferenciada. Torna-se necessário que a conquista de clientes seja focada no aspecto relacional e permanente, tornando-os fiéis e evitando a perda da clientela já conquistada. Por isso, é necessário que a atenção seja dada à excelência no atendimento, marco inicial deste processo.

1.1. Excelência no Atendimento

A excelência no atendimento tem foco nos serviços ao cliente. Excelência nos serviços ao cliente é o conjunto de atividades desenvolvidas por uma organização com orientação ao mercado, direcionadas a identificar as necessidades dos clientes, procurando atender as suas expectativas, criando ou aumentando o seu nível de satisfação (PRIETO, 2007).

Para um bom atendimento, há alguns pré-requisitos e o desafio da linha de frente é proporcionar um bom serviço técnico, além de transmitir atenção e simpatia. Atendimento atencioso, sem consideração dos requisitos técnicos necessários, certamente gera insatisfação. Como o objetivo de um bom atendimento é gerar satisfação, devem-se considerar alguns aspectos que influem na alacridade dos indivíduos e que constituem um desafio para os profissionais de marketing.

Os maiores desafios, segundo Prieto (2007), são os seguintes:

- A satisfação dos clientes é subjetiva: o que torna um cliente satisfeito? Um serviço financeiro pode ser oferecido de maneira simplória e um cliente considerá-la muito boa devido ao fato de ter atendido suas necessidades e baixo nível de conhecimento. Por outro lado, um profissional experiente pode sentir-se ofendido com uma prestação de serviços muito superficial e não considerá-la de nível adequado. As pessoas ficam satisfeitas com diferentes estímulos e, por isso, o atendimento ao cliente não deve ser padronizado, mas sim, adaptado às exigências específicas da clientela.
- A satisfação do cliente é difícil de ser medida: se uma empresa deseja mensurar o nível de satisfação do cliente, fará isso por meio de pesquisa ou de observação das reações identificáveis. Geralmente, as pessoas expressam suas insatisfações fisicamente tanto na aparência como nos gestos, frequentemente nervosos. A pesquisa tem sido útil para avaliar o nível de satisfação com determinado serviço e geralmente constitui-se no preenchimento de questionários. Nem sempre, no entanto, os clientes preenchem os questionários de forma sincera ou, muitas vezes, não conseguem expressar os seus sentimentos. Adicionalmente, os dados não revelam muitos aspectos psíquicos que possam ter interferido no processo. Portanto, um grande desafio para os prestadores de serviços é o de saber exatamente o que o cliente deseja.
- A satisfação do cliente não é facilmente mudada: as empresas que se esforçam no bom atendimento ao cliente, após os resultados de uma pesquisa que revele insatisfação, procuram melhorar o serviço atendendo às sugestões recebidas. No entanto, mesmo que providenciem as mudanças prontamente, não terão resultados a curto prazo, pois é muito difícil mudar a opinião dos indivíduos. Depois da concepção de imagem sobre determinada organização, os consumidores mudarão de opinião somente se receberem serviços de melhor qualidade de forma mais permanente. O mais

indicado nesses casos é que não se deixe formar uma opinião negativa, reagindo imediatamente nos primeiros sinais perceptíveis de insatisfação.

- O cliente não se satisfaz apenas com a relação qualidade/preço: devido à concorrência, muitas ofertas de produtos de boa qualidade acabam enfatizando o preço como diferencial competitivo. Para uma decisão de compra, os clientes procuram analisar os benefícios adicionais que estão recebendo, além da qualidade e do preço pago. No setor terciário, devem-se procurar desenvolver serviços que tenham maior valor agregado para tornar as ofertas mais aceitáveis e vendáveis.
- Recomenda-se segmentar o mercado para atingir diretamente um grupo de consumidores: para se obter um determinado nível de satisfação, é necessário separar grupos de cliente para estudá-los e preparar a oferta comercial de modo que se aproxime mais das necessidades identificadas. Este é um princípio básico de marketing e deve ser considerado sempre que algum empresário aborda o mercado. No entanto, a tendência é dividir os segmentos em grupos muito pequenos, ou nichos, para se aproximar ainda mais da satisfação dos desejos e das necessidades. A prestação de serviços permite ainda uma vantagem em relação ao marketing de bens, pois geralmente é possível adaptação individual, quase uma oferta sob medida. Esta condição é específica do setor de serviços, mas muitas empresas que vendem bens tangíveis aplicam o marketing um a um, que se assemelha muito a esse procedimento.
- A satisfação dos clientes não é exclusivamente determinada por fatores humanos: foi mencionado que a satisfação de um cliente não é proporcionada apenas pelo aspecto humano do relacionamento, mas por uma série de fatores adicionais, entre eles, a tecnologia. No entanto, a tecnologia quando usada, não deve ficar visível aos clientes, e sim servir de apoio. Quem afirma isso são dois autores, Marc Silvester e Mohi Ahmed (2009), que, ao estudar os princípios de prestação de serviços na área de tecnologia, concluíram que para o cliente não importa os recursos que você usa para prestar serviços, mas o resultado que se obtém de seu

uso. Nenhum cliente gosta de ouvir que não pode ser atendido porque a tecnologia não está funcionando, como ocorre com frequência em várias empresas com a tradicional justificativa de que o sistema está com problema ou fora do ar. Os prestadores de serviços devem ter alternativas para atender os clientes mesmo manualmente ou compensar pelo transtorno quando o uso da tecnologia não for possível.

Os aspectos que influem na satisfação dos indivíduos estão apresentados no quadro 1.1.

Quadro 1.1
Aspectos que influem na satisfação dos indivíduos e desafios para os serviços de atendimento.

Satisfação dos clientes é subjetiva.	Pessoas ficam satisfeitas com diferentes estímulos.
Satisfação dos clientes é difícil de ser medida.	Dados de pesquisas não revelam os aspectos psíquicos que possam ter interferido no processo.
A satisfação do cliente não é facilmente mudada.	Os clientes somente irão mudar de ideia depois de determinado tempo ao receber serviços de melhor qualidade de forma permanente.
Os clientes não se satisfazem apenas com a relação qualidade/preço.	Devem-se procurar desenvolver serviços que tenham maior valor agregado para tornar as ofertas mais aceitáveis e vendáveis.
Deve-se segmentar o mercado o máximo possível para atingir os consumidores.	No marketing de serviços é possível adaptar as ofertas a clientes individualizados.
A satisfação dos clientes não é exclusivamente determinada por fatores humanos.	Para o cliente, não importam os recursos que são usados, mas sim o resultado de sua utilização.

Esses aspectos mencionados como desafios para o atendimento devem ser considerados pelos profissionais de marketing de serviços. Uma das primeiras recomendações é que os serviços devem ser adaptados às necessidades específicas de cada cliente. Para isso, a interação dos representantes de uma empresa com a clientela é o aspecto mais importante para conhecer as expectativas e os níveis de satisfação, devido à dificuldade que existe em mensurar com precisão as necessidades psíquicas por meio de questionários. No entanto, é necessário o frequente monitoramento do nível de satisfação devido à heterogeneidade comportamental dos consumidores, adicionalmente a um constante esforço de melhoria da qualidade por parte da empresa. Como os consumidores avaliam inicialmente suas experiências passadas para formarem opinião sobre determinado serviço, a manutenção de determinado nível de qualidade é essencial para a formação de boa imagem. É recomendável incluir um pacote de serviços ampliados ao básico para gerar melhores resultados, pois os clientes não se satisfazem apenas com preços em um ambiente altamente competitivo conforme mencionado.

Finalmente, a prestação de serviços, apesar de ser grandemente influenciada por pessoas e tecnologia, também tem outros componentes não menos importantes, tais como ambiente físico, onde ocorre a prestação de serviços, e a aparência dos profissionais e as formas como estes interagem com os clientes. Cada um desses aspectos influencia o nível de satisfação. O ambiente físico pode interferir com ruídos, luminosidade, atmosfera, odor, entre outras variáveis. A aparência das pessoas pode interferir negativamente como, por exemplo, a forma inadequada de se vestir, com exageros ou não compatível com a expectativa dos clientes.

A forma com que os representantes de uma empresa interagem com os clientes pode ser fundamental para causar uma impressão, uma vez que as pessoas podem demonstrar comportamentos inadequados como falar alto, sugerir muita intimidade com os clientes, não prestar atenção no que os interlocutores falam, além de uma série de outros fatores. São muitas variáveis, e todas fazem parte de um processo. Cada um desses detalhes deve ser cuidadosamente elaborado para atingir o objetivo de satisfação dos clientes.

1.2. Serviços como Processo

Os serviços podem ser vistos como um processo composto por vários subsistemas que estão relacionados à produção, à venda e à entrega de determinada oferta comercial. Assim, uma empresa de seguros vende seus produtos após ter passado pelo processo de produção das coberturas em diferentes modalidades de seguros. Vai interagir com seus clientes e prestar serviços de assistência e indenização quando houver necessidade, ou seja, providenciará a entrega dos serviços prometidos no ato da venda. Uma faculdade irá projetar e elaborar os diferentes cursos e projetos pedagógicos para ofertar ao mercado e obter alunos, contratando professores e escrevendo o projeto pedagógico. Posteriormente, oferecerá seus cursos aos estudantes que, quando matriculados, iniciarão a etapa da prestação de serviços interna, e os alunos passam a recebê-los e a interagir com todos os demais serviços periféricos de uma determinada instituição, ocorrendo, nessa ocasião, a entrega dos serviços. Da mesma forma que uma empresa fabril que comercializa produtos tangíveis deve pensar em diferentes etapas, desde a fabricação até a entrega ao consumidor, o entendimento dos processos é relevante para a venda de serviços. O processo de serviços para uma instituição de ensino está ilustrado na figura 1.1.

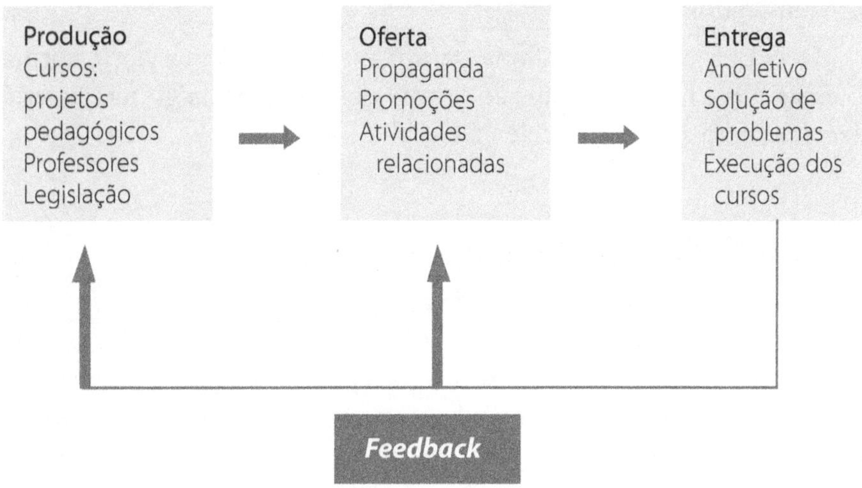

Elaborado pelo autor.

Figura 1.1
Processo de produção, oferta e entrega de serviços para uma instituição de ensino.

Ao considerar as diversas etapas de um processo, a ponta do fluxo de atividades que está em contato direto com os clientes passa a ter maior importância para gerar satisfação. A razão disso é que os clientes muitas vezes não têm contato ou acesso a outras partes da empresa como estrutura física e tecnológica que auxiliam no desempenho desses profissionais. Aqueles que estão em contato direto com o cliente interagem e produzem o serviço, causando uma impressão. Alguns autores chamam esses momentos de encontro de serviços (LOVELOCK; WRIGHT, 2001).

O encontro de serviços tem uma duração variável, pois, como se refere ao período em que o cliente interage com os representantes de uma empresa, pode durar apenas alguns minutos ou prolongar-se por um período bem maior, podendo atingir meses ou anos. O expectador de um teatro, por exemplo, permanece no local onde ocorre a prestação do serviço apenas uma ou duas horas. Este é um período relativamente curto se compararmos com o cliente de uma empresa de engenharia que tenha contratado um projeto arquitetônico com previsão de três anos de duração. Os níveis de relacionamentos são variáveis e os prestadores de serviços têm desafio de criar satisfação nesses períodos, independentemente da extensão dos contatos.

Devido a essa importância para o marketing de serviços, torna-se necessário que haja uma reflexão sobre esses aspectos e algumas sugestões e técnicas para atingir a excelência.

1.3. Níveis de Contato com os Clientes

Conforme mencionado na subseção anterior, os clientes interagem com os representantes de uma empresa por diferentes períodos, conforme o tipo de serviço. Os níveis de contato com os clientes podem ser de três categorias: serviços de alto, médio ou baixo contato (LOVELOCK; WRIGHT, 2001).

Os *serviços de alto contato* são aqueles em que os clientes interagem intensamente com os funcionários de uma organização. Há um contato direto com os prestadores de serviços, e geralmente os clientes visitam as empresas que desejam contatar ou contratar. Um cliente que vai até um banco falar com o gerente, por exemplo, pode ser classificado nesta categoria de serviços de alto contato. Como o cliente entra no estabelecimento, passa pela porta de entrada com controles, entra em filas, etc., os desafios dessas interações são maiores, a fim de proporcionar satisfação aos consumidores.

Os *serviços de médio contato* estão em nível intermediário e envolvem uma relação até certo ponto limitada. Nesta categoria, estão incluídos os vendedores que são encarregados apenas pelas vendas diretas como, por exemplo, no caso da venda de brindes, material de escritório ou outros, e que não necessariamente mantêm contato posterior. Nestes casos, com frequência, outros departamentos da empresa complementam os contatos para a entrega do material solicitado.

Os *serviços de baixo contato* são aqueles em que há pouco contato com os prestadores de serviços. Um cliente que entra no banco e usa o caixa eletrônico está em uma destas categorias de baixo contato. Quando interagem com os representantes da empresa, muitas vezes, é somente para carimbar o tíquete de desconto do estacionamento conveniado, quando for o caso, ou consultar algum representante do banco, havendo pouco contato com o pessoal de atendimento.

Os níveis de contato com os clientes, do ponto de vista da interação, são importantes para determinar o tipo de qualidade que deve ser perseguido, a fim de atingir os objetivos de satisfação. Os serviços, cujos contatos são de curta duração, exigem das empresas que prestam serviços muita agilidade e rapidez para causar uma boa impressão naquele curto espaço de tempo. Por outro lado, os serviços mais duráveis irão exigir a aplicação de atividades mais complexas, inclusive o marketing de relacionamento e a necessidade de que seus representantes demonstrem habilidades nas relações humanas para que se preserve o nível de satisfação por um período maior.

O autor (GREENFIELD, *apud* LAS CASAS, 2007, p. 20) procurou apresentar uma classificação de serviços com base na durabilidade dos serviços. Para isso, ele considerou duas amplas categorias: consumo e industrial. Os serviços de consumo considerados perecíveis foram aqueles de menos de seis meses, estando incluídos nesta categoria cinema, tinturaria, eventos esportivos, mudanças, entre outros. Nos considerados como semiduráveis, com durabilidade de 6 a 3 anos, foram considerados serviços de contabilidade, agências de emprego, entre outras. Finalmente, nos duráveis – com mais de 3 anos – foram os serviços de educação, defesa, saúde, entre outros. Os industriais (B2B) foram divididos nas mesmas categorias e exemplificados de diversas formas. O quadro 1.2 apresenta a classificação de serviços quanto à durabilidade, segundo Harry Greenfield.

Quadro 1.2
Classificação de serviços quanto à durabilidade.

Classificação	Durabilidade	Exemplo
Consumos perecíveis	Menos de 6 meses	Cinema, tinturaria, eventos esportivos, mudanças.
Consumos semiduráveis	6 meses a 3 anos	Contabilidade, agências de emprego.
Consumos duráveis	Mais de 3 anos	Educação, defesa, saúde, seguros de vida, compra de imóveis.
Industrial perecíveis	Menos de 6 meses	Manutenção de fábrica, distribuição, viagem, corretagem, computação.
Semiduráveis	De 6 meses a 3 anos	Propaganda, Relações Públicas, arquitetura.
Duráveis	Mais de 3 anos	Consultoria, contrato de pesquisa e desenvolvimento, aluguel de equipamento.

GREENFIELD, Harry. In: LAS CASAS, Alexandre L. *Marketing de serviços*. 5. ed. São Paulo, Atlas, 2007.

A utilidade da classificação de acordo com a durabilidade dos contatos em serviços é que os compradores poderão considerar a compra de serviços como um investimento a curto ou longo prazo, analogamente aos bens tangíveis. Por outro lado, para as empresas, essa classificação pode ser útil para auxiliar na seleção do perfil de profissional mais adequado ao tipo de relação prevista, como também para auxiliar uma estrutura de apoio. Algumas pessoas são mais fortes em relacionamentos de curta duração enquanto que outros são mais fortes em relacionamentos de longo prazo.

Para o marketing, o conhecimento do período de duração permite elaborar material promocional e estabelecer redes de distribuição. Os serviços de curta duração devem ser extremamente anunciados e distribuídos de forma massificada, uma vez que as decisões de compra são mais rápidas. Serviços de curta duração sugerem uma orientação para o marketing mais direcionada ao estímulo e resposta da teoria psicanalítica.

Por outro lado, os serviços de maior duração devem ter um material mais elaborado e cuidadosamente planejado, para atender cada parte do processo decisório do cliente. Serviços de duração maior, como o ensino universitário, por exemplo, requerem maior atenção a certos detalhes, pois os clientes são mais influenciados pela marca, pela experiência positiva de outros colegas e de amigos com o mesmo serviço, com a propaganda, imagem, credibilidade, etc. Como os clientes passarão mais tempo no local, são mais seletivos no momento de sua escolha e, por isso, vão procurar ler o material promocional, analisar o local, solicitar indicações, além de uma série de outros procedimentos ainda na etapa da pré-compra. Os profissionais de marketing devem estar preparados para facilitar os passos da decisão e preparar material auxiliar para cada uma das etapas do processo de compra cognitiva. O que caracteriza esse tipo de compra é que os consumidores, antes de tomar suas decisões, raciocinam com os vários elementos disponíveis antes de se decidirem.

A durabilidade dos serviços agregados aos níveis de contato com os clientes permitem uma programação melhor dos resultados. Os serviços de alto contato necessitam de muito desenvolvimento no aspecto humano enquanto que um de baixo contato, em tecnologia. Em qualquer uma dessas situações, o objetivo sempre será o de atingir a qualidade e excelência no atendimento.

1.4. Qualidade no Atendimento

Um serviço pode ser considerado de qualidade quando proporciona um determinado nível de satisfação. Geralmente, são considerados fatores para um bom serviço de atendimento (LAS CASAS, 2007):

Tangibilidade: os clientes avaliam os aspectos visíveis de um local onde ocorre a prestação de serviços. Tudo conta nessa avaliação, inclusive quadros, limpeza do local, arrumação, layout, etc.

Confiança: estabelecer uma relação de confiança é fundamental. Reconhecer as fraquezas e os erros, entregar o que promete e ser sempre ético são fatores que auxiliam para atingir esses objetivos.

Responsividade: esta característica se refere à capacidade que um profissional tem para prestar serviços rapidamente, sem deixar que os indivíduos esperem desnecessariamente. Boa vontade e prontidão também são avaliados pelos clientes.

Autoconfiança: um bom profissional deve demonstrar que é bom. A forma com que trabalha, demonstrando segurança e de maneira correta, transmite confiança. Os clientes gostam de lidar e ser atendidos por pessoas confiáveis.

Estas características de um bom serviço têm sido amplamente consideradas na literatura de marketing. Uma metodologia de avaliação citada com frequência na literatura de serviços é o SERVQUAL, desenvolvida com base nesses atributos. O instrumento de avaliação foi elaborado, tendo como base cada um desses quatro itens, totalizando 22 questões e sendo dividido em duas partes: uma que visa avaliar as expectativas e outra, a percepção. Se a diferença for superior para as expectativas, significa que a empresa não está atendendo adequadamente os clientes. Por outro lado, se o resultado final mostrar um valor superior para a percepção, a empresa está, de modo geral, atendendo as expectativas. A vantagem do SERVQUAL é que cada questão auxilia na identificação de aspectos específicos que precisam de atenção.

Alguns autores procuraram estabelecer regras para o atendimento com excelência, adicionalmente aos atributos mencionados. Conforme ensina a Performance Research Associates (2008), algumas dessas regras são:

A honestidade é um fator fundamental: aspecto já comentado como fundamental nos serviços de atendimento ao cliente.

Quando necessário, quebre as regras: desde que seja para atender melhor o cliente e não agrida a política da empresa.

Procure fazer serviços corretos sempre: a qualidade dos serviços é fundamental.

Escutar é mais importante do que falar: muitas vezes, os atendentes falam demais e não escutam o que os clientes querem. Ouvir é uma arte que deve ser desenvolvida e aperfeiçoada.

Deve-se formular perguntas com inteligência: deve-se evitar as perguntas evasivas e sem conteúdo. Para isso, a equipe deve ser treinada.

Use frases positivas: frases positivas criam um clima de otimismo.

O atendimento excepcional está nos detalhes: o local, os gestos, a forma de se comunicar, a altura da voz, as promessas, entre outras coisas.

Essas orientações precisam ser aplicadas pelas empresas que procuram dar um bom serviço de atendimento. Uma empresa que se prepara para prestar serviços com excelência deve considerar um processo completo para que tenha condições de obter êxito. Não basta transmitir algumas instruções para o pessoal de atendimento e esperar que os resultados sejam favoráveis. Para alcançar o objetivo de excelência, é necessário montar uma estrutura adequada, tanto em recursos operacionais como em recursos humanos, administrar a empresa com estilo que gere satisfação permanente. Por isso, alguns procedimentos são necessários para que se tenha sucesso, conforme demonstrado na figura 1.2.

Figura 1.2
Passos para alcançar serviços com excelência em qualidade.

Conforme a figura 1.2, uma empresa deve se estruturar para dar um bom atendimento aos clientes. Para isso, os seguintes passos são necessários:

1. Princípios de um bom atendimento;
2. Estrutura e recursos;
3. Cultura de serviços ao cliente;
4. Gestão de pessoas;

5. Endomarketing;
6. Marketing de relacionamento;
7. Comunicação;
8. Filas e reclamações;
9. Avaliação dos níveis de satisfação;
10. Excelência no atendimento on-line.

Deve-se começar com o desenho de processos e estruturas adequadas para um atendimento de bom nível, e preocupar-se principalmente com as pessoas, tanto funcionários como clientes. Para isso, é necessário contratar e treinar as pessoas certas de modo que assimilem a cultura empresarial de bom atendimento e dominar técnicas de marketing de relacionamento, para estabelecer contatos duradouros. Para que as pessoas trabalhem com motivação e entusiasmo, elas devem estar bem integradas e motivadas, e para isso, a aplicação do endomarketing, ou marketing interno, torna-se uma necessidade. Além disso, o nível de satisfação dos clientes deve ser controlado administrando-se as reclamações e filas, e monitorando-se o nível de satisfação dos clientes através de pesquisas constantes. Esses aspectos serão comentados a seguir.

1.5. Princípios de um Bom Atendimento

Um dos princípios básicos de um bom atendimento é que ele seja considerado parte integrada de um processo mais amplo, como uma boa estrutura organizacional e boa administração de relacionamento com todos que contatam uma empresa: fornecedores, concorrentes, sistema financeiro, jornalistas, entre outros. Além disso, deve-se ter um bom entendimento dos consumidores quanto ao que ele espera de determinado serviço, uma vez que a entrega deste deve estar diretamente relacionada com o atendimento de suas expectativas. Um dos grandes problemas das empresas brasileiras é atingir a satisfação dos consumidores devidamente, uma vez que há muitas queixas registradas, as quais se proliferam facilmente pelas informações na internet. Um estudo procurou identificar quais as principais empresas com queixas registradas em um site, o Reclame Aqui, no ano de 2010, e as mais significativas estão apresentadas no quadro 1.3.

Quadro 1.3
Queixas registradas no site Reclame Aqui em 2010.

B2W	25.379
TIM	14.109
CLARO	9.823
COMPRAFACIL	9695
MPTUDO.COM	7548

Fonte: AGOSTINI, Renata; MEYER, Renata. Em guerra com o consumidor. *Revista Exame*. São Paulo: Abril, ano 45, n. 8, 4/5/2011, p. 37-48.

O resultado da insatisfação refletiu em um aumento das reclamações dos consumidores no Procon. As multas entre os anos de 2008 e 2010 aumentaram substancialmente, variando de 61 mil para 3,5 milhões registrados em 2010, uma expressiva quantidade de reclamações. Isso mostra que os consumidores brasileiros estão reclamando seus direitos com maior intensidade, além de postar na internet o registro de suas insatisfações. Conforme mencionado no texto referenciado: "A internet – e particularmente as redes sociais – tem se tornado uma poderosa caixa de ressonância do relacionamento entre empresas e consumidores. O alcance do poderoso boca a boca tornou-se inimaginável e potencialmente destrutivo".

A pesquisa Exame/IBRC (Instituto Brasileiro de Relacionamento com o Cliente) realizada entre setembro de 2010 e janeiro de 2011, e que foi feita no mercado brasileiro, visou identificar quais as melhores e piores empresas de atendimento no Brasil e expor suas causas. O ranking foi feito utilizando a pesquisa de opinião, informações das empresas, clientes misteriosos, além de pesquisas qualitativas com entrevistas sobre o atendimento. A soma de todos esses itens gerou um ranking. As empresas que foram mais bem pontuadas e as com pior avaliação estão no quadro 1.4.

Quadro. 1.4

O ranking das 10 melhores e das 10 piores empresas no atendimento a clientes no mercado brasileiro em 2010.

Ranking	As 10 melhores	As 10 piores
1.	Bradesco	Compesa
2.	Porto Seguro	Celpe
3.	O Boticário	Oi Velox
4	Natura	Banco Pan Americano
5.	Magazine Luiza	Speedy
6.	Coca- Cola	Casa & Vídeo
7.	Fiat	Oi Móvel
8.	Livraria Saraiva	Ibi
9.	Microsoft	Ricardo Eletro
10	Citibank	LG

Fonte: AGOSTINI, Renata; MEYER, Renata. Em guerra com o consumidor. *Revista Exame*. São Paulo: editora abril, ano 45, n 8, 4/5/2011, p. 40.

Com base nas conclusões da pesquisa, os autores fazem uma proposta sobre como dar a volta por cima para reduzir as insatisfações dos clientes:

1. Não tenha medo das reclamações: use-as para melhorar o seu serviço.
2. Cumpra os prazos prometidos: ao prometer um prazo, a empresa cria expectativas em relação ao cliente, que passa a esperar o que foi prometido.
3. Monitore as redes sociais: os primeiros sinais são dados na rede. Monitore-as para identificar o que os clientes estão falando de sua empresa e de seus produtos e serviços.
4. Surpreenda os seus clientes: na reclamação que fizerem surge uma boa oportunidade para surpreender positivamente os clientes fazendo uma oferta vantajosa que os deixe satisfeitos e surpresos.
5. Vá fundo no problema: procure identificar as causas. Deve-se revisar todo o processo de prestação de serviços, para identificar qual é o setor que mais especificamente está causando o problema.

6. Dê poder à linha de frente: uma certa autonomia para certos assuntos é necessária para que as empresas prestem bom atendimento, pois a necessidade de pedir autorização para alguns procedimentos básicos e elementares prejudica o desenvolvimento de um atendimento ágil e dinâmico.

As empresas que prestam serviços de qualidade devem estar atentas aos resultados dessas pesquisas. Alguns executivos que foram procurados pelos jornalistas recusaram-se a responder o motivo da insatisfação dos clientes. Evidentemente, os resultados de pesquisas de índice de satisfação são ferramentas indispensáveis para a melhoria dos serviços. Percebeu-se também a importância de um processo mais amplo e completo para gerar a satisfação, ou seja, para que se obtenha bons índices, as empresas devem ser consideradas como um todo. Muitas vezes, a falha em alguma parte do sistema pode causar prejuízo na outra, e assim sucessivamente. Muitas empresas analisadas falharam no momento da entrega dos produtos solicitados, o que é um erro grave.

Devido a essas constatações, todos os processos que afetam um serviço de atendimento ao cliente devem ser considerados e são principalmente estes que serviram de base para a estrutura deste livro.

1.6. Estruturas e Recursos

A empresa que se prepara para prestar serviços de excelência deverá tomar alguns cuidados para que isso ocorra de forma satisfatória. A organização da estrutura e as providências de recursos são aspectos iniciais que se constituem no *modus operandi* das organizações. Por isso, há necessidade de se identificar quais pontos devem ser valorizados e enfatizados na organização, por meio de uma análise de competências e necessidades dos clientes. A criação de valor deve ser um dos objetivos principais a ser perseguido de forma permanente e com ênfase no relacional, com todos os elementos do processo comercial, concorrentes, mercado e, principalmente, os clientes. Deve-se providenciar um planejamento estratégico da atividade e estabelecer algumas diretrizes importantes para a condução de serviços de excelência aos clientes, pois conforme os autores Vico e Buairide comentam em seus capítulos:

"Sabendo-se o que se quer e quem está atuando e de como estes entendem a organização, o que se quer e a forma de atuação, envolvê-los para desenvolver a estrutura básica é mais fácil e uma vez implementada a estrutura ela pode conduzir efetivamente ao alcance dos resultados esperados".

Cultura de serviços internos com qualidade - uma empresa necessita considerar certos valores para passar a seus colaboradores e adquirir uma personalidade definida. A cultura pode ser definida como o conjunto de preceitos, regras e procedimentos que um indivíduo assume para conviver com seus pares num processo criativo, dinâmico e colaborativo. O conceito pode ser estendido para organizações, mercado e regiões, e a cultura organizacional pode contribuir muito para o desenvolvimento de serviços com qualidade.

Uma empresa deve procurar disseminar a cultura na organização para tornar o comportamento de seus colaboradores o mais homogêneo possível. Para se tornar uma empresa que presta atendimento de alta qualidade, os funcionários precisam ser preparados para isso, bem como treinados para aperfeiçoar constantemente os seus desempenhos. A comunicação empresarial deve focar estes aspectos. Material de treinamento, quadro de missão e visão da empresa, mensagem transmitida pelos gestores responsáveis, entre uma série de outras medidas, contribuem para desenvolver a cultura de bom atendimento.

1.7. Gestão de Pessoas

As pessoas constituem-se na essência do bom atendimento. Portanto, uma atenção especial deve ser dada aos recursos humanos das organizações, de modo que se obtenha melhores resultados. Não é possível treinar ou desenvolver qualquer pessoa e, por isso, o pessoal encarregado de recrutamento e seleção deve conhecer profundamente os pré-requisitos de um cargo, para que sejam contratadas, treinadas e desenvolvidas as pessoas certas.

Aos funcionários contratados, é necessário que passem por um período de ajustes e adaptação à cultura organizacional, que precisa ser transmitida gradativamente. Em princípio, é possível preparar qualquer funcionário para o bom atendimento, mas o certo é que algumas pessoas cumprem esse objetivo mais rapidamente devido a certas habilidades que possuem.

Na gestão de pessoas, deve-se perceber o indivíduo completo, procurando identificar sua habilidade nas relações humanas. A educação e a empatia são pré-requisitos fundamentais para que se torne um bom prestador de serviços. Há necessidade também de se identificar as competências dos candidatos. Muitas vezes, determinada atividade exige competências específicas que orientam a seleção das pessoas certas.

Identificar competências auxilia também na condução de treinamentos. Treinamentos iniciais devem ser aplicados para que os funcionários tenham bom desempenho no início de suas atividades. Deve-se evitar colocar os indivíduos para aprender fazendo, sem supervisão, uma vez que esse procedimento é desastroso para os resultados da formação de imagem da empresa. Muitas vezes, um cliente mal atendido não retorna para tal lugar e transmite a sua insatisfação aos amigos. Por isso, torna-se necessário que a empresa implante um programa completo de recursos humanos voltado para a cultura do bom atendimento, incluindo não apenas o recrutamento e a seleção, mas também o treinamento inicial e de reciclagem para constante melhora do desempenho dos colaboradores.

1.8. Endomarketing

A aplicação de marketing para os funcionários de uma organização é o marketing interno ou o endomarketing. O objetivo dessa prática mercadológica é procurar tratar os funcionários como clientes e dar-lhes toda atenção possível, para que fiquem satisfeitos no local de trabalho.

Uma empresa que conta com funcionários motivados tem mais chances de oferecer um bom atendimento do que uma que tenha um mau clima organizacional, o que torna as pessoas desinteressadas e apáticas. Por isso, não basta apenas ter um bom plano de recursos humanos para atrair os melhores colaboradores. É necessário motivá-los de forma constante, para manter níveis de interesse de forma permanente.

Da mesma forma que uma empresa procura usar diferentes ferramentas de comunicação para abordar os seus clientes e conquistá-los, as empresas devem fazer o mesmo para seus clientes internos, a fim de mantê-los por mais tempo na empresa. Por isso, campanhas motivacionais como concursos, prêmios, eventos, promoções especiais, entre uma série de outras possibilidades, auxiliam na manutenção do bom clima organizacional.

Além disso, é possível criar programas motivacionais totalmente dirigidos para o bom atendimento. A rede de lanchonetes McDonalds, por exemplo, seguidamente usa cliente misterioso no período de lançamento de novos produtos. O funcionário que oferecer o novo produto ganha prêmios, e eles são avisados sobre o período que ocorrerá a promoção, por isso, esforçam-se mais. Apesar de este exemplo ilustrar as vendas de produtos, a empresa também incentiva o bom atendimento com a mesma prática de clientes misteriosos. O cliente misterioso é um pesquisador contratado que simula ser cliente e entra no estabelecimento sem ser reconhecido. Por isso, avalia o atendimento e preenche um formulário em que constam os vários requisitos avaliados.

É possível praticar endomarketing para todos os "produtos" oferecidos por uma empresa a seus funcionários. As ferramentas de marketing são usadas para a abordagem, comunicação e satisfação dos clientes internos, avaliadas por meio de questionamentos e pesquisas.

1.9. Marketing de Relacionamento

Os contatos humanos de uma relação comercial requerem habilidades em relacionamentos. Estes podem ser a curto, médio e longo prazo. Uma empresa que vende produtos de entretenimento deve se preocupar com o relacionamento durante os contatos nesse período curto, enquanto as empresas que vendem serviços em que o relacionamento é prolongado devem se preocupar em manter um bom relacionamento em um tempo maior, conforme comentado anteriormente.

Independentemente do período de duração das relações no contato de serviços, o recomendável é que as pessoas dominem algumas técnicas, para que uma situação favorável de pós-venda seja mantida. O marketing de relacionamento consiste em uma mudança de paradigma, saindo de uma situação de comercialização objetiva e de direcionamento localizado e funcional para uma nova forma de comercialização centrada na cooperação e no aspecto relacional, o que inclui envolver todos os departamentos de uma empresa para o atendimento desses objetivos.

Leonard Berry (1995) considera o marketing de relacionamento uma ideia antiga, mas com novo foco na pesquisa acadêmica e na prática de marketing. O seu crescimento, segundo o autor, é proveniente do crescimento da ênfase em qualidade, reconhecimento dos valores de sua aplicação, avanços tecnológicos e a necessidade de construir confiança, como ferramenta de marketing. O conceito foi estendido para todos os *stakeholders* de uma organização.

O marketing de relacionamento obteve um expressivo crescimento após os administradores verificarem que a manutenção de clientes fidelizados representa um maior faturamento para as empresas, uma vez que custa muito mais obter novos clientes, do que manter os atuais. Além disso, um cliente em carteira passa a comprar mais devido a fidelidade adquirida, e também tende a recomendar a empresa para outros compradores, o que permite um incremento nas vendas a longo prazo.

No cenário cada vez mais competitivo que as empresas se encontram, o marketing de relacionamento se justifica, pois permite diferenciar os serviços e produtos comercializados. Recomenda-se, inclusive, que táticas de manutenção sejam incorporadas no planejamento estratégico de marketing das empresas. Além da relação pessoal, objeto principal para os serviços de atendimento, uma série de táticas operacionais devem ser incorporadas nas formas de comercialização.

1.10. Comunicação

Na prática comercial, é necessário estabelecer uma boa comunicação com os clientes. A partir de um entendimento específico de suas necessidades e seus desejos, a comunicação deve ser desenvolvida igualmente para a criação de valor, seja ele na formação de marca, na conscientização dos consumidores, ou mesmo na venda do produto. Qualquer objetivo da comunicação deve ser atendido com essa premissa, desde que integre os serviços de atendimento ao cliente (SAC) às outras formas de comunicação. Há muitas deficiências na comunicação, conforme colocam os autores deste capítulo, Perez e Rodrigues:

"As estatísticas dão noções claras dos problemas e apenas reforçam o que, no íntimo, já é bem conhecido: a qualidade de atendimento dos SACs no Brasil ainda é precária, o que evidencia a perda de uma ótima oportunidade de comunicar os valores das marcas."

Desenvolver canais de comunicação interativos com os clientes é uma forma adequada e indicada para se estabelecer bom relacionamento com os clientes e com o SAC, pois como é uma mão dupla e possibilita o armazenamento de muitas informações, é um importante canal para excelência no atendimento de serviços, pois, enfim, "entender que o êxito está na interação e não em um elemento isolado é o primeiro passo para o sucesso no atendimento ao público", afirmam Perez e Rodrigues.

1.11. Filas e Reclamações

Por mais que uma empresa se esforce em atender o consumidor de forma eficaz, sempre haverá, de uma maneira ou de outra, algumas insatisfações, pois as expectativas dos clientes nem sempre são atendidas. Por isso, uma etapa muito importante para a administração de atendimento aos serviços é o atendimento de reclamações.

Outro aspecto de muita insatisfação com os prestadores de serviços diz respeito à formação de filas e longas esperas. Os prestadores de serviços preocupados com a qualidade devem se preocupar em manter as filas sob controle e, para isso, necessitam administrá-las. Alguns estudos são propostos, pois estas filas podem ser administradas tanto com certos procedimentos recomendados como também com base quantitativa. Mais informações serão apresentadas em capítulo específico.

1.12. Avaliação dos Níveis de Satisfação

Finalmente, todos os procedimentos e níveis de satisfação dos clientes devem ser medidos. Por isso, as pesquisas qualitativas e quantitativas são sugeridas. Há vários tipos de procedimentos que facilitam o trabalho dos prestadores de serviços. Há entrevistas com profundidade, estudos de casos, formulários de avaliação, enquetes por telefone e uma série de outros procedimentos.

1.13. A Estrutura deste Livro

A figura 1.1. é o alicerce da estrutura do livro. Inicialmente serão abordados os capítulos relacionados à formação de uma base para o atendimento e relacionados diretamente com a empresa prestadora de serviços. Nesse aspecto, serão abordados a estrutura, os recursos e a cultura da organização. Adicionalmente, a inclusão de capítulos sobre gestão de pessoas e endomarketing visa a orientação para a criação de um clima organizacional favorável que transmita satisfação e motivação aos colaboradores.

Como o relacionamento com os clientes é uma abordagem relacional, principalmente em contato direto entre seres humanos, o marketing de relacionamento é uma atividade necessária. A comunicação dos serviços aos clientes e a forma de interação dos funcionários e clientes no aspecto relacional e interativo será abordado em tópico específico.

Finalmente, há necessidade de lidar com a prestação de serviços durante e após os contatos com os consumidores. Nesse aspecto, foram incluídos os capítulos de filas e reclamações, avaliação dos níveis de satisfação e princípios de um bom atendimento a partir das avaliações feitas em pesquisas.

Resumo

As empresas têm dificuldade em atender os desejos e as necessidades dos consumidores, considerando-se que estes mudam com muita frequência. Mais recentemente, as métricas e formas de acompanhamento das informações sobre hábitos de consumo têm facilitado a aplicação do conceito de marketing. Mesmo assim, o atendimento do cliente tem sido priorizado, devido ao cenário competitivo dos diversos setores, e o poder que tem os funcionários de uma empresa em transmitir os valores de uma organização.

A importância do bom atendimento para o sucesso dos negócios é incontestável. No entanto, alguns desafios são impostos aos profissionais de marketing que lidam com essa questão. A satisfação dos clientes é difícil de ser medida e facilmente mudada. Além disso, os clientes não se satisfazem apenas com a relação qualidade/preço e, por isso, o recomendável é segmentar o mercado para definir os atributos valorizados por diferentes grupos. Outro desafio é que a satisfação dos clientes também é derivada de equipamentos que dão suporte ao atendimento. Se falharem, a insatisfação ocorrerá.

Adicionalmente, os serviços são processos que terminam com a relação entre prestadores de serviços e consumidores, o encontro de serviços. Os encontros têm durações variáveis podendo ser de curta, média ou longa duração. A duração dos encontros é importante para a análise dos administradores, pois vai ajudá-los na escolha dos profissionais de contato, além de permitir a decisão sobre as táticas que serão utilizadas para causar satisfação de acordo com esses prazos. Até mesmo as estratégias mercadológicas são definidas de acordo com a duração do encontro dos serviços. De modo geral, serviços com curta duração usam uma abordagem do estímulo-resposta, enquanto os de longa duração usam a abordagem cognitiva, que é mais abrangente.

Para que se faça boa prestação de serviços, alguns aspectos são fundamentais para que as empresas atinjam os seus objetivos. Entre eles, estão os aspectos empresariais em que a estrutura e os recursos devem ser adaptados. Também é necessário disseminar a cultura de atendimento ao cliente entre os colaboradores de uma organização, sendo importante também a gestão de recursos humanos, que considera desde o recrutamento e seleção, até o treinamento periódico para melhoria da qualidade. Por isso, manter um clima organizacional adequado por meio da monitoração de um marketing interno adequado é de extrema importância. Além disso, a empresa deve se preocupar com o pós-venda, aplicando técnicas de marketing de relacionamento e comunicando a clientela. A comunicação nesse sentido é fundamental e deve-se avaliar constantemente como melhorar os resultados das filas e reclamações, bem como conduzir pesquisas para monitorar os níveis de satisfação dos clientes. A organização deve aprimorar constantemente os princípios de bom atendimento.

Questões

1. Quais são os maiores desafios para a excelência do atendimento ao cliente? Comente como a administração de marketing pode enfrentar essas dificuldades.

2. Identifique e caracterize o processo de produção, oferta e entrega dos serviços para: a) uma seguradora; b) uma funerária; e c) um parque de diversões. Quais as principais diferenças entre esses três tipos de processos de serviços.

3. Defina e exemplifique os três tipos de contatos abordados neste capítulo: serviços de alto, médio e baixo contatos. Como esses contatos podem orientar os administradores?
4. Uma das classificações dos serviços é quanto à sua durabilidade. Como essa classificação pode ser usada para diferenciais em abordagens de mercado e como se comparam à classificação apresentada na questão 3?
5. Comente como uma empresa pode se organizar para prestar serviços orientados ao atendimento com excelência.

Texto para Análise e Discussão

NEXTEL: ENVOLVENDO FUNCIONÁRIOS E CONSUMIDORES NO PROCESSO DE PRESTAÇÃO DE SERVIÇOS

A Nextel tem procurado voltar-se para a excelência no atendimento agradando seus funcionários e clientes. Publicado recentemente em matéria do Portal Exame, a empresa procura envolver os seus funcionários nas decisões de seus próprios benefícios. A empresa considera que medir a qualidade do trabalho de um funcionário apenas através de metas atingidas nem sempre é a melhor solução. Por isso, a regra é colocar os próprios funcionários para fazer essas decisões, seguindo critérios mais eficientes do que medir apenas por números como muitas empresas fazem.

Foi lançado um programa com o título de Programa Circulo de Excelência, cujo objetivo é o de premiar os melhores da área administrativa com uma viagem internacional de uma semana. Nesse caso, as eleições são anuais e se assemelham a um torneio devido ao seu caráter competitivo.

Quem mostrar ser o melhor em critérios como produtividade, espírito de equipe e satisfação do cliente ganha mais votos dos colegas de trabalho. São os pares que fazem as indicações enquanto que presidente e vice-presidentes finalizam a seleção – "validando ou selecionando aqueles que realmente entregaram um trabalho excelente durante o ano". (PORTAL EXAME, 2011)

São selecionados 40 funcionários, além de outros 40 da área comercial que ganham apenas segundo o resultado individual de vendas.

A premiação dá direito a uma acompanhante que pode usufruir uma semana em lugares como Ilhas Canárias, Bahamas, Paris ou Roma – com todos os custos pagos pela Nextel. Em uma das viagens, por exemplo, os funcionários participaram de um coquetel no Coliseu, em Roma. (PORTAL EXAME, 2011). Conforme a fonte:

"Entre os outros mimos, digamos, democráticos estão o benefícios de um programa de qualidade de vida.

Após uma votação interna, a analista de planejamento de vendas Fernanda Assrauy praticou corrida durante seis meses com apoio de uma assessoria esportiva e acompanhamento nutricional.

Nem todos os benefícios dentro da Nextel são conquistados por vias eleitorais. Para quem trabalha na área comercial, por exemplo, a participação nas viagens paradisíacas custeadas pela Nextel é determinada pela superação das metas em vendas.

A assessora comercial Angela Damiani viajou para seis lugares diferentes pelo programa da Nextel. Além disso, também conseguiu bolsa em um MBA na Fundação Getúlio Vargas e 85% de desconto em curso de idiomas." (PORTAL EXAME, 2011)

Na comunicação com os consumidores, a Nextel também aposta em um formato inovador de cross media marketing no novo comercial com Neymar, produzido pela Loducca. Objetiva-se promover o "Push to Tweet", serviço exclusivo de postagem de áudio no Twitter via rádio Nextel, lançado em fevereiro de 2011.

O filme de 15 polegadas, que foi veiculado de 28 de abril a 3 de maio, seguiu a linha da campanha, mostrando jogador caminhando pela praia, falando algo que não pode ser ouvido pela TV.

"Para saber o que está sendo dito, o telespectador terá de recorrer à internet, acessando um hotsite da Nextel que o direcionará para o perfil de Neymar no Twitter. Lá, estará publicada uma nova mensagem de voz, via Push to Tweet todos os dias, que completa o comercial.

Ao todo, serão seis tuítes diferentes, um por dia, no período das 20h às 22h. O internauta não precisa ter conta no microblog para ouvir o áudio.

Já para postar mensagens de voz no Twitter via Push to Tweet, é necessário ser cliente Nextel e ter os aparelhos Blackberry Curve 8350i ou

Motorola i1 com plano de dados habilitado. Não há custo adicional para utilização do serviço. "(PORTAL EXAME, 2011).

Com a interatividade na comunicação, a Nextel pretende obter resultados positivos para a empresa. A empresa espera, com essas ações direcionadas aos consumidores e colaboradores, através do envolvimento e interação, obter subsídios e bom clima organizacional, a fim de atingir o objetivo de excelência no atendimento.

Questões

1. Dê sua opinião sobre as estratégias da Nextel para abordar os clientes e funcionários.
2. Você acredita que a empresa está visando a excelência dos consumidores com essas práticas? Justifique sua resposta.
3. Que outras atividades a empresa poderia conduzir para atingir um serviço nota 10.

Referências Bibliográficas

AGOSTINI, Renata; MEYER, Renata. Em guerra com o consumidor. *Revista Exame*. São Paulo: Abril, ano 45, n. 8, 4/5/2011, p. 37-48.

BERRY, Leonard. Relationship marketing of services-growing interest; emerging perspectives. *Journal of the Academy of Marketing Science*, vol. 23, n. 4, p. 236-245. Disponível em <http://www.springerlink.com/content/l60755785282n113/>. Acesso em 27 de março de 2011.

LAS CASAS, Alexandre Luzzi. *Marketing de serviços*. São Paulo: Atlas, 2007.

LOVELOCK, Christopher; WRIGHT Lauren. *Serviços*: marketing e gestão. São Paulo: Saraiva, 2001.

NEXTEL. Disponível em <www.portalexame.com.br> Acesso em 10.06.2011.

MARINOVA, Detelina; YE, Jun; SINGH, Jagdip. Do frontline mechanisms matter? Impact of quality and productivity orientations on unit revenue, efficiency and customer satisfaction. *Journal of Marketing*, vol. 72 (march 2008), p. 28-45.

PERFORMANCE RESEARCH ASSOCIATES. *Atendimento nota 10*. Rio de Janeiro: Sextante, 2008.

PRIETO, Antonio Blanco. *Atención al cliente*. 3. ed. Madrid: Pirâmide, 2007.

Capítulo 2

Princípios de um Bom Atendimento

Neste início de capítulo, é importante destacar dois pontos que regem um atendimento eficiente e eficaz: o primeiro diz respeito à necessidade de se ter o foco no mercado, e o segundo relaciona-se ao cumprimento dos padrões de qualidade em relação ao atendimento.

Quando tratamos de foco na necessidade do mercado, é importante ter em mente que não se deve restringir um bom atendimento apenas ao cliente. A empresa deve ter como princípio atender bem os clientes, colaboradores, fornecedores (ou qualquer outro tipo de parceiro), acionistas e demais relacionamentos que fazem parte da aura de negócios.

Em relação ao cumprimento dos padrões de qualidade, deve-se ter cuidado para que estejam presentes tanto nos processos de pré-venda, venda e pós-venda quanto em todos aqueles envolvidos no processo de comercialização. Além disso, deve ficar claro que a qualidade no atendimento dependerá muito das características de cada mercado e de cada produto ou serviço que a empresa comercialize. Por isso, neste capítulo apresentaremos alguns princípios gerais que fazem parte de um bom atendimento.

2.1. O Primeiro Princípio para um Bom Atendimento: Adequação do Composto de Marketing às Necessidades do Cliente

O ponto de partida para um bom atendimento é adequar os produtos, serviços, preços, comunicação e distribuição as reais necessidades do cliente. Para isso, é importante que a empresa tenha conhecimento sobre o consumidor (público-alvo) e suas expectativas, antes de preparar a estratégia.

Toda e qualquer informação sobre o cliente é importante para o atendimento. Desde hábitos de consumo, características pessoais, preferências em relação a uma determinada marca, produto, serviço ou formas de pagamento e locais onde realiza a compra, entre outras informações, podem se tornar fatores de diferenciação no atendimento. Essas informações podem ser conseguidas de diversas maneiras: por meio de pesquisas quantitativas ou qualitativas, do contato diário com o cliente (registrado em um eficiente banco de dados), da observação do comportamento do consumidor durante o relacionamento, através de relatórios gerenciais emitidos pelos departamentos de venda, marketing, logística, produção, e também de informações disponíveis em jornais, revistas, livros, internet e outros meios de divulgação de conteúdo sobre o mercado.

Portanto, conhecer o cliente é o princípio básico e essencial para um bom atendimento, pois é a partir desse conhecimento que a percepção de oportunidade ou ameaça se torna presente para a empresa e onde se deve estruturar as estratégias do atendimento. Ou seja, essas informações são tão significativas para a visão de atendimento que influenciam as formas como o consumidor será atendido, a maneira pela qual a empresa estabelecerá suas estratégias de comunicação, o preço que será praticado, e os produtos e serviços que serão oferecidos, ou seja, o desenvolvimento de uma estratégia de marketing com foco no atendimento ao cliente.

Quando uma empresa desenvolve uma estratégia de marketing em que o conhecimento do consumidor é a base do desenvolvimento das ações mercadológicas, aumentam-se as chances de conquista de um diferencial competitivo a partir da satisfação do cliente pela oferta apresentada.

Figura 2.1
Princípio básico de um bom atendimento.

No entanto, muitas empresas ainda não conseguem realizar um bom atendimento porque simplesmente não aprenderam a "ouvir" o mercado. Ouvir o mercado não significa apenas disponibilizar um serviço de 0800, SAC ou qualquer outra forma de atendimento. É importante que a empresa realmente esteja disposta a ouvir o que o mercado necessita e tenha sensibilidade para identificar possíveis problemas no relacionamento (ameaças) ou oportunidades no mercado.

Quantos consumidores não tiveram sua insatisfação aumentada por não conseguirem ser ouvidos pela empresa? Um dos motivos é que, quando o consumidor entra em contato com o atendimento pelo telefone, por exemplo, não consegue alguém que de fato possa solucionar seu problema, e isso se repete no site da empresa, no e-mail disponibilizado, entre outros meios. Ou seja, não basta ter o recurso ou o meio para uma comunicação direita entre o consumidor e a empresa; é necessário que os canais estejam preparados para atender o mercado de forma eficiente.

Porém, disponibilizar diversos canais para relacionamento não deixa também de ser importante na atualidade, pois o consumidor de hoje escolhe a forma como deseja ser atendido. Alguns consumidores preferem ir até o ponto de venda e buscar informações ou efetuar uma compra; outros preferem um meio eletrônico, como internet, e-mail, celular, etc.

Todos esses meios de relacionamento devem ter a mesma estratégia de atendimento, mas sempre respeitando as características específicas de cada um dos canais e de cada um dos clientes.

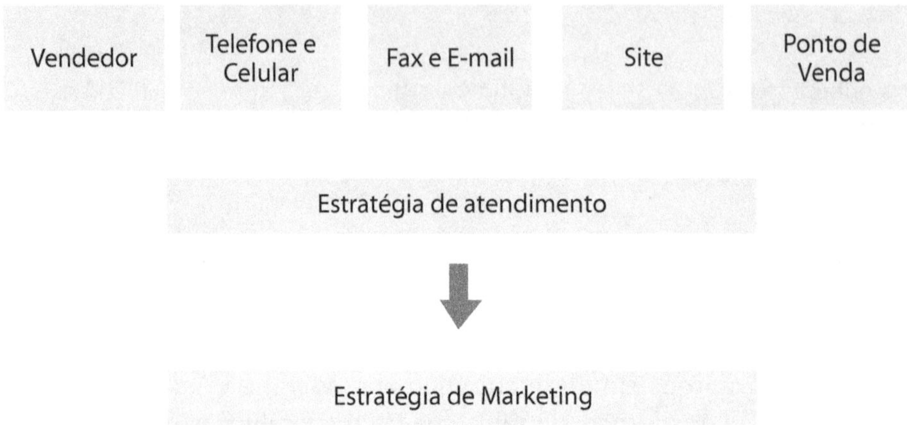

Figura 2.2
Formas de contato com o consumidor e a estratégia de atendimento.

Mas, como desenvolvemos anteriormente, para "ouvir" não basta disponibilizar os recursos tecnológicos e os diversos meios (mídias) para o atendimento. É importante que a estratégia de atendimento, utilizando-se cada um destes canais, esteja preparada para ouvir. Por exemplo, a equipe que atende através do 0800 ou do SAC está treinada e preparada para identificar o que realmente o consumidor deseja? Muitas equipes de atendimento apenas seguem o "script" e atendem de forma burocrática o consumidor. Nem sempre o que o consumidor deseja está de fato no "script", por isso o atendente ou o profissional responsável por aquele atendimento deve estar capacitado para resolver aquela situação apresentada pelo cliente.

Esse problema no atendimento não é exclusivo do serviço de atendimento através do telefone; isso se repete também em outros meios. O consumidor acessa o site e não existe nenhum link para sua necessidade em termos de atendimento, há falta de informação, manda-se um e-mail e ninguém responde, e assim a insatisfação em relação ao atendimento se apresenta em todos os meios.

No quadro 2.1, apresentamos algumas dicas iniciais para um bom atendimento ao consumidor utilizando os meios disponíveis para o relacionamento.

Quadro 2.1
Dicas iniciais para um bom atendimento.

Disponibilização em formar relacionamentos que permitam a conveniência desejada ao consumidor

Estratégia única de relacionamento em todos os canais disponíveis, respeitando as características de cada meio

Flexibilidade na estratégia de atendimento, permitindo que a necessidade do cliente seja identificada, encaminhada e resolvida

Capacidade de transformar o conhecimento adquirido durante o atendimento em ações mercadológicas

Acompanhamento das ações realizadas (auditoria) de forma a garantir a satifação

Observando as dicas apresentadas no quadro anterior, percebe-se que o bom atendimento deve, portanto, se sustentar a partir de 3 elementos: pessoas, tecnologia e processos organizacionais (figura 2.3).

1. Pessoas capacitadas, treinadas, preparadas e qualificadas para cada tipo de atendimento: a contratação do profissional que irá atuar no atendimento, a qualidade do treinamento e o acompanhamento de seu desempenho são procedimentos essenciais para um bom atendimento.
2. Tecnologia de informação utilizada em todos os canais de relacionamento: disponibilização das informações contidas no banco de dados aos diversos canais de relacionamento e investimento em novas tecnologias utilizadas no atendimento, permitindo o aumento de sua eficiência.
3. Processos organizacionais orientados para o mercado: o conhecimento adquirido através do atendimento transformado em ações organizacionais que possam aumentar a eficácia no atendimento.

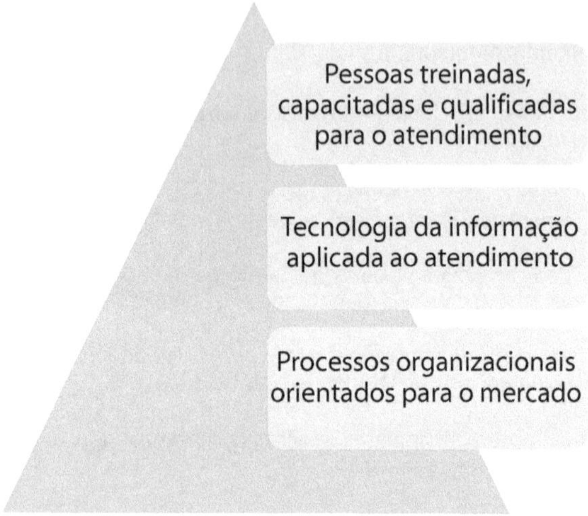

Figura 2.3
Pessoas, tecnologia e processos para um bom atendimento.

2.1.1. Pessoas e o bom atendimento

Para se transformar em um bom profissional no atendimento ao consumidor, é preciso reunir alguns atributos, como perfil para se relacionar, experiência no atendimento e preparação a partir de uma estratégia de relacionamento adequada aos objetivos mercadológicos da empresa e do público-alvo que irá atingir. Portanto, o treinamento para atendimento a clientes deve abordar aspectos de estratégia de marketing, preparação psicológica, ética e prática na utilização do ferramental disponível para o atendimento.

É evidente que a empresa deve também desenvolver maneiras de estimular e motivar os profissionais que atuam no *front-office*. Assim, fatores como salário, premiações, incentivos, benefícios, reconhecimento e um ambiente de satisfação devem ser levados em consideração na estratégia de atendimento.

Em relação ao perfil do profissional para atuar no atendimento, é essencial que ele possua algumas qualidades pessoais, como podemos observar no quadro 2.2.

Quadro 2.2
Perfil do profissional para atuar no atendimento.

Gostar de servir e de atender as pessoas
Saber ouvir e ter interesse em resolver os problemas
Ter capacidade de se comunicar (utilizando os diversos meios) e ser claro e objetivo
Ser educado, prestativo/atencioso e simpático
Ser ético e responsável nas relações
Saber atuar sob pressão

Unindo os elementos apresentados no quadro anterior, o profissional deve ter conhecimento sobre a empresa onde atua, ou seja, conhecer os produtos, serviços, campanhas em andamento, objetivos mercadológicos que a empresa deseja atingir, entre outras informações. Deve conhecer também um pouco do público-alvo que irá atender, incluindo características, perfil e comportamento.

Elementos como apatia no atendimento, frieza nas relações, falta de conhecimento sobre a empresa ou sobre os produtos e serviços da empresa, má vontade na busca de solução dos problemas e automatização da forma de atendimento irritam o consumidor e, consequentemente, o afastam da empresa.

2.1.2. Tecnologia da informação e o bom atendimento

É importante também que a informação certa e necessária para um bom atendimento esteja disponível no momento do contato ou do relacionamento. Associar o banco de dados aos pontos de contato com o cliente irá aumentar o desempenho da equipe de atendimento. Porém muitas empresas, em vez de ter um banco de dados, têm um "bando de dados". Ou seja, informações em excesso ou em falta, desatualizadas, desestruturadas e incompletas ainda fazem parte de muitos bancos de dados.

Um database de marketing (banco de dados de clientes) deve ser constantemente utilizado pela equipe de atendimento. Para isso, essa ferramenta deve ser atualizada constantemente, higienizada (eliminar dados repetidos e desatualizados) e enriquecida com novas informações que contribuam para o atendimento.

Além disso, o banco de dados deve ser a "ponte" entre o atendimento e as outras áreas organizacionais, para que as informações possam, também, alimentar as demais áreas da empresa e contribuir para a adequação das estratégias às necessidades e exigências do mercado (figura 2.4).

Figura 2.4
O banco de dados e a interface entre o atendimento e as áreas organizacionais.

O banco de dados sozinho não irá resolver os problemas no atendimento, por isso é importante que ele esteja ligado à estratégia de atendimento e que haja uma equipe preparada para atuar com base nas informações disponíveis. Por isso, como foi apresentado no tópico anterior, quando tratamos de pessoas, o treinamento na utilização da tecnologia da informação disponível é de extrema importância.

Um banco de dados eficiente possibilita acrescentar as informações necessárias para o atendimento e excluir aquelas que não serão necessárias, ter flexibilidade na forma como será utilizado e permitir o cruzamento de informações e a criação de diversos relatórios sobre o cliente e o atendimento. Outro ponto necessário para um banco de dados é sua capacidade de interagir com todos os pontos de contato que a empresa dispõe, seja um site, um e-mail ou até mesmo o celular. Em uma linguagem mais técnica, o banco de dados deve interagir com o *front-office* e o *back-office*, ou seja, com os pontos de contato externo e com os diversos sistemas internos da empresa.

Desta forma, o banco de dados se transformará na "ponte", citada anteriormente, que une o atendimento às áreas organizacionais, e este fluxo contínuo de informações poderá contribuir para a satisfação do cliente em relação ao atendimento.

2.1.3. Processos organizacionais orientados para o mercado

A empresa pode dispor da tecnologia necessária para um bom atendimento e pode ter profissionais qualificados para utilizar esta tecnologia, mas mesmo assim ainda não conquistar a tão sonhada satisfação do cliente. O que estaria faltando? Sem dúvida, não adianta nada o investimento em tecnologia e em pessoas se o processo organizacional não estiver focado no mercado.

O consumidor atual não quer perder tempo no relacionamento, e também não quer se estressar. Para isso ele deve encontrar as informações necessárias em todos os meios de contato, ter respostas rápidas e perceber que a empresa tem uma solução adequada às suas necessidades e exigências.

"Sua ligação é importante para nós... blá...blá...blá... espere para ser atendido", ou "entendo sua situação senhor... blá...blá...blá..., mas não temos o que fazer", ou "nosso sistema não está funcionando no momento... blá...blá...blá...", são algumas frases amplamente utilizadas durante o atendimento por boa parte das organizações, e demonstram que a empresa não tem processos orientados para o mercado.

O consumidor moderno quer respostas em tempo real, não fica constrangido em utilizar todos os recursos e meios para resolver seu problema e muda de fornecedor com uma enorme velocidade. Isso transforma o atendimento na arte de conquistar e manter o cliente na empresa.

O consumidor atual reclama, dá opiniões e sugestões e, principalmente, exterioriza sua insatisfação (ou satisfação) para um grande número de pessoas. Ou seja, ele pode ser inimigo ou aliado da empresa!

Os processos organizacionais devem ser flexíveis no sentido de atender às necessidades cada vez mais específicas de cada consumidor. Estamos na era da customização, não apenas dos produtos ou serviços, mas do preço, da forma de comunicar e de comercializar.

Esse cenário fica bem evidente, basta olharmos a quantidade de modelos de carros, celulares, óculos, canetas, etc. Temos produtos para todos os gostos, estratégias de preços adequadas a todo e qualquer público, diversas ferramentas e veículos de comunicação, e um número cada vez maior de canais e formas de distribuição.

Além de ações mercadológicas flexíveis, as estratégias devem apresentar inovação, ou seja, mudanças que possibilitem que o consumidor tenha mais um motivo para se relacionar com a empresa. Ninguém quer mais uma empresa parada em seu tempo, em que os produtos continuam sempre os mesmos e nada muda. É fundamental nos dias atuais que as empresas apresentem novidades em relação às diversas ações mercadológicas desenvolvidas, o que possibilitará um atendimento à demanda do mercado de forma dinâmica.

Figura 2.5
Processos organizacionais orientados para o mercado.

Quando a empresa orienta suas estratégias para o mercado, as demais atividades organizacionais devem acompanhar esse movimento e adequar também suas estratégias. A área de logística deve buscar suprir todos os canais necessários para o atendimento, entregando os produtos ou realizando os serviços no tempo certo, na quantidade correta e com o menor custo possível; já a área de vendas deve preparar ações a partir dos critérios estabelecidos pelo marketing, e assim todas as áreas começam a se envolver no processo orientado para o mercado.

Durante este capítulo, temos tocado muito nas questões de eficiência e eficácia no atendimento. Um bom atendimento deve procurar maximizar os resultados positivos da empresas e minimizar as deficiências. Por meio desses aspectos, o atendimento deve proporcionar à empresa uma situação de eficiência, eficácia e, acrescentando mais um elemento, efetividade.

A eficiência no atendimento deve estar baseada na realização das atividades de forma adequada, utilizando os recursos disponíveis e extraindo o melhor de suas características com um menor custo, buscando resolver os problemas ou aproveitar as oportunidades que o mercado, no caso o consumidor, proporciona durante o relacionamento. E eficácia se conquista por meio de soluções encontradas para os problemas e para as oportunidades apresentadas, trazendo-se resultados financeiros e mercadológicos significativos para a empresa. Para ser eficaz, é necessário identificar as ameaças e oportunidades no ambiente mercadológico, além de ter flexibilidade na adaptação das estratégias mercadológicas em tempo real.

A efetividade se apresenta por meio da capacidade que a empresa detém em administrar, ao longo do tempo, um atendimento eficiente e eficaz, sendo admirada e reconhecida pelas diversas maneiras como ela consegue gerenciar os processos de forma diferenciada. Portanto, a eficiência, a eficácia e a efetividade são algumas das principais medidas para se avaliar um bom atendimento.

2.2. O Segundo Princípio para um Bom Atendimento: Ética nas Relações com os Envolvidos

A falta de ética se apresenta de diversas formas no que diz respeito ao atendimento. Deixar o consumidor esperando desnecessariamente, oferecer produtos descontinuados ou fora de linha, estipular cláusulas contratuais com informações sem clareza ou dúbias, estabelecer preços e/ou juros abusivos, não cumprimento de prazos de entregas dos produtos oferecidos, demora ao realizar os serviços de garantia e outras promessas irreais são exemplos práticos da falta de ética no atendimento.

A falta de ética está diretamente relacionada a um mau atendimento. Porém não adianta a empresa ter um código de ética ou de conduta se de fato não incorporar esses padrões em suas ações organizacionais.

Outro ponto importante é que a relação a partir de princípios éticos não deve se dar apenas entre os consumidores e as empresas, mas também entre as empresas e todos os envolvidos no processo comercial, quer sejam fornecedores, distribuidores, colaboradores ou qualquer outro tipo de parceiro.

A empresa que não agir de forma ética com um funcionário, por exemplo, corre o risco do mesmo agir da mesma forma junto ao consumidor e ao mercado. Assim como um cliente insatisfeito manifesta sua insatisfação para um grande número de pessoas, o colaborador, sendo um ser humano, também manifesta sua insatisfação ou indignação a um grande número de contatos que tem.

Relações não éticas junto aos fornecedores, parceiros e comunidade em geral também conduzem ao mesmo risco, ou seja, de ver sua reputação ou imagem comprometida junto ao mercado.

Segundo Salomon (2002, p. 33):

> Ética Comercial envolve regras de conduta que guiam ações no mercado – os padrões contra os quais a maioria das pessoas em uma cultura julga o que é certo e o que é errado, bom ou ruim. Esses valores universais incluem honestidade, confiabilidade, imparcialidade, respeito, justiça, integridade, interesse pelos outros, responsabilidade e lealdade. Ética e responsabilidade social das organizações são elementos que estão muito próximos. Não dá para falar em ética nas empresas sem tocar no assunto de responsabilidade social empresarial.

Desenvolver um atendimento ético e responsável inclui a visibilidade das ações junto a todos os envolvidos, respeito a padrões morais e sociais das comunidades onde a empresa está inserida fisicamente ou através de seus produtos e serviços, transparência na gestão, incluindo o cumprimento das obrigações legais, não obter vantagens desproporcionais em razão do poder de barganha que se detém junto ao mercado, não ter relações duvidosas com os concorrentes, formando cartéis, ou até mesmo com os governos, formando lobbies, entre outros.

Qual o risco que a empresa tem em não respeitar as questões éticas e responsabilidades mínimas exigidas pela sociedade? Sem dúvida a empresa ficará extremamente exposta.

O consumidor atualmente manifesta sua indignação ou compartilha uma experiência negativa em relação a uma empresa, marca, produto, serviço ou atendimento, de uma forma geral, por meio de diversos meios, como chats, blogs, redes sociais, e-mails, SMS, MMS, entre outros meios. A rapidez com que essa mensagem se torna disponível a um grande número de pessoas é espantosa. Se esses meios são capazes até de derrubar governos, imagine o que poderão fazer com uma empresa!

Por outro lado, a prática da ética nas empresas e a promoção de ações socialmente responsáveis junto ao mercado traz uma grande perspectiva de diferenciação, uma vez que, ao praticar e construir relações éticas, a organização terá como vantagem o reconhecimento, o respeito, a credibilidade e a confiança de seus consumidores internos e externos, pontos que, sem dúvida, são cada vez mais exigidos e valorizados em um mercado competitivo.

Quadro 2.3
Alguns princípios básicos que norteiam um atendimento ético.

1. Não oferecer ao mercado algo que não atenda as reais necessidades ou oferecer produtos ou serviços que não estejam de acordo com o informado
2. Honestidade e clareza na forma de comunicação e na oferta apresentada
3. Atender de forma rápida e não repassar custos desnecessários ao cliente
4. Não se utilizar de elementos persuasivos ou até mesmo constranger o consumidor
5. Não utilizar as informações pessoais ou confidenciais de forma inadequada ou não respeitar a privacidade do consumidor desenvolvendo ações invasivas

"Se o senhor levar esta reclamação adiante, a empresa irá descontar do meu salário", "se eu não efetuar esta venda, posso ser demitido por não atingir os objetivos da empresa", "tenha certeza de que o produto chegará à sua casa em dois dias", "você não vai encontrar preço mais barato... confie em mim", ou "se o senhor não comprar agora não posso segurar o preço" – quem nunca presenciou ou recebeu frases como estas no momento do atendimento? Quem nunca passou por uma situação em que se ouve: "o responsável por esta área ou produto não se encontra no momento", ou "tivemos que mandar o funcionário embora porque ele não tinha o perfil desejado", ou "pressione o fornecedor até ele quebrar"?

De fato, as organizações devem avançar muito em relação à ética no atendimento. Os problemas em relação às questões éticas no atendimento passam por exigências cada vez maiores em relação às vendas, metas abusivas aos funcionários, condições ambientais estressantes e falta de recursos físicos e tecnológicos são alguns exemplos de procedimentos não éticos nas relações. Além disso, profissionais cada vez menos preparados para o exercício da profissão e com pouca maturidade para atuar no mercado de trabalho somam-se aos elementos anteriores, resultando em graves problemas no relacionamento e, portanto, no atendimento.

2.3. O Terceiro Princípio para um Bom Atendimento: Surpreender o Cliente com um Atendimento Diferenciado

Superar as expectativas do cliente no momento do atendimento traz resultados excepcionais para o processo que leva à satisfação do cliente. Atender de forma diferenciada, criativa e que possa agregar um valor ao que normalmente é oferecido pode levar à melhoria nos resultados do atendimento.

> Todas as noites, rigorosamente, uma equipe de empregados da Disneyworld faz a manutenção e a pintura dos postes para amarrar cavalos da Main Street. Eles são bem projetados e acabados, limpos, brilhantes e adequados para o lugar, uma réplica fiel e elegante do tradicional centro de uma antiga cidadezinha norteamericana. Pode parecer um exagero, mas, para a Disney, o parque deve parecer novo todas as manhãs, quando milhares de seus convidados chegam para

> visitar o mundo encantado. Este é apenas um dos exemplos da dedicação da Disney que a tornam referência em todo o mundo no atendimento a seus clientes. Uma empresa que se preocupa com um poste prestará essa mesma atenção a qualquer coisa que envolva seus convidados, pois a atenção aos detalhes faz parte da cultura da empresa. No meio empresarial, a Disney é considerada um dos melhores modelos eficientes de superação de expectativas dos clientes, satisfazendo-os plenamente. Lá eles têm alguns dos segredos para conquistar e manter seu público, aumentar os lucros e viver melhor praticando a excelência nos serviços, mesmo em tempos de crise. Isso envolve competência técnica e franqueza. É o equilíbrio dessas características que permite a uma empresa conhecer seu mercado e clientes com propriedade, se relacionar com eles de forma construtiva e duradoura, atender e superar suas expectativas, conquistar novos clientes, expandir o negócio e construir uma vantagem competitiva estratégica que vai pavimentar sua estrada. (WEG em Revista, 2009)

Superar as expectativas do cliente é, portanto, se preocupar com os detalhes, prestar atenção ao que não está completamente visível e buscar soluções criativas e inovadoras.

> Em outro exemplo da excelência da Disney no atendimento aos visitantes, Connellan conta a história de uma criança que começou a chorar após ver o Capitão Gancho sair de cena bem na hora em que a atenderia na fila para um autógrafo. Os empregados (lá chamados "membros do elenco") superaram as expectativas daquela família ao colocar, no quarto do hotel onde a criança estava hospedada, um boneco do Peter Pan e um bilhete escrito por ele mesmo, pedindo desculpas pelo mau comportamento do rival. São histórias como essa que ajudam o elenco a manter a dedicação ao trabalho. (WEG em Revista, 2009)

Mas deve ficar claro que, para superar as expectativas do cliente, a empresa deverá ir além da obrigação ou do que é básico ou essencial em um atendimento. Atendê-lo rapidamente e entregar o que ofertou ou ofereceu não é mais nada do que a obrigação! Ser ético e responsável, por exemplo, é essencial e básico, portanto, não se deve esperar que o consumidor perceba isso como algo diferenciado.

Quando uma empresa supera as expectativas de um cliente apresentando algo que extrapola o essencial e o básico, o cliente fica encantado. Atender as expectativas de um cliente durante o processo de relacionamento pode atrai-lo e mantê-lo, mas o encantamento através da superação das expectativas pode fidelizá-lo.

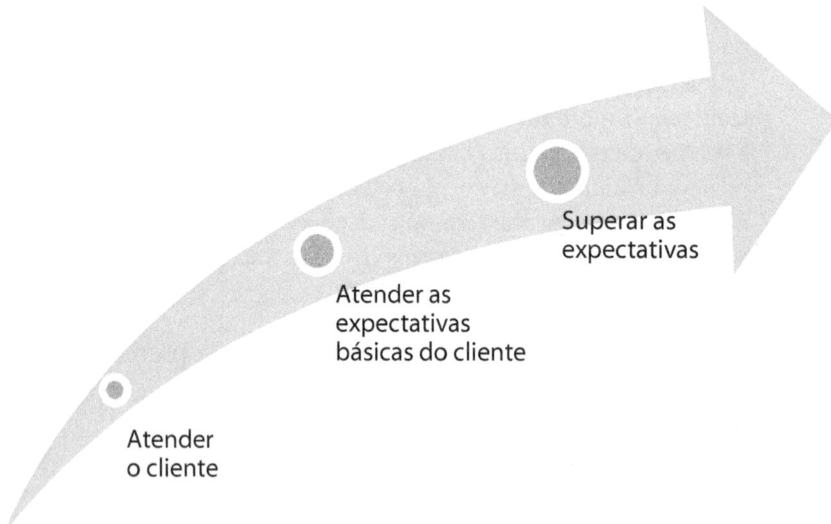

Figura 2.6.
Processo de evolução na visão do atendimento buscando superar expectativas do cliente.

Imagine você estacionar seu carro em um desses estacionamentos pagos e, ao retornar, encontrá-lo limpo e no seu interior um envelope escrito "confidencial". Ao abri-lo, você tem acesso a um relatório sobre a situação completa do seu carro, apresentando informações sobre a necessidade de troca do óleo (você não havia notado no vidro que o prazo da troca estava vencido), sugestões para realização de um cambagem (rodízio entre os pneus), as datas para o seu licenciamento (de acordo com a placa de seu carro) e demais necessidades de manutenção. Talvez, para alguns consumidores, essas ações não fariam a menor diferença, mas com certeza para outros seria algo surpreendente e estaria muito além do básico e essencial daquele prestador de serviço.

Que tal comprar um vinho importado para que seja apreciado em uma data importante e, no dia seguinte, receber em casa um livro que conta a história do vinho, dicas para aproveitar o máximo do sabor e alimentos que combinam bem com aquele produto, incluindo ainda os dados sobre quando foi fabricado, transportado e demais informações que demonstrem todo o percurso do vinho até chegar em suas mãos? Sem dúvida, quem aprecia a arte de saborear um bom vinho terá nessa ação um motivo a mais para se encantar com o atendimento.

Em diversos momentos de um atendimento, o consumidor poderá encontrar motivos para encantar-se. Uma vitrine viva (ação onde um profissional dentro de uma vitrine simula um manequim) foi a estratégia utilizada por algumas empresas para chamar a atenção dos consumidores, tendo nas primeiras ações um efeito diferenciado e resultados positivos para o negócio; uma mala direta onde ao abrir o envelope, e começar a movimentar a peça de comunicação, uma maquete de um prédio se apresenta tangibilizando a oferta do imóvel; eis alguns exemplos de pequenas ações que podem surpreender o consumidor.

Um *layout* diferente, gôndolas organizadas de forma não tradicional, cantinho para um café, promoções criativas e até mesmo ligações não esperadas, mas que trazem valores adicionais ao relacionamento, transformam o atendimento em algo prazeroso ao consumidor, surpreendendo, também, em sua forma e conteúdo.

A Nike, por exemplo, surpreendeu seu público *lançando* no Brasil o NIKE iD, que se trata de uma plataforma para customização do modelo Nike Dunk. A novidade permite aos clientes criarem visuais únicos (personalizados) para seus tênis, podendo escolher entre dez cores e oito detalhes variáveis, incluindo o tecido e um bordado de até 12 caracteres. A novidade surpreendeu os amantes de tênis e aumentou significativamente o número de clientes.

> O sucesso do produto trouxe mais novidades: além dos modelos Dunk e Cortez low, feitos com um couro especial para receber o laser, mais um ícone entra na dança: o mid e o low Force. Os grafismos também ganharam reforços e foram lançadas mais cinco padronagens. Mas a mais legal de todas as inovações é imprimir a "caricatura" do seu rosto no sneaker. O processo, que foi criado na loja da NSW de Pinheiros

> e só rola no Brasil, é simples. Para garantir o sneaker com a sua marca registrada você pode levar uma foto sua ou fazer o clique na loja mesmo para fazer a estilização da sua face. E se quiser deixar ainda mais personalizado, é possível ainda colocar a sua assinatura no tênis. (Nike Sporstwear, 2010)

Para chegar a esse estágio de superação em relação às expectativas do cliente, a empresa deve ter um alto grau de conhecimento do consumidor. Existe uma linha muito tênue que separa o encantamento do descontentamento. Uma mesma ação pode encantar uma parte dos clientes e destruir de vez a relação com outros. Ou seja, o risco de uma estratégia de relacionamento que busque superar as expectativas do cliente se tornar abusiva e/ou inconveniente é alto.

Além disso, o consumidor pode acostumar-se com ações sempre criativas e diferenciadas de uma empresa e gerar suas próprias expectativas adicionais, e assim frustrar-se caso a empresa não consiga dar continuidade ao ritmo que ela mesma se impôs.

2.4. O Quarto Princípio para um Bom Atendimento: Qualidade no Atendimento

Fala-se muito sobre qualidade no atendimento, porém não se vê esforços reais e suficientes para que a qualidade se transforme em um diferencial competitivo para as empresas. Algumas empresas como Mc Donald's, FedEx, Disney, Walmart, entre outras, se destacam pela qualidade no atendimento. Porém, esta ainda é uma realidade pequena perto de tantas outras empresas que ainda não se adequaram ao novo cenário.

Desenvolver e oferecer qualidade no atendimento ao cliente se tornou uma obrigação para empresas que querem obter sucesso no mercado. A qualidade é um meio de alcançar excelência e estabelecer uma vantagem competitiva sustentável nos negócios.

A qualidade percebida por um cliente no momento de um atendimento pode conter duas dimensões: uma *dimensão técnica* (relacionada ao resultado do atendimento) e uma *dimensão funcional* (relacionada ao processo organizacional que apoia o atendimento). O que os clientes percebem em suas interações com a empresa é importante para eles e para sua avaliação sobre a qualidade no atendimento.

Mas não é apenas a qualidade técnica que conta na *avaliação da qualidade total* percebida pelo cliente, pois existe grande número de interações entre a empresa e o cliente antes de se chegar ao resultado final. O contato que o cliente estabeleceu no ponto de venda, a ligação que fez para o 0800 para eliminar uma dúvida, o acesso à internet para buscar algum complemento de informações, o tipo de atendimento que teve ao necessitar de uma prestação de serviço, a satisfação pelo produto, entre outros elementos, certamente influenciarão na maneira como o cliente reconhece o atendimento prestado pela empresa. A esse processo dá-se o nome *dimensão funcional da qualidade*, ou seja, como o cliente vivencia o processo de desenvolvimento do atendimento em todas as interações e relacionamentos que teve com a empresa.

Temos, então, duas dimensões básicas da qualidade, a saber: *o que* o cliente recebe (dimensão técnica, relacionada ao resultado) e *como* o cliente recebe (dimensão funcional, relacionada ao processo).

De acordo com Grönroos (2009), alguns fatores levam ao aumento na percepção de qualidade no atendimento ao consumidor:

1. Profissionalismo e habilidades: os clientes sentem que a empresa possui recursos humanos e físicos necessários para satisfazer suas necessidades de forma profissional.
2. Atitudes e comportamento: os clientes percebem que as pessoas do contato direto estão preocupadas em solucionar seus problemas de forma espontânea e amigável.
3. Facilidade de acesso e flexibilidade: os clientes notam que a empresa está preocupada em facilitar o acesso aos produtos e serviços através de uma boa localização e flexibilidade nos processos.
4. Confiabilidade e honestidade: os clientes sabem que tudo o que foi acordado com a empresa será cumprido, e qualquer problema que ocorra, a empresa honrará com seus compromissos.
5. Recuperação: o cliente sabe que sempre que algo der errado ou alguma coisa inesperada acontecer, a empresa tomará imediata-

mente atitudes que visem encontrar uma nova solução aceitável para ambos.

6. Reputação e credibilidade: os clientes confiam na empresa e consideram que as operações valem o dinheiro gasto.

Analisando esses critérios, pode-se perceber que o primeiro (profissionalismo e habilidades) está relacionado com os resultados, portanto é uma dimensão técnica. Já os critérios classificados de 2 a 5 estão claramente relacionados a processos e, portanto, representam a dimensão funcional da qualidade. O último critério (reputação e credibilidade) está relacionado à imagem organizacional.

Por outro lado, Parasuraman, Zeithml e Berry (*apud* Kotler, 1996) apresentaram um modelo que serve para identificar algumas lacunas em relação à qualidade no atendimento ao cliente:

1. Lacuna entre as expectativas do consumidor e as percepções dos gestores organizacionais: nem sempre os profissionais de uma organização compreendem exatamente o que o cliente quer. Eles podem achar que o cliente quer algo, porém ele querer outra coisa.
2. Lacuna entre as percepções da gerência e as especificações da qualidade dos produtos e serviços: a gerência pode entender corretamente os desejos dos clientes, mas não ser capaz de estabelecer um padrão específico de desempenho.
3. Lacuna entre as especificações da qualidade dos produtos ou serviços e sua entrega: os funcionários podem ser mal treinados, incapazes ou desinteressados em relação ao padrão de desempenho. Podem, ainda, ser orientados por padrões conflitantes.
4. Lacuna entre a entrega dos produtos e serviços e as comunicações externas: as expectativas do cliente são afetadas por declarações feitas por representantes da empresa e por informações de propaganda. As comunicações externas, nesse caso, acabam gerando expectativas maiores do que a empresa pode proporcionar.
5. Lacuna entre o atendimento percebido e o esperado: essa lacuna ocorre quando o atendimento não corresponde às expectativas do consumidor.

Esse modelo é denominado de *Modelo de análise do GAP* e foi desenvolvido para auxiliar os gestores a compreender como a qualidade no atendimento pode ser melhorada.

Resumo

Durante este capítulo, apresentamos alguns princípios para um bom atendimento. Uma das questões desenvolvidas é a de que a qualidade não pode ser determinada apenas pela empresa; ela tem de se basear principalmente nas necessidades dos clientes e na percepção e expectativa do cliente em relação ao atendimento como um todo.

É importante lembrar que a qualidade não é um plano estabelecido apenas pela empresa, e sim como os clientes percebem, de forma subjetiva, tudo aquilo que foi desenvolvido durante o processo. Um bom atendimento não pode ser separado do processo de produção e entrega, ou seja, o resultado dos produtos e serviços é apenas parte da qualidade total percebida pelo cliente. Os próprios processos de produção, distribuição e comunicação são também elementos que interagem com o cliente.

O fato é que todos, dentro e fora da organização, devem estar envolvidos no atendimento. Tanto o pessoal que realiza o contato com os clientes quanto aqueles que ficam apenas no suporte precisam estar engajados em uma estratégia global de atendimento. Caso algum deles cometa um erro, a percepção sobre um bom atendimento estará comprometida.

Por último, para que de fato o atendimento se transforme em vantagem competitiva, o marketing deve estar integrado com a gestão organizacional. O profissional de marketing deve tomar cuidado para não criar expectativas que não possam ser atendidas pela empresa. Isso traria efeitos negativos para a organização. As campanhas de marketing devem ser planejadas com as pessoas responsáveis pelo atendimento e com as demais áreas organizacionais. Além disso, as ações mercadológicas devem estar baseadas na ética, a partir de princípios responsáveis.

Questões

1. Cite e descreva sucintamente as 4 principais premissas desenvolvidas no capítulo para que aconteça um bom atendimento. Quais são os fatores determinantes de sucesso para a excelência no atendimento?
2. Apesar do grande risco, quais são as ações necessárias para encantar o cliente?
3. O que significa dimensão técnica e funcional? Qual a diferença e qual a importância do ponto de vista do atendimento ao cliente?
4. Por que o setor de atendimento a clientes cresceu tanto nos últimos anos? Faça uma pesquisa rápida e verifique a situação atual do atendimento realizado pelas empresas no Brasil. Verifique quais são os principais desafios em relação ao atendimento de hoje.
5. Vamos imaginar que você tivesse que estruturar em uma empresa o setor de atendimento ao cliente. Quais as principais decisões que você teria de tomar?
6. Quais as principais lacunas na prestação de serviços de qualidade?

Texto para Análise e Discussão: Hospital São Luiz

Até alguns anos atrás, quando se tratava de atendimento no setor da saúde, especificamente em hospitais, logo se imaginava aquelas filas enormes, pacientes em corredores um ambiente caótico. As pessoas não apenas tinham medo de ficar doentes, mas, sobretudo, medo de ser atendido por aquele sistema completamente falido. Esse cenário não desapareceu completamente, mas o conceito de atendimento ao cliente passou a fazer parte também da linguagem da gestão hospitalar. A gestão hospitalar vem se direcionando para um atendimento humano e o cuidado a todas as necessidades que um paciente necessita antes, durante e depois de sua convalescença. Alguns hospitais cuidam do físico, mental e espiritual do paciente!

Esse cenário está levando as empresas desse segmento a se preocupar com a qualificação profissional de cada funcionário que direta ou indiretamente tem contato com o paciente ou com os familiares do paciente, ambiente limpo e infraestrutura de apoio (hotelaria hospitalar) como meio de atingir a excelência no atendimento.

Em um mercado que vem se tornando rapidamente competitivo, ações que levam a melhoria no relacionamento com o cliente trazem como resultando uma maior participação no mercado e diferenciais competitivos significativos cirando um valor agregado não só para o paciente, mas para a marca.

Assim, muito hospitais estão buscando satisfazer não somente as necessidades caracterizadas como sendo técnicas no atendimento ao paciente, mas principalmente as exigências dos demais elementos que fazem parte da aura de uma organização hospitalar, incluindo os médicos, fornecedores, familiares dos pacientes, enfermeiros e demais colaboradores.

O hospital São Luiz em São Paulo é um bom exemplo de um bom atendimento na área da saúde. Nos últimos anos, vem realizando reformas e ampliações com o objetivo de levar ao paciente maior conforto e agilidade nos procedimentos médicos (todo o processo terá como foco a mobilidade contínua do paciente, sem que ele perca tempo entre um procedimento médico-hospitalar e outro). Unidades mais próximas dos clientes-alvos levando conveniência e preparadas para atender as características da região. O paciente tem acesso a informações em sites, redes sociais, através de boletins nas rádios entre outros meios de comunicação. É considerado um hospital de referência no Brasil, e isso graças ao investimento em tecnologia, processo e pessoas. Como resultado desse investimento, o hospital tem os índices mais baixos de infecção hospitalar, é referência no centro cirúrgico, na maternidade, entre outros.

Mesmo com todo esse investimento, o Hospital São Luiz não está totalmente livre de reclamações. Pesquisando em sites especializados em receber reclamações, encontramos algumas em relação a procedimentos de atendimento. Mas ao mesmo tempo percebe-se que a empresa atua prontamente, e logo surgem algumas respostas dando esclarecimentos e indicando decisões que serão tomadas a respeito. Ou seja, o importante não é apenas conseguir diminuir ou eliminar as reclamações, mas como estas serão conduzidas!

Questões

1. Segundo o texto, quais as principais tendências da administração hospitalar?
2. O que o hospital São Luiz está fazendo para o bom atendimento na área da saúde?
3. Como o São Luiz lida com as reclamações? Discuta a validade das ações e proponha novas alternativas.

Referências Bibliográficas

AAKER, D. A. *Administrtação estratégica de mercado*. 5. ed. Porto Alegre: Bookman, 2001.

ASHLEY, P. A. *Ética e responsabilidade social nos negócios*. São Paulo: Futura, 2001.

BEKIN, S. F. *Conversando sobre endomarketing*. São Paulo: Makron Books, 1995.

BOONE, L. E. *Marketing contemporâneo*. São Paulo: Cengage Learning , 2009.

BOYETT, J. H. *O guia dos gurus*: os melhores conceitos e práticas de negócios. Rio de Janeiro: Campus, 1999.

BRETZKE, M. *Marketing de relacionamento e competição em tempo real com CRM (customer relationship management)*. São Paulo: Atlas, 2000.

BRONDMO, H. P. *Fidelização*. São Paulo: Futura, 2001.

BROWN, S. A. *CRM*: uma ferramenta estratégica para o mundo e-business. São Paulo: Makron Books, 2001.

BRUM, A. M. *Endomarketing*: estratégia de comunicação interna para empresas que buscam a qualidade e a competitividade. Porto Alegre: Ortiz, 1994.

BRUM, A. M. *Um olhar sobre o marketing interno*. Porto Alegre: L&PM Editores, 2000.

CASTELLS, M. *A sociedade em rede*. 9. ed. São Paulo: Terra e Paz, 2006.

CESPEDES, F. V. *Marketing integrado*: conjugando produto, vendas e serviços para ser mais competitivo. São Paulo: Futura, 1996.

CHURCHILL, G. A. *Marketing: criando valor para os clientes*. São Paulo: Saraiva, 2005.

DIAS, R. *Marketing ambiental*: ética, responsabilidade e competitividade nos negócios. São Paulo: Atlas, 2009.

DRUCKER, P. *Sociedade pós-capitalista*. São Paulo: Cengage Learning, 2001.

GRÖNROOS, C. *Marketing*: gerenciamento e serviços. Rio de Janeiro: Campus, 2009.

HOSPITAL SÃO LUIZ. (s.d.). Acesso em 22 de fevereiro de 2011, disponível em <http://www.saoluiz.com.br>.

HUGHES, A. M. *Data base marketing estratégico*. São Paulo: Makron Books, 1998.

KOTLER, P. *Administração de marketing: a edição do novo milênio*. São Paulo: Pearson do Brasil, 2000.

KOTLER, P. *Administração de marketing*: análise, planejamento, implementação e controle. São Paulo: Atlas, 1996.

KOTLER, P. *Administração de marketing*: análise, planejamento, implementação e controle. 5. ed., 8 reimpr. São Paulo: Atlas, 2009.

KOTLER, P. *Marketing para o século XXI*: como criar, conquistar e dominar mercados. São Paulo: Futura, 1999.

LAS CASAS, A. L. *Marketing interativo*: a utilização de ferramentas e mídias digitais. São Paulo: Saint Paul Editora, 2010.

LAS CASAS, A. L. *Qualidade total em serviços*. 5. ed. São Paulo: Atlas, 2006.

LOVELOCK, C. *Marketing de serviços*: pessoas, tecnologia e resultados. 5. ed. São Paulo: Pearson Prentice Hall, 2006.

NIKE SPORTSWEAR (22 de abril de 2010). *Nike customiza*: o seu tênis com a sua cara e a sua assinatura . Acesso em 1º de fevereiro de 2011, disponível em <http://inside.nike.com/blogs/sportswear-pt_

BR/2010/04/22/nike-customiza-o-seu-t-nis-com-a-sua-cara-e-a-sua-assinatura>.

SALOMON, M. R. *O comportamento do consumidor*: comprando, possuindo e sendo. São Paulo: Bookman, 2002.

WEG EM REVISTA (jan./fev. de 2009). Acesso em 12 de janeiro de 2011, disponível em <http://www.weg.net/files/weg-em-revista/WR-56.pdf>.

Capítulo 3

Organização Orientada para o Atendimento ao Cliente: Estrutura, Recursos e Processos

Uma organização, cuja estratégia empresarial é focada no cliente, necessita conhecê-lo dia a dia em um processo constante. Ouvir o cliente proporciona à empresa um estreitamento com seu mercado, com diversos benefícios decorrentes, dentre eles entender os anseios desse mercado de modo a desenvolver novos produtos e serviços agregados, aperfeiçoar os já existentes e conhecer a atuação de seus concorrentes.

As pessoas são o diferencial para essa empresa voltada para o atendimento ao cliente. E quando nos referimos a pessoas, estamos fazendo referência a todos aqueles que participam da gestão da empresa, ou seja, os seus diversos públicos.

O público-foco da empresa é o seu cliente. No entanto, só é possível um bom relacionamento com esse cliente quando todos estiverem comprometidos com um foco para o mercado, de forma estruturada e sincronizada.

Desta forma, faz-se necessário que a empresa focada no cliente programe um conjunto de ações de forma a estruturar a empresa, e envolver os seus recursos humanos, adaptando os seus recursos físicos e criando os processos que possibilitem o curso da ação estratégica.

3.1. Conceitos Introdutórios

É de difícil compreensão que organizações, de maneira geral, e especificamente aquelas que têm fins lucrativos, não adotem uma postura mais abrangente no marketing. Na atualidade, qualquer movimento ou pretensão implica envolvimento do todo, conhecimento do todo e realmente possuir um pensamento estratégico.

Atender aos objetivos implica repensar a organização, imaginar novos produtos e serviços, oferecer qualidade e considerar o mercado como cliente-parceiro que interage o tempo todo, influenciando as ações constantemente.

Vendas tornam-se possíveis a partir do engajamento de todos. Pode-se considerar que todos na organização fazem parte da equipe de vendas. Qualquer atividade faz parte integrante do movimento de atender ao cliente, por meio do conhecimento sobre ele, da qualidade que ele espera, e superando-a; pois o cliente não é só aquele que compra, consome, mas é também aquele que faz, aquele que cria aquele que entrega, aquele que monta, aquele que fornece, aquele que assiste os acontecimentos sobre toda operação, seja ela de negociação, de planejamento, de produção, de logística, de pós-venda, entre outras atividades.

Na Teoria Geral da Administração, Henry Fayol, um dos clássicos e primeiros a abordar o assunto, afirmava que para gerir uma organização era preciso seguir os seguintes princípios:

- planejar (prever);
- coordenar ou dirigir;
- controlar; e
- organizar.

Para Fayol, organizar impunha-se como uma das atividades básicas para o administrador, pois saber aonde se quer chegar, estabelecer como se chegar lá e para conseguir envolver os recursos necessários e controlá-los para que não se dispersem ou não sejam produtivos, tudo isso requer organizar-se de forma sinérgica.

Obviamente a visão e utilização dos princípios básicos sofreram alterações nesse mais de um século de existência da Teoria Geral da Administração. Enfoques novos foram sendo acrescentados e diversas teorias foram surgindo, mas sempre em consonância com os princípios básicos abordados. Na Teoria Comportamentalista ou do Comportamento Humano, surgem autores que desafiam os gestores a preocuparem-se com fatores motivadores e, ao mesmo tempo, identificam outro princípio que é muito caro para os administradores de organizações: é preciso tomar decisões. Simon e Barnard estão entre os autores que se destacaram em um primeiro momento nessa área, e outros vieram e aprofundaram-se.

Um gestor que sabe o que fazer e comunica o que deve ser feito para alcançar determinados objetivos deve planejar ou promover o desenvolvimento de estratégias, de tal forma que possa vir a adotar ações efetivas de comando e de avaliação e *feedback*, o que implica tomar decisões o tempo todo.

A Teoria de Sistemas fez com que se aplicassem outros princípios que envolviam cada vez mais a comunicação e os ambientes, especificamente o externo, o qual passou a influenciar de forma mais contundente as ações de qualquer organização, tornando paralelamente mais complexa a ação de um administrador.

Com o Contingencialismo e, posteriormente, as Teorias chamadas de Pós-modernas, tanto as organizações quanto os estudos sobre elas passaram a exigir cada vez mais segmentação e diferenciação; maior uso de novas tecnologias; de estratégias sofisticadas; e criação e uso efetivo de redes, em todas as frentes na sociedade; sem contar com o consequente estudo das comunidades que produzem convivência do global com o local; bem como das possíveis diversidades.

Como consequência, entendem as organizações, passa a haver a necessidade de planejar, organizar, dirigir ou coordenar, controlar e decidir, de maneira mais descentralizada, com instrumentos diferentes e com cobranças ou necessidades de atendimento aos *stakeholders* cada vez mais complexas e dependentes da informação e do conhecimento.

Os acontecimentos mais recentes implicam que se esteja atento o tempo todo ao cliente, ao concorrente, ao público em geral. A competitividade leva toda organização a ter de se apresentar, e se isto não for bem planejado, organizado, dirigido e controlado, permitirá decisões que a fragilizarão.

No início, o foco era o consumidor. A empresa se colocava no mercado e atendia aos seus consumidores usando com maior ou menor eficiência o Composto de Marketing (4Ps). Depois, com o foco no mercado, a empresa passou a não existir mais sem a convivência constante com os clientes, a logística e os concorrentes.

Outrora, o contato era mais pontual, havia necessidades claras e se atendiam os desejos dos consumidores. O diferencial eram os produtos. Pois antes de transformar-se em consumidor, conforme mostra Vico Mañas (2007), o cliente percorre um longo caminho que a empresa deve preparar satisfatoriamente.

Hoje, as relações são necessariamente permanentes com concorrentes, canais e clientes, e é preciso buscar qual desejo satisfazer envolvendo toda a organização. O diferencial é a entrega de valor.

A diferenciação gera novos parâmetros que superam as preocupações, sem deixar de tê-las, com os tradicionais Produto, Preço, Promoção e Praça (local). Passa-se a ter o olhar no Produto, Preço, Distribuição, Promoção e Pessoas.

Os consumidores (grupo) têm valores distintos, diferentes. Priorizam: a qualidade, os preços, o conforto e outros atributos. Daí a dificuldade de, a qualquer momento, diferenciar-se ou expandir negócios via diversificação, e a necessidade cada vez mais de investimento em inovação. Passa a ser fundamental a definição da especialização, via escolha do(s) valor(es), isto é, atender ao que mais interessa à organização, por diferentes motivos, entre eles: potencial, possibilidade de retorno sobre o investimento, características, adequação à oferta do produto comercializado e outros.

Para atender da melhor maneira os valores e, portanto, atingir os objetivos da organização, é preciso que ela esteja focada em um ou alguns valores (especialização), e para isso deve-se:

a) escolher um mercado-alvo (um dos primeiros passos a ser dado é segmentar o mercado e escolher um alvo para atuar);
b) identificar os valores dos clientes;
c) verificar as suas próprias competências;
d) ter foco (escolher um ou mais valores para atender);
e) desenvolver um sistema único e imbatível.

3.2. Organizar os Negócios (nas Organizações)

Nesse ambiente, entende-se que vence o mais competente na influência de preferências e de decisões. Competência pode estar ligada à:

- diferenciação;
- antecipação (agilidade);
- relação.

A aproximação com o cliente escolhido leva a ter de se praticar a influência, em um processo de compra/consumo. Isso implica movimentos que podem ser vistos como atividades necessárias e que envolvem a diferenciação, a antecipação e a relação, entre outras, para:

a) o reconhecimento do problema ou da necessidade;
b) a busca e o processamento de informação a partir de fontes diferentes;
c) a avaliação de produtos ou marcas a partir da comparação de atributos e benefícios;
d) a escolha da compra, com a definição das quantidades, da frequência e do lugar da compra;
e) uma conduta posterior à compra com a consequente satisfação ou insatisfação como resultado do consumo.

Neste ponto, é preciso lembrar o conceito de organização. Entende-se, para atender ao que se propõe este texto, que o termo organização pode ter duas interpretações básicas: a organização como estrutura e a organização como método.

A primeira delas pressupõe a organização como estrutura, o que leva à interpretação de que a organização é um conjunto de elementos integrados para atingir objetivos comuns pré-determinados.

A organização também é entendida como método, isto é, com o fazer com a tecnologia utilizada para que as coisas ocorram e até processos podem ser vistos como organizações.

Além desses pontos, é preciso que se entenda que a organização respeita a relação externa e suas diversas culturas e, portanto, sabe, convive e trata com cada uma, estabelecendo convívio com a sua cultura organizacional.

A cultura organizacional da empresa deve ter o cliente permeando toda a organização, em todos os seus níveis. Isto implica o aprimoramento da competência de todos os participantes da organização no sentido de serem capazes de atender ao anseio do mercado, resolvendo problemas, interagindo com os clientes, entendendo e trabalhando com as novas tecnologias que facilitam essa aproximação com o mercado.

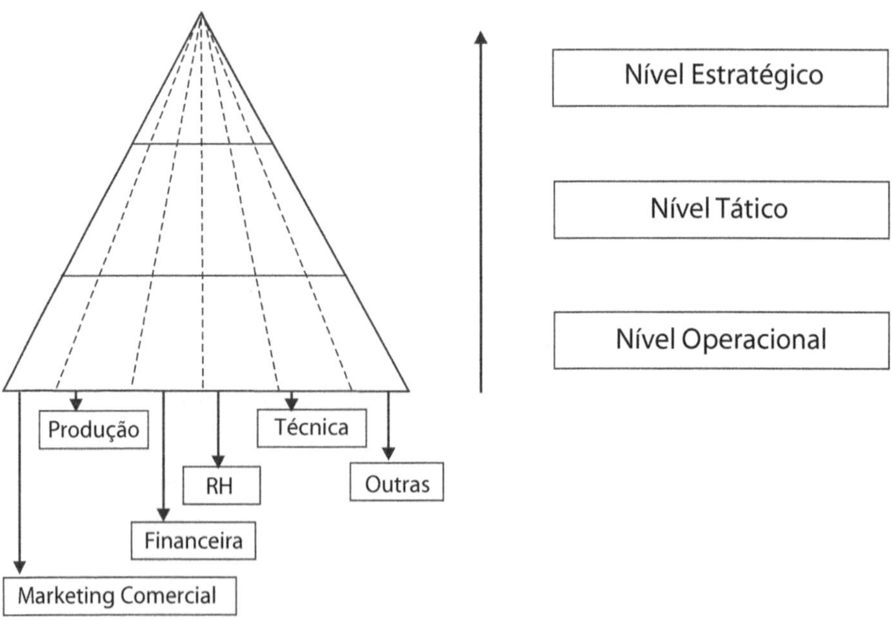

Figura 3.1
Níveis organizacionais da empresa e suas áreas.

A figura 3.1 mostra diversas áreas, entre outras, que compõem uma empresa, e o faz de forma a apresentar os três níveis hierárquicos de uma estrutura organizacional.

Uma estrutura organizacional possui três níveis distintos, ou seja, um nível estratégico, um tático e outro operacional.

Como incumbência do patamar hierárquico, que costuma ser chamado de nível estratégico, pode-se afirmar que cabe definir o que deve ser feito, por que e quando, considerando que isso implica ter claro o que se pretende no longo prazo, subordinando, então, as atividades a serem desenvolvidas para atingir as metas de curto prazo. É o nível mais elevado da empresa, onde se encontram o presidente, o vice-presidente e os diretores. São os responsáveis pela definição dos objetivos e pela gestão e o planejamento estratégico da empresa, e estão voltados para o relacionamento com o meio externo, analisando o mercado na busca de parceiros e alianças, na definição do produto e do público-alvo.

Quanto ao nível que compõe a estrutura organizacional de forma intermediária, e que é conhecido por nível tático, ou como muitos chamam, gerencial, cabe definir como devem ser feitas as atividades, como deve ser a composição do processo para operacionalizar o que se pretende e, ao mesmo tempo, interagir, exercendo o papel de elo, estabelecendo a ligação com os outros dois níveis. Aqueles que se encontram no nível tático cuidam da articulação entre os níveis estratégico e operacional, adequando as decisões tomadas no nível estratégico para a operação a ser realizada pelo nível operacional. Estão nesse nível os gerentes dos departamentos, aos quais cabe administrar o nível inferior, operacional.

Já ao nível operacional, grosso modo, é de sua responsabilidade o fazer. Quem opera faz o que se precisa para atingir os objetivos na forma como se estabelece previamente. A este nível, cabe executar as tarefas básicas da empresa, e ele está localizado nos níveis inferiores da estrutura organizacional da empresa, executando as tarefas e operações produtivas, financeiras, mercadológicas e informacionais, entre outras. É este nível hierárquico da organização que mantém o maior número de relacionamentos externos, tais como com os clientes, fornecedores e prestadores de serviços.

Para que a estrutura organizacional funcione a contento, é preciso que esteja planejada, organizada, atenda de forma coordenada, com possibilidades de correção quando houver necessidade de corrigir desvios que estejam sendo acompanhados e avaliados. Uma estrutura organizacional mostra a quem quiser ver uma hierarquia de comando, apresentando claramente quem subordina quem, quem está subordinado a quem, sempre levando em conta que isso pode ocorrer entre pessoas e entre áreas.

Mas só a relação de autoridade não é o que apresenta a estrutura organizacional, ela também apresenta as responsabilidades da organização: quem é responsável pelo todo, ou por partes do todo, ou por atividades, processos, tarefas, clientes, região de atendimento, etc.

Para ficar em um exemplo, entende-se que uma área específica como o marketing ou a área comercial de uma empresa congrega diversos processos e atividades com formatos de conhecimento, habilidades e atitudes distintas, o que implica ter sistemas de gestão muito próprios.

Acrescente-se à autoridade e à responsabilidade a comunicação.

Uma organização se comunica internamente, bem como externamente. A estrutura organizacional mostra que as informações formais existem e que elas se movimentam de cima para baixo, de baixo para cima e atuam horizontalmente ou de forma transversal, implicando, neste caso, até certa informalidade.

A organização é composta por atividades (processos). Esses processos ou atividades são compostos(as) por tarefas. Normalmente esses processos, atividades e tarefas estão distribuídos em atividades-fim e atividades-meio.

As atividades-fim são aquelas relacionadas com os objetivos básicos da organização. A organização precisa produzir e comercializar seus produtos e serviços, com qualidade e demanda que venham, no mínimo, a atender à expectativa para então considerar-se competente e bem-sucedida. E quem faz efetivamente essa parte são as atividades-fim.

As atividades-meio são aquelas que apoiam, que dão suporte para que as atividades-fim sejam feitas com a excelência, qualidade e produtividade esperadas. Elas ajudam a motivar os envolvidos nas ações específicas de todos os processos (produtivos, de negociação ou informacionais).

Todas as atividades são efetivadas por meio de tarefas que são disseminadas em processos, os mais diversos possíveis, bem como variáveis de acordo com as organizações e pessoas envolvidas. Os processos de negócios, de forma geral, envolvem processos produtivos e processos informacionais.

Um processo produtivo é aquele que promove a ação de fazer o produto, fazer o projeto inovador do produto ou serviço ou tecnologia envolvida, etc.

Por outro lado, o processo informacional é aquele que prevê em detalhes os passos a serem dados para a execução correta do que se pretende, e permite o acompanhamento, avaliação do desempenho e da qualidade em geral, levando à correção, se necessário. O processo informacional conduz ao conhecimento e à sua gestão, e amplia as possibilidades de uma melhor atuação no processo decisório.

O processo de negociação é aquele que descreve e age claramente sobre a necessidade de um grupo de potenciais clientes a que se pretende atender, com algo - produto ou serviço - que se sabe fazer, a um custo que esses clientes estão dispostos a pagar, trazendo o retorno imaginado para atender aos sócios/acionistas.

Conforme aponta a figura II, a seguir, o processo de um negócio pode ser dividido em três dimensões.

Considerando que os processos de negócios são as próprias operações que tem de ser originadas e desenvolvidas para que se alcancem os objetivos predeterminados, entende-se que os processos de negócios são os mais distintos e imagináveis. Por vezes, as ações nascem de situações não imaginadas anteriormente, originando negócios de fato inovadores ou negócios efetivados de forma inovadora. Podem ser citados como processos atuantes e participantes de um negócio: a logística, a manufatura, o próprio marketing, o atendimento de pedidos, a assistência ao cliente, entre tantos outros.

Já os processos típicos de gestão incluem o planejamento estratégico, o orçamento de capital, o gerenciamento de projetos, a contratação e promoção de pessoal, o treinamento e desenvolvimento, a comunicação interna, a gestão de conhecimento, as análises periódicas de negócios, a avaliação e remuneração de funcionários, para ficar em apenas alguns.

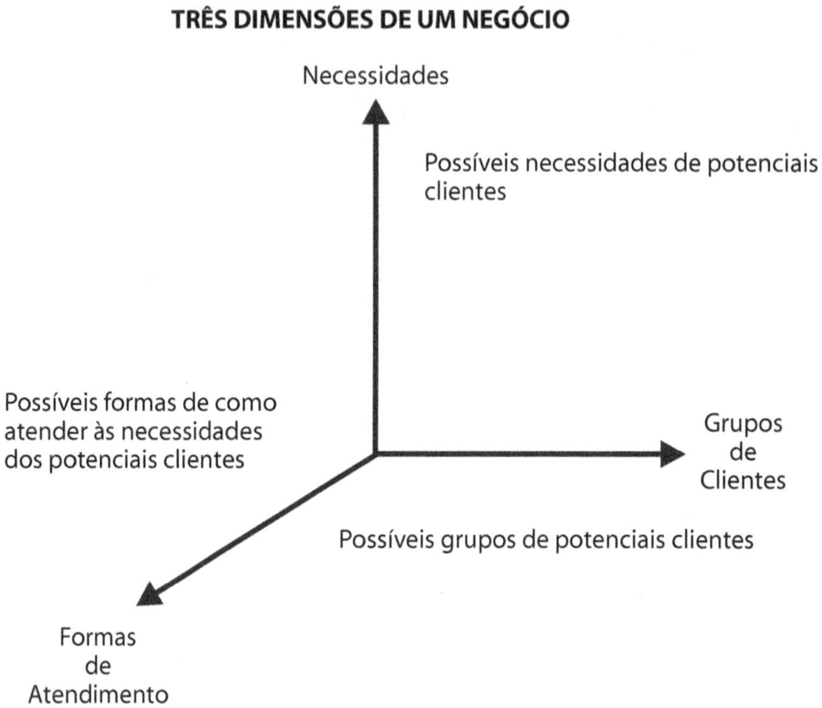

Figura 3.2
As três dimensões do conceito de negócio.

Cada um desses processos estabelece protocolos-padrão para atividades/tarefas de gestão, como avaliar um funcionário ou analisar uma solicitação de orçamento.

Os processos geram e implementam sistemas que propagam a melhor prática ao transformar técnicas bem-sucedidas em instrumentos e métodos que podem ser aplicados de forma ampla.

Eles também moldam valores de gestão ao reforçar certos comportamentos e atitudes em detrimento de outros.

Explicando de forma simples, os processos de gestão são as "engrenagens" que transformam os princípios de gestão na prática diária.

Em uma organização é impossível mudar o quê e o como da gestão sem mudar os processos que governam esse trabalho.

Pode-se afirmar que, mais de um século depois de Taylor e Fayol, a prática de gestão envolve:

- fixar e planejar objetivos;
- motivar e alinhar esforços;
- coordenar e controlar atividades;
- desenvolver e nomear profissionais;
- acumular e aplicar conhecimento;
- reunir e distribuir recursos;
- construir e cultivar relacionamentos; e
- equilibrar e satisfazer exigências de *stakeholders*.

A tecnologia da informação, as telecomunicações, as relações com o cliente e com todos os *stakeholders* implicam renovar os processos, como conduzi-los e como torná-los diferenciais para que a organização se aproxime e supere seus anseios, quaisquer que sejam eles.

3.3. Construindo a Estrutura

O ambiente em que a organização está inserida apresenta constantemente novas tecnologias tanto de informação como de comunicação, novos concorrentes em função de um mundo globalizado, consumidores que cada vez mais estão exigindo um atendimento personalizado e que fragmentam cada vez mais o mercado. Consequentemente, os custos de captação e mesmo de manutenção de um cliente são cada vez maiores, com margens de rentabilidade para as empresas cada vez menores.

Esse cenário faz com que as empresas busquem se estruturar para se aproximar cada vez mais de seu mercado.

A gestão orientada para o mercado implica um conjunto de estratégias, processos e ferramentas que devem ser concebidos para a consecução dessa filosofia. Isto implica um conjunto de ações em nível de gestão de modo a buscar e fidelizar o cliente/mercado desejado.

Para atender da melhor maneira a orientação para o mercado e, portanto, atingir os objetivos da organização, com consequente rentabilização das oportunidades de negócios, é preciso que a empresa tenha bem claro:

- o mercado-alvo que se propõe a atender e como pretende atender;
- quem participa desse mercado, seu perfil e ansiedades em relação à sua empresa e produto/serviço;

Com essas definições básicas, a empresa deve confrontar a sua proposta de valor com a expectativa do mercado-alvo e, assim, avaliar as suas próprias competências;

Ao selecionar um ou mais valores para atender, ou seja, ter foco no que pretende, a sua estratégia consistirá em desenvolver um sistema único e imbatível, geralmente implicando mudanças organizacionais que deve implementar.

3.4. Organizando a Empresa para Atender o Cliente

Os consumidores têm valores distintos, diferentes. Priorizam a qualidade, ou os preços, ou o conforto, entre outros atributos. Daí a dificuldade de, a qualquer momento, diferenciar-se ou expandir negócios via diversificação e, cada vez mais, haver investimento em inovação.

Logo, passa a ser fundamental a definição da especialização, via escolha do(s) valor(es) a atender, ou seja, aquilo que mais interessa à organização, por diferentes motivos, entre eles: potencial do mercado pretendido, possibilidade de retorno sobre o investimento, características, adequação à oferta do produto comercializado, entre outros.

Existem ferramentas e tecnologias para ajudar a empresa em sua proposta de orientação para o mercado, mas a base está na estrutura do atendimento ao cliente que estabelecerá e na atmosfera criada para esse fim.

Estabelecer a solidez no atendimento à clientela pressupõe que se determine a base que seguirá a estratégia empresarial predominante escolhida. Essa estratégia necessita estar apoiada em conhecimentos sobre as competências essenciais da organização.

As estruturas organizacionais quase sempre variam entre mecanicista e orgânica. A primeira, mais rígida e hierarquizada, exige especializações de áreas e de pessoas. A segunda, orgânica, é sempre mais interdependente, ou seja, necessita do grande envolvimento das pessoas de todas as áreas, e é necessariamente coordenada para ser integrada.

As organizações têm técnicas disponíveis para desenvolver suas estruturas organizacionais e há a tendência para que se evitem centralizações ou descentralizações extremas.

Entende-se que a opção de centralizar ou descentralizar o atendimento a clientes está vinculada à cultura organizacional vigente. A determinação das possibilidades, com seus prós e contras, e a decisão tomada implicam estar a organização apta a adotar a estrutura escolhida, e que esta se insira nos princípios exigidos pela estratégia empresarial preponderante.

As pessoas qualificadas e participantes, além das redes sociais, com as novas tecnologias, permitem a distribuição, tendendo ao equilíbrio.

No caso de organizações cuja atenção está voltada para o atendimento ao cliente, há fortes indícios de que a distribuição dessa responsabilidade entre todas as áreas é importante.

Além disso, faz-se fundamental a corresponsabilidade com os parceiros externos, como os fornecedores e prestadores de serviços diversos. A conotação de associação de marcas, de qualidade dos produtos ou serviços, da tecnologia empregada, entre outras, é considerada ponto forte na análise do atendimento pela clientela.

Para uma base sólida da estrutura a ser implementada, a empresa deve ter uma visão clara de suas competências, de como ela as desempenha e do que ela espera alcançar. É de fundamental importância que seu público interno entenda e se comprometa com essas competências e com os objetivos da empresa.

A competência pode estar ligada:

- à diferenciação, que é, segundo Porter (1993), a capacidade de uma organização conferir atributos e valores para produtos e serviços ofertados aos seus clientes, a fim de se diferenciar da concorrência;
- à antecipação (agilidade) frente aos concorrentes, que significa perceber o contexto sob a óptica do cliente, entendendo sua percepção a respeito da empresa e da concorrência;
- à relação com seus diversos mercados.

No que diz respeito ao cliente escolhido, essa relação implica uma aproximação de modo que se possa praticar a influência, em um processo de compra/consumo. Isso implica movimentos que podem ser vistos como atividades necessárias e que envolvem a diferenciação, a antecipação e a relação, entre outras, para:

- o reconhecimento do problema ou da necessidade;
- a busca e processamento de informação a partir de fontes diferentes;
- a avaliação de produtos ou marcas a partir da comparação de atributos e benefícios;
- a escolha da compra, com a definição das quantidades, da frequência e do lugar da compra;
- a conduta posterior à compra com a consequente satisfação ou insatisfação como resultado do consumo.

Para que a estrutura organizacional funcione a contento, é preciso que esteja planejada, organizada, atenda de forma coordenada, com possibilidades de correção quando houver necessidade de corrigir desvios e que estes estejam sendo acompanhados e avaliados.

Uma estrutura organizacional mostra a quem quiser ver uma hierarquia de comando, apresentando claramente quem subordina quem, quem está subordinado a quem, considerando que isto pode ocorrer entre pessoas e entre áreas.

É fundamental que a liderança esteja focada na orientação para o mercado, de forma a corrigir desvios que ocorram, principalmente quando este desvio foque a ação estratégica apenas na relação de mais ganho. Há uma estreita correlação entre a qualidade do atendimento ao cliente, os resultados obtidos e o comprometimento da equipe de atendimento.

Mas só a relação de autoridade não é o que apresenta a estrutura organizacional; ela também apresenta as responsabilidades da organização. Quem é responsável pelo todo, ou por partes do todo, ou por atividades, etc.

A estratégia, conforme Gordon (1998), apesar de ocorrer em vários níveis, deve ser centrada no cliente, com objetivos e estratégias de relacionamento voltados para os clientes de forma individual.

É importante que a empresa se estruture de forma racional e emocional.

Ao pensar em organizar a empresa com a orientação de atender aos clientes, é preciso formalizar a estrutura e todos os recursos que porventura sejam previstos para que os processos, em todos os níveis da organização, estejam atuando de forma sinérgica.

Cada um dos níveis hierárquicos da empresa tem de agir de forma conjunta, levando em conta a sua competência essencial no uso dos recursos necessários a cada situação em particular. Para que essas ações sejam factíveis e conduzam ao sucesso, é fundamental que sejam perfeitamente conhecidas e disponíveis da melhor maneira possível, fazendo com que os domínios de cada nível da estrutura sejam estabelecidos e os apoiem de forma eficaz.

Não é possível que a ação e a decisão de relacionamento e atendimento ao cliente venham a ser as melhores possíveis se os níveis respectivos de atividades da empresa não estiverem ao seu alcance, o que é de sua responsabilidade. Cabe ao nível estratégico desenvolver e ser usuário dos sistemas de gestão. Ao nível tático, definir e gerenciar os processos que estão distribuídos em tarefas que são domínios das diversas áreas de atuação do nível operacional. A figura III apresenta as atividades nos diversos níveis da organização, considerando o nível hierárquico estabelecido, as ações que cada nível tem a responsabilidade de executar, e quais são os seus domínios de atividades pertinentes.

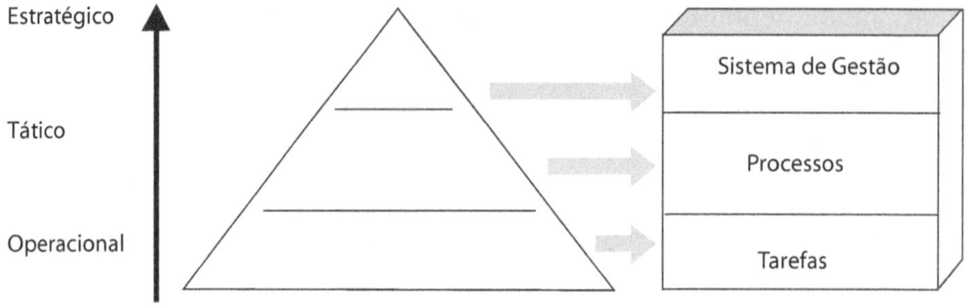

Figura 3.3
Atividades nos diversos níveis da organização.

3.5. Recursos

a) Tecnologias

A decisão de qual recurso tecnológico utilizar está relacionada à estratégia delineada pela organização para relacionar-se com seu mercado. Os instrumentos, ou ferramentas, como costumam ser chamados, estão em constante aprimoramento e são amplamente disponibilizados pela Tecnologia da Informação e da Comunicação (*hardware* e *software*). Essas ferramentas são grandes aliadas dos profissionais de marketing, pois propiciam atender às demandas geradas pelo novo cenário do marketing no que se refere à procura de informações que permitam à empresa ter consciência do seu ambiente para melhor entender e atender aos seus clientes, cada vez mais exigentes. Os clientes requerem atenção e cuidados para a criação de canais de relacionamento diretos e eficazes.

O relacionamento com clientes que resulta em ganhos para todas as partes envolvidas tem como componente fundamental a criação de um banco de dados sempre atualizado e avaliado, para que contenha as informações que a empresa realmente necessita.

O processo de relacionamento deve ser construído sobre uma base de dados que, segundo Shaw (1993), possibilite um sistema dinâmico de gerenciamento, baseado em dados inteligíveis, atualizados e relevantes sobre os clientes atuais e potenciais, e com os seguintes objetivos:

- identificar os clientes atuais e potenciais mais propensos a responder às ações de marketing;
- desenvolver um relacionamento de alta qualidade e a longo prazo com compras repetidas;
- desenvolver modelos preditivos que capacitarão o envio das mensagens desejadas no tempo e formato corretos para as pessoas certas;
- criar mensagens para encantar o cliente;
- construir lealdade;
- fazer com que as despesas de marketing tenham a melhor relação custo-resultado;
- aumentar o lucro.

A otimização da base de dados é resultado de sua integração com o processo de planejamento. A Tecnologia da Informação tem seu papel amplificado ao assegurar o desenvolvimento de plataformas de hardware e software mais adequadas para garantir que as informações contidas no banco de dados sejam apropriadas e devidamente distribuídas às pessoas-chave na gestão de relacionamento com o cliente.

Os recursos tecnológicos adequados podem oferecer à organização a possibilidade de fornecer informações que venham a revisar as suas estratégias de relacionamento de forma a alcançar os objetivos propostos.

É preciso entender que os resultados da estratégia de relacionamento com o cliente são mais consequência da estratégia em si do que do investimento feito em tecnologia. Muitas vezes recursos escassos bem alocados permitem criar vantagem competitiva e desempenho superior. O cerne da estratégia sempre estará ligado mais às pessoas que a desenvolverão do que aos recursos físicos utilizados.

b) Pessoas ou recursos humanos

Uma visão clara e declarada do que a organização faz e de como faz é o ponto inicial para que todos aqueles que dela participam compreendam e a tomem como sua. Funcionários comprometidos são a palavra de ordem para que uma estratégia de relacionamento com o cliente seja bem-sucedida.

Como constante em outros capítulos, a formação da equipe de funcionários implica recrutar pessoas com atributos específicos para essa função, uma vez que serão a interface direta da organização com seu mercado. Elas são a própria organização.

Se a organização enfatiza suas estratégias e ações operacionais com a visão focada em recursos, o tratamento será distinto daquela organização que aborda sua ênfase em valores. Na primeira situação é comum gerar e gerir recursos humanos; na segunda situação tem-se a atenção voltada para a gestão de pessoas.

Relacionar-se com o mercado é uma via de mão dupla: pessoas se relacionando com pessoas, atendendo a pessoas, entendendo pessoas... Não é uma tarefa fácil, pois requer pessoas com perfil e habilidade para tanto.

Entende-se que quanto mais volátil for o mercado e menor for o ciclo de vida de produtos e serviços, mais imprescindíveis se tornam algumas competências essenciais, dentre elas a capacidade de inovação e a velocidade de aprendizagem. Muitas empresas descobrem suas competências essenciais, mas são incapazes de traduzir essas competências em estratégia. Algumas elaboram suas estratégias, mas falham na implementação. Normalmente, essa falha ocorre na implementação, uma vez que apenas sabem discutir números, isto é, receitas das vendas, faturamento, lucratividade da unidade ou do negócio, etc.

Se os números discutidos na formulação da estratégia apontam para resultados favoráveis, por que então procurar discutir sobre mudanças? O que se pensa é que as pessoas devem ser envolvidas ou comprometidas, porque recebem seus salários e precisam manter seus contratos de trabalho. No entanto, não é bem assim. Como é possível comprometer colaboradores para realizar a estratégia da organização? Quase sempre essa questão está fora do processo de decisão ou das mãos dos tomadores de decisão da organização. O projeto de competências exige alinhamento e conhecimento.

As pessoas na organização devem atuar nos sistemas de gestão e/ou nos processos, via suas tarefas, incluindo-se nelas como seres humanos que são responsáveis por si e pelos outros seres humanos com quem se relacionam.

Entende-se que não se pode passar em branco por um conceito bastante abrangente e estratégico. As organizações entendem e falam atualmente em *Core Competences*, que pode ser traduzido livremente por Competências Essenciais. Em sua análise e proposta, Hamel e Prahalad (1995) tratam das capacidades que as empresas devem desenvolver em seus ambientes para que possam vencer no futuro, chegar à frente dos demais concorrentes e criar novos mercados.

O segredo é focar nas suas competências e naquelas que são essenciais para atingir os objetivos. São as competências que devem estar presentes na essência e na vocação da organização, isto é, na sua especialidade. Seria este o novo caminho para o desenvolvimento das organizações em contextos muito competitivos. O segredo pode ser visto como ter uma organização especializada e, dentro dela, pessoas generalistas.

A partir desse conceito, passaram a ocorrer novas abordagens que também se incluem na literatura proposta para a Gestão de Competências, e que podem ser resumidas em:

a) descobrir as competências estratégicas para a organização;

b) fazer esforço de tal forma que essas competências venha a convergir para a organização, ajustando as competências de cada área, das diversas atividades e das pessoas a essas competências estratégicas;

c) desenvolver tais competências nas pessoas e nas suas áreas de atuação.

Este não é o significado que se aborda na gestão de pessoas, mas há pontos entre as abordagens que merecem destaque. Um possível equacionamento é aquele em que, ao iniciar um processo de construção de um processo ou modelo de competências para uma organização, os profissionais envolvidos incluem as competências estratégicas.

Fazendo a interpretação mais próxima para aplicação, tem-se:

- uma estrutura específica de atendimento ao cliente, gerando competência ampla aos envolvidos nas tarefas que são executadas para interação com este;
- ou promovendo-se a competência ampla a todos na estrutura global da organização, considerando que as tarefas dentro do processo ocorrem em diversas áreas e são efetuadas por diversas pessoas.

Em suma, todos podem interagir em algum ponto com o cliente e podem estar preparados para isso, se a organização assim o quiser, e se preparar para essa atuação.

3.6. Canais de Negócios

O marketing estrategicamente vem ocupando espaços nas organizações. Exerce papel importante na comunicação interna e externa, especialmente nesta última, por tratar dos negócios diretamente. Além da comunicação, vem se destacando como responsável pela administração dos negócios de uma organização.

Ao conhecer o que se quer, apropria-se da definição do como e, posteriormente, da própria ação de comercialização que extrapola a pura e simples venda. É o processo direcionado para seu mercado, para satisfazer o cliente que se relaciona de fato com a organização.

Para fazer negócios, obter informações, esclarecer dúvidas, reclamar ou pedir cancelamentos, são vários os canais para se relacionar com o cliente e este com a organização. Os canais de negócios mais conhecidos são:

1. contato pessoal;
2. autoatendimento;
3. internet; e
4. telefone.

Entre os canais de negócios, tem-se aqueles que podem ser expandidos para frentes diversas, completando o ciclo administrativo de marketing, isto é, desde o desenho do produto, da pesquisa de mercado, passando pela venda e chegando à pós-venda com todas as suas nuances.

As organizações entendem, ao montar suas estruturas de negócios, que precisam ampliar os horizontes. A grande fonte de alimentação de satisfação, antes, durante e depois da própria negociação é o próprio cliente.

O mercado que abriga o grupo de clientes que a organização escolheu atender quer ter facilidade para comprar e, especificamente, para consumir. Daí o self-service. Há uma tendência crescente na criação de estruturas que atendam a conveniência. Os impactos diretos quando se cria organizações voltadas para a conveniência são fortes e bastante transparentes.

É preciso conhecer e aplicar nesse tipo de estrutura que a clientela quer a eficácia. As tendências no mercado tem comprovadamente acertado quanto ao relacionamento. Um exemplar relacionamento entre os clientes e a empresa, e entre estes e seu ambiente, conduz a melhores relações e, portanto, melhorias constantes.

A busca do relacionamento eficaz e do atendimento por conveniência têm proporcionado respostas que estão ligadas à eficiência. Essas tendências cada vez têm proporcionado maiores mudanças como impacto resultante. Criam-se estruturas internas e modificam-se as atividades operacionais da organização.

Para que a consolidação desses pontos ocorra tenta-se integrar a compra em um único local que atenda e resolva qualquer problema.

As linhas comuns da estrutura organizacional que as empresas vem implementando têm sido a conveniência, a eficácia, a eficiência e a integração.

Os resultados apresentados são novas estruturas que reconfiguram os negócios das organizações mais inovadoras, porque passam a tratar não só os dados, mas o saber, interagindo com o seu ambiente via inovação e competitividade, unindo o negócio com a tecnologia em acelerada emancipação, o que se transforma em um grande negócio.

Na base de toda essa preocupação incluem-se situações que variam dependendo do tipo de negócio, mas que sempre lidam com:

a) **Velocidade do serviço** – Considerando que o serviço nunca é rápido o suficiente no mundo do tempo real, a premiação ocorre para quem tem a resposta de imediato, e que ela seja precisa e adaptável às necessidades do cliente. Aquelas organizações que são consideradas visionárias assumem a necessidade constante de transformações, e desmontam e remontam seus processos para oferecer serviços mais rápidos.

b) **Conveniência** – Os clientes valorizam a conveniência da compra simplificada, mas consideram importante também ter uma integração melhor dos ciclos de entrada do pedido, da efetivação e da entrega. Em outras palavras, o que se sabe no mundo das organizações atuais é que os clientes exigem uma melhor integração ao longo da cadeia de suprimentos.

c) **Personalização** – Os grupos de clientes atendidos cada vez mais desejam ser tratados de maneira personalizada, individualmente. A prática de oferecer pouca ou nenhuma opção nos produtos está sendo modificada. A tecnologia atual dá às empresas a capacidade de fornecer precisamente o que os clientes desejam, feito de acordo com suas especificações.

d) **Preço** – O que antes parecia ser o mais importante, deixou de ser. Perdeu o sentido ter acessibilidade demais no quesito preço a cobrar do cliente. Empresas que oferecem serviços exclusivos com preços razoáveis estão se multiplicando, beneficiando-se de uma invasão de novos compradores, mas também da necessidade de melhor atendimento.

Então nas organizações de maneira geral há problemas. Os clientes sentem que lhes falta algo. As organizações sabem que isso está acontecendo e se movimentam, mas ainda podem acelerar ou descobrir novas maneiras de atender a contento. Para tanto, é preciso investir na resolução de problemas. Para isso, são criados canais de solução de problemas. Os mais utilizados e conhecidos são:

a) **SAC**: Canal telefônico para obter informações gerais, fazer reclamações e pedidos de cancelamento (oficializado pelo Decreto nº 6.523/2008); e

b) **Ouvidoria**: Última instância para a solução de problemas (tornado obrigatório, por exemplo, pela Resolução nº 3.477/2007, do Conselho Monetário Nacional).

3.7. Regras de Atendimento

As organizações, movidas pelas suas informações, implantam as decisões de seus executivos. Os mais rápidos se aventuram e tomam mercados ou criam imagens positivas para si. Os retardatários às vezes corrigem erros dos inovadores e conseguem repercussões superiores, mas na maioria das vezes são seguidores, com todas as vantagens e limitações de ser um seguidor; ou desaparecem, porque não conseguem acompanhar a evolução natural.

Aquilo que aparece como benefício geral, e que não pode ser contestado, gera normas padronizadas, ou por vezes implantar a regra é tão brutalmente caro que inviabiliza a sua implantação rápida, faz com que os governos definam suas próprias normas.

Um exemplo é o já citado Decreto nº 6.523, de 31 de julho de 2008, da Presidência da República. Esse Decreto, que regulamenta a Lei nº 8.078, de 11 de setembro de 1990, estabelece regras padronizadas mínimas para atendimento. São elas:

- um atendente deve estar à disposição do consumidor em até 60 segundos, se ele assim solicitar;
- o número de protocolo será informado no início do atendimento;
- o atendente deve ser capacitado para realizar um atendimento eficiente;
- caso seja necessária nova ligação, o consumidor deverá receber um novo número de protocolo;
- é proibido solicitar a repetição da demanda do consumidor após seu registro pelo primeiro atendente;
- o consumidor pode solicitar informações sobre os atendimentos anteriores e pedir gravações das ligações;

- as queixas serão resolvidas no prazo máximo de cinco dias úteis, a contar do registro;
- ressalvados os casos de reclamação e de cancelamento de serviços, o SAC garantirá a transferência imediata ao setor competente para atendimento definitivo da demanda, caso o primeiro atendente não tenha essa atribuição;
- o SAC obedecerá aos princípios da dignidade, boa-fé, transparência, eficiência, eficácia, celeridade e cordialidade.

As empresas, as organizações sem fins lucrativos ou sociais e as organizações governamentais têm implementado essas regras, antes, durante e depois de suas decretações, mas convenha-se que, aguardar para instituir na sua organização essas orientações somente após a divulgação legal implica ficar para trás, na competição, bem como esperar do cliente e do público em geral uma imagem negativa. Sem contar com os altos custos que representa algo que já poderia estar sendo implementado gradativamente, que em determinado momento tem prazo final para institucionalizar e que pode ocasionar, além de tudo, multas e constantes reclamações junto à mídia.

O que se percebe é que se a organização quer atuar convenientemente e tem claros os seus objetivos, sendo que estes pressupõem um desenvolvimento interno, ela precisa orientar e aprimorar a sua rede de atendimento, isto é, toda a sua equipe de colaboradores ou, no mínimo, aquelas equipes que atuam como linha de frente, tendo o suporte necessário dos processos e tecnologias de retaguarda.

É importante, conforme descrito anteriormente, que sejam definidas as competências das áreas e dos profissionais envolvidos. É possível, a partir daí, entender que as suas atuações foram transformadas em forma e conteúdo.

Então esses colaboradores estão habilitados a atender à organização quando da necessidade de desenhar uma nova forma ou arquitetura de funcionamento e, por consequência, eles podem fazê-lo. Subentende-se que, se os envolvidos participam da definição, conhecem o todo, têm instrumentos à mão e, quando frente a uma situação específica junto ao cliente, eles a aplicarão.

3.8. Implantação e Aprimoramento da Rede de Atendimento

Considera-se fundamental pensar em estrutura organizacional, desde que ela pressuponha a existência de pessoas. As pessoas, em uma organização, compõem os sistemas e os processos internos que se integram com os *stakeholders*, permitindo avançar com ideias e ações que geram valor e, portanto, permitem à organização a diferenciação no mercado em que atua e no que pretende atuar. As pessoas são prestadoras de serviços em processos que envolvem o atendimento, isto é, todos os envolvidos nos negócios da organização. Como parceiros de serviços, todos se incluem como clientes, como fornecedores, como público em geral e, portanto, perguntam, criticam, sugerem e sentem-se satisfeitos ou não.

As pessoas estão muito além dos processos.

O objetivo de um negócio é criar valor, não apenas produtos/serviços. Uma equipe de atendimento bem cuidada faz toda a diferença e reforça a boa imagem da organização na memória do consumidor.

Qualquer ação que permita um atendimento que satisfaça deve ser bem vista e adotada.

A contratação de pessoas deve ser feita quando necessária. A contratação deve ocorrer com o encontro de pessoas com habilidades e competências no atendimento a clientes, desde que essas pessoas tenham motivação para isso.

Internamente, as organizações têm pessoas com capacidade e vontade de atuar no atendimento à clientela. Quando a empresa as contrata, percebe que elas precisam de tempo para conhecer o processo e a cultura com que estão convivendo. Para ambas as situações, entende-se que a qualificação é fundamental. Treinamento e capacitação das equipes são necessários.

O monitoramento da qualidade e das melhores práticas é parte integrante da qualificação. É preciso saber o que é ponto forte e usá-lo como uma espécie de *benchmarking*. O que é ponto fraco deve ser conhecido, obtendo-se os motivos, e saneado, com direcionamento cabível.

Os clientes e os colaboradores internos e externos são normalmente alimentadores dessas necessidades, bem como da satisfação e da insatisfação no percurso do processo e nos resultados obtidos. Tem-se entendido e aplicado técnicas que promovem a autonomia e o empoderamento das pessoas dentro das organizações; com isto, a *performance* delas no relacionamento externo tem tido melhorias substanciais.

Para que se tenham melhores condições de trabalho e, portanto, as pessoas se alimentem de informações ou procurem obter e trazer soluções para os problemas detectados e/ou aproveitamento de oportunidades que sejam conhecidas, é preciso ter infraestrutura e instrumentos/tecnologia adequados.

Oferecendo essa infraestrutura, as pessoas sentem-se mais próximas de uma boa atuação, mas é preciso complementar essa infraestrutura com tecnologia, instrumentos e métodos atualizados, e remuneração adequada, criando e implantando programas de incentivo.

Além das pessoas e da infraestrutura com tecnologia, instrumentos e métodos atualizados, é preciso permitir acesso e gerar divulgação. É preciso também que isso sirva de exemplo e que desencadeie processos de informação e de conhecimento que beneficiem a todos os envolvidos. Beneficiar envolvidos é levar em conta que os processos considerem os clientes, os colegas de trabalho, os gestores, os acionistas, a organização, os parceiros em geral, enfim, todo aquele que estiver envolvido.

A soma dos itens enumerados anteriormente deve levar à obtenção da qualidade do serviço, mas é preciso estar sempre acompanhando e buscando novas alternativas para melhorar os resultados.

Um ponto que nem sempre é considerado no atendimento é o cancelamento de produtos e serviços. Muitas vezes, a zona de conforto faz com que não se vislumbre a necessidade de acionar essa parte de um processo. Quando um ou alguns envolvidos no processo demonstram insatisfação, é porque algo deve ser medido e decisões devem ser tomadas.

A expectativa é que, com essas preocupações, a organização de fato atinja o que espera ser relativamente um retorno plausível.

Espera-se o melhor atendimento aos consumidores e, como consequência, maior satisfação, o que leva a uma possível fidelidade desses clientes.

O foco no ouvir, ou se desejarem, na ouvidoria, permite obter questionamentos. As questões são trazidas e podem passar por um processo de maior e melhor criticidade, gerando passos de melhoria contínua.

A organização espera também que o mercado e o próprio consumidor obtenham maturidade para participar efetivamente desse trabalho. Ter essa organização voltada para o atendimento é pressupor que a empresa aprenderá com a relação mais próxima, com o conhecimento adquirido, e que o cliente aprenderá com a qualidade oferecida, crescendo conjuntamente, atendendo às suas reais necessidades. Por fim, no mercado, uma organização com maior grau de competitividade é o que de fato busca a empresa.

Essa maior competitividade só é possível de ser percebida e de fato existir com:

a) a garantia de um padrão mais elevado de qualidade no atendimento prestado aos clientes;
b) o reconhecimento da organização que já adotou práticas de qualidade no relacionamento com seus clientes;
c) a oportunidade para se ir além do atendimento à legislação implantando modelos de excelência;
d) o posicionamento no atendimento de clientes, passando de resolvedor de problemas a instrumento estratégico, via governança, transparência, comprometimento e eficácia.

3.9. Considerações Finais

A organização precisa mapear suas competências e as pessoas mais gabaritadas para esse encargo são aquelas que participam do processo e, consequentemente, das tarefas que executam.

É relativamente fácil agrupar: os sistemas, levando em conta os seus diversos processos e dentro destes; as distintas tarefas que têm de ser cumpridas para atingir os objetivos estabelecidos quando se conhece e se participa quais são esses objetivos; e, principalmente, se conhece quem são todos os *stakeholders* envolvidos, bem como quais são as suas características e valores preponderantes, comunicando-se com eles e respeitando-os.

É preciso que exista visão estratégica, e, além disso, é necessário administrar o desempenho e desenhar o plano de desenvolvimento. Sem o devido mapeamento, não há como implementar um sistema de trabalho de alto desempenho. Considera-se a espinha dorsal da organização que se faça um mapa que permita a definição e a difusão da visão, da missão e dos fatores críticos de sucesso.

Sabendo-se o que se quer e quem está atuando, bem como se estes entendem a organização, o que se quer e a forma de atuação e envolvendo-os para desenvolver a estrutura básica é mais fácil, e uma vez implementada a estrutura, ela pode conduzir efetivamente ao alcance dos resultados esperados.

A organização ideal de atendimento ao cliente nunca existirá. É possível alcançar a estrutura ótima para o momento vivido e, gradativamente, mensurar as novas necessidades e provocar a implantação das soluções encontradas.

Diferenciar-se no atendimento exige uma estrutura de inteligência que possa gerar antecipações a partir do conhecimento amplo, ágil e integrado das ocorrências passadas, presentes e tendências possíveis de detectar para o futuro.

Com informação estruturada, pessoas e áreas preparadas para o atendimento ao cliente e tratamento dos dados obtidos, pode-se correr riscos conscientemente e preparar estrategicamente um caminho que pode envolver, via inovação, a todos. Saber o que o cliente pode vir a querer é verdadeiramente um troféu que permite à organização antecipar-se para preparar o cliente para recepcionar o diferencial oferecido.

Há algumas fases que precisam ser contempladas para atingir a todos esses objetivos organizacionais. Primeiro, destacar claramente que o atendimento ao cliente ocorre em três circunstâncias distintas: antes do negócio se inicializar, no decorrer da negociação e, posteriormente, quando o cliente é efetivamente o consumidor ou pós-consumidor.

Os encarregados pelo atendimento são seres humanos, que têm problemas específicos, particulares e de convivência com a organização. Precisam ser conhecidos e conhecer a organização e os clientes.

A organização precisa saber quais as necessidades e potenciais necessidades dos clientes, as possíveis formas de atender essas necessidades para, agrupando-os, atendê-los a contento.

Os colaboradores são tão clientes quanto os clientes e, portanto, precisam ser acompanhados e contemplados com as informações corretas e justas sobre os processos em que estejam envolvidos.

É importante definir as competências para que todos os colaboradores entendam seus significados, formar grupos de trabalho, baseados em agrupamento de atividades para identificar, validar e atribuir pesos para cada uma das competências, e desenhar o mapa e a estrutura das competências estratégicas dos colaboradores e da organização, obtendo-se assim o alinhamento das competências com o *Core Business* da organização.

Enquanto vão se dedicando mais aos clientes e às unidades de negócios ampliadas que compreendem canais, fornecedores e parceiros, conforme diz Barreto (2007), as empresas comunicam seus objetivos, seus valores e muito do seu modo de operação. Independentemente da maneira como sejam planejadas e executadas as ações de relacionamento com os clientes, seu objetivo é sempre alongar o tempo de relacionamento e intensificar as oportunidades com transações que satisfaçam a empresa e os seus clientes.

É preciso que as empresas sejam específicas a respeito dos objetivos definidos. Primeiro, identificar e focar o cliente certo, buscando realizar o seu pleno potencial, aumentando-lhe a participação na carteira com crescimento de vendas cruzadas. Em seguida, apresentar o produto certo de maneira personalizada a cada cliente. Na sequência, comunicar-se e atender a cada cliente pelo canal certo.

Isso quer dizer racionalizar ao máximo os seus recursos de comunicação de marketing e de logística, tendo em vista o perfil do cliente, para, finalmente, fazer a oferta na hora certa, tanto pelo marketing tradicional como em tempo real ou quase real pelos meios de interatividade com o cliente.

A organização requer a inclusão de todas as atividades que transformam clientes eventuais em parceiros leais, satisfazendo e excedendo suas exigências, de tal modo que eles continuem a comprar. Esse objetivo não é facilmente conseguido apenas com boa oferta de produto ou serviço, mas a partir de extensões em produtos e serviços, e de parcerias fortes com os membros do canal de distribuição.

Uma estrutura de atendimento só pode ser qualificada como ótima quando os componentes envolvidos estiverem cientes, e para isso é preciso haver investimento e dedicação, o que é necessário que seja feito no momento adequado, nem antes, nem depois. Para isso, é fundamental que se participe do porquê se tem de fazer aquilo, daquela maneira, com quem, em que instante, entre outras coisas.

Certamente todas as atividades que uma empresa desenvolve podem causar impactos sobre seus clientes. Daí estabelecer padrões de responsabilidade e de atuação desde que venham a ampliar a flexibilidade, permitindo que todos os envolvidos possam exercer a responsabilidade de gerenciar clientes ou atividades que venham a contemplar os objetivos da organização com relação a esses clientes.

É fundamental que, ao pensar em estrutura e atividades organizacionais, não se desconsidere que uma empresa se relaciona com uma variedade enorme de clientes interessados pelos seus processos ou pelo negócio. Basicamente, é possível distribuir os clientes em quatro grupos distintos: cliente final, empresas, canal de distribuição e cliente interno.

Os produtos e serviços da empresa são vendidos para todos esses tipos de clientes. A pergunta a que a empresa precisa responder é: que estratégias de marketing devem existir para satisfazer e reter cada tipo de cliente?

Então, montar uma organização ciente de suas responsabilidades para se relacionar, de forma que esses objetivos possam se transformar de estratégicos em táticas e operações viáveis e que não só resultem em sucesso, mas sobretudo garantam o diferencial constante.

Resumo

Uma organização cuja estratégia empresarial é focada no cliente necessita conhecer dia a dia o seu cliente, em um processo constante. Ouvir o cliente proporciona à empresa um estreitamento com seu mercado, com diversos benefícios decorrentes, dentre eles entender os anseios desse mercado de modo a desenvolver novos produtos e serviços agregados, aperfeiçoar os já existentes e conhecer a atuação de seus concorrentes. É de difícil compreensão que organizações de maneira geral, e especificamente aquelas que têm fins lucrativos, não adotem uma postura mais abrangente no marketing. Na atualidade, qualquer movimento ou pretensão implica envolvimento do todo, conhecimento do todo, realmente possuir um pensamento estratégico. Neste ponto, é preciso lembrar o conceito de organização. Entende-se, para atender ao que se propõe este texto, que o termo organização pode ter duas interpretações básicas: a organização como estrutura e a organização como método. A primeira delas pressupõe a organização como estrutura, o que leva à interpretação de que a organização é um conjunto de elementos integrados para atingir objetivos comuns predeterminados. A organização como método envolve a maneira como as coisas são feitas para atingir determinados objetivos. Uma estrutura organizacional entende-se que tenha três níveis distintos, ou seja, um nível estratégico, um tático e outro operacional. As estruturas organizacionais quase sempre variam entre mecanicistas e orgânicas. A primeira, mais rígida e hierarquizada, exige especializações de áreas e de pessoas. A segunda, orgânica, é sempre mais interdependente, necessita do grande envolvimento das pessoas de todas as áreas, e necessariamente está coordenada para ser integrada. Para que a estrutura organizacional funcione a contento, é preciso que esteja planejada, organizada, atenda de forma coordenada, com possibilidades de correção quando houver necessidade de corrigir desvios e que estes estejam sendo acompanhados e avaliados. Entende-se que quanto mais volátil for o mercado e menor for o ciclo de vida de produtos e serviços, mais imprescindíveis se tornam algumas competências essenciais, dentre elas a capacidade de inovação e a velocidade de aprendizado. Nas organizações, de maneira geral, há problemas. Os clientes sentem que lhes falta algo. As organizações sabem que isso está acontecendo e se movimentam, mas ainda podem acelerar ou descobrir novas maneiras de atender a contento. Para tanto, é preciso investir na resolução de problemas. São criados canais de solução de problemas. Os mais utilizados e conhecidos são: o SAC, canal telefônico para obter informações gerais, fazer reclamações e pedidos de cancelamento, e a Ouvidoria, última instância para a solução de problemas (tornada obrigatória pela Resolução nº 3.477/2007, do Conselho Monetário Nacional). Algumas regras de atendimento são propostas no capítulo e a soma dos itens mencionados permite alcançar os objetivos de qualidade se eles forem bem planejados. Mas convém observar que é preciso estar sempre acompanhando e buscando novas alternativas para melhorar os resultados.

Questões

1. Identifique quando uma estratégia é focada no cliente. Explique o porquê e como.
2. Aponte quais das teorias da Administração e das organizações são preponderantes para a empresa.
3. Aponte como uma empresa pode fazer um levantamento de valores, recursos e cultura predominante.
4. Estabeleça os canais de negócios possíveis para uma organização e defina de que maneira poderão ser utilizadas as regras de atendimento ao cliente.
5. Analise uma organização da qual você tenha acesso às informações relevantes sobre suas relações com os clientes. Identifique qual o processo de relacionamento com os clientes atuais e potenciais e o mais adequado para atingir os objetivos de excelência no atendimento.

Texto para Análise e Discussão: Vera Giangrande – Ombudsman do Grupo Pão de Açúcar

Desenvolvido a partir de: <http://comunicacaoemfocco.blogspot.com/2007_09_01_archive.html> e <http://www.portal-rp.com.br/bibliotecavirtual/relacoespublicas/empresasecases01/0019.htm>

O SAC – Serviço de Atendimento ao Consumidor – é uma importante estratégia no relacionamento empresa/cliente, uma vez que se configura como um dos canais de comunicação entre as partes, de forma a obter informações para a melhoria de seus serviços/produtos.

Essas informações podem advir de críticas ou de sugestões, e até mesmo, ser utilizado para resolução de conflitos.

O Grupo Pão de Açúcar foi uma das empresas pioneiras do setor supermercadista em adotar um canal de comunicação com seus clientes, no ano de 1993.

Inicialmente adotou a figura do ombudsman, que é um profissional contratado pela empresa para intermediar, de forma imparcial, o relacionamento da empresa com seus diversos públicos. Para essa função, o Grupo Pão de Açúcar convidou Vera Giangrande, que implantou e desenvolveu toda uma estratégia de ouvir o cliente de maneira personalizada e suas reivindicações que, analisadas, eram levadas em consideração pela empresa.

Uma vez que o papel de ombudsman exige independência e elevada autoridade do profissional que o exerce, isto demonstra, ao mesmo tempo, também, um elevado grau de compromisso da organização com a opinião pública.

No trabalho de ombudsman com o Grupo Pão de Açúcar, Vera utilizou quatro estratégias de comunicação no que diz respeito ao serviço de atendimento, ou modos de trabalhar, como cita em seu artigo "Em defesa do Consumidor". São estes os modos:

- **Reativo** – Cliente liga, anota-se a queixa, a loja analisa a veracidade dos fatos. Se resolvido o problema, os dados são armazenados no computador, faz-se um relatório e através da analise a empresa se baseia para pensar em outras ações e diretrizes. Este é o atendimento mais comum nas empresas. Pode-se dizer que seria a lei do mínimo esforço. Porém a iniciativa é valida pela busca de um contato mais próximo com esse público tão especial.
- **Ativo** – A equipe que trabalha com a atividade de ombudsman sai em campo e observa todas as lojas criticamente como um cliente exigente. Anota-se tudo, até o aspecto visual da loja. O gerente é comunicado de todos os aspectos negativos levantados. Os dados são armazenados e então é feito um relatório mensal. Essa estratégia utilizada aparenta ter sido algo inovadora, pois criticar a própria organização em que trabalha, se colocando no lugar de um cliente, só poderia partir de uma profissional formada em Relações Públicas.

- **Pró-ativo** – O ombudsman se reúne com os clientes na loja para discutir problemas relacionados àquela loja. Ex: É chamado um grupo de senhoras para tomar um chá no refeitório. Todas convidadas pelo gerente. Essa atitude já demonstra uma preocupação da loja em relação a atender e servir bem os seus clientes. Contudo, a última estratégia citada por Vera ajuda a legitimar sem dúvida a boa imagem da empresa perante o seu público.
- **O modo interativo** – Convite às mesmas senhoras do exemplo citado para uma reunião no escritório com a intenção de saber o que elas esperam da empresa.

Ainda em seu artigo, ressalta a importância de convencer os funcionários de que vale a pena para eles atender bem o cliente, uma vez que eles são a razão do negócio e de seus próprios empregos.

> "Quando me tornei ombudsman inventei algumas estratégias para convencer o maior número de funcionários no menor tempo possível de que o cliente é a razão do negócio e dos seus próprios empregos. E criei o seguinte princípio: "Devolva-se ao causador." Se eu recebesse um telefonema de uma pessoa se queixando de uma determinada loja, telefonava para lá, escutava as razões do gerente, e depois dava a receita para ele buscar o consumidor insatisfeito e encantá-lo – porque não basta satisfazê-lo, é preciso também encantá-lo."

Mais do que convencer, sua estratégia era a de envolver o funcionário no processo de resolução do problema do cliente:

> "Se fosse o caso de uma troca de produto que não foi feita, ele ia na casa da pessoa com aquele produto, no dobro do peso, ou no dobro das unidades, mais uma caixinha de bombons (se fosse uma senhora), um ramo de flores e um pedido de desculpas por não ter feito a troca a tempo. Se fosse uma indelicadeza, a mesma coisa. Através dessa 'estratégia do teatro' começamos então uma revolução de baixo para cima. Porque quando os funcionários vivenciam situações assim suas cabeças mudam sem que se precise fazer uma transformação interna na empresa. A mudança vem naturalmente".

Vera Giangrande destaca em seu artigo que "... o sucesso do trabalho de ombudsman no Pão de Açúcar ocorreu porque senti que a empresa tinha realmente vontade de mudar".

Vera Giangrande deixou a empresa em agosto de 2000. A ombudsman, que está tendo seu trabalho continuado pela equipe que formou, se notabilizou pela autonomia conquistada na companhia.

Questões

1. Identifique no texto qual a estrutura organizacional existente no Pão de Açúcar para atender à clientela.
2. Capte quais são as regras de atendimento adotadas na área do ombusdman e compare-as com a legislação vigente.
3. A cultura organizacional do Pão de Açúcar entendeu que precisava aprimorar a competência dos participantes no processo de atendimento ao cliente? O que se adotou para o nível operacional?

Referências Bibliográficas

BARRETO, C. E. F. Customer relationship management (CRM). In OLIVEIRA, O. J. (org.) *Gestão empresarial – Sistemas e ferramentas.* Cap. 3, p.. 44 a 56. São Paulo: Atlas, 2007.

BRETZKE, Mirian. *Marketing de relacionamento em tempo real.* São Paulo: Atlas, 2000.

HAMEL, G. & PRAHALAD, C. K. *Competindo pelo futuro.* Rio de Janeiro: Campus, 1995.

PORTER, Michael E. *Competição – Estratégias competitivas essenciais.* Rio de Janeiro: Campus, 1993.

SHAW, Robert; STONE, Merlin. *Marketing com banco de dados.* São Paulo: Atlas, 1993.

VICO MAÑAS, A. Inovação e competitividade: alternativas para um novo marketing. In: LAS CASAS, A. L. & GARCIA, T. (orgs.) *Diferenciação e inovação em marketing.* Cap. 2, p. 21 a 39. São Paulo: Saraiva, 2007.

Capítulo 4

Cultura de Serviços Internos com Qualidade

O setor de serviços é responsável por 70% dos empregos formais e é o que mais cresce na economia brasileira. É responsável por 68,5% do nosso Produto Interno Bruto (PIB), segundo o secretário de Comércio e Serviços (SCS) do Ministério de Desenvolvimento, Indústria e Comércio Exterior (MDIC), Edson Lupatini, que concedeu uma entrevista coletiva, no dia 5 de agosto de 2010, quando anunciou o *Panorama de Comércio Internacional de Serviços de 2009*[1].

Só por esses vultosos índices se justifica discutir a temática dos *serviços de atendimento ao cliente* nos seus mais variados aspectos, e aqui, neste capítulo em particular, a *cultura de serviços internos com qualidade.* Ao abordar o tema de serviços internos de qualidade, há três conceitos: *cultura*, *qualidade*, além de *serviços*, é claro, que é a palavra-chave de toda nossa análise.

Como pesquisador da Antropologia, onde o termo *cultura* mereceu maior atenção, posso afirmar que não há um consenso sobre o que se entende por cultura, mas seguramente podemos afirmar que não exis-

[1] Disponível em <http://www.desenvolvimento.gov.br/portalmdic/sitio/interna/noticia.php?area=4&noticia=10008>.

te povo sem cultura, nem cultura superior. O processo de distinção dos humanos em relação às demais espécies e à natureza como um todo seria compreendido como cultural, mas hoje muitos pensadores como os franceses Claude Lévi-Strauss, Edgar Morin e o brasileiro Edgard de Assis Carvalho, só para citar alguns nomes, não aceitam mais essa fronteira rígida entre animalidade e humanidade, ou entre natureza e cultura. Isso porque os seres humanos são 100% natureza e 100% cultura, e é também perceptível no reino animal traços de cultura autônoma em relação a nós.

Podemos compreender *cultura* como o conjunto de preceitos, regras e procedimentos que um indivíduo assume para conviver com seus pares em um processo criativo, dinâmico e colaborativo, mas nem por isso sem alguma tensão, que é própria da vida societária. Deste modo, é legítimo falar de cultura organizacional, cultura de mercado, cultura empresarial e, por conseguinte, de uma cultura de serviços internos com qualidade.

O segundo conceito que deverá merecer nossa atenção é a *qualidade*. Desde os antigos filósofos, o binômio *quantidade-qualidade* já era fonte de debates sem fim. O que mais importa: quantidade ou qualidade? A sétima grande revolução da humanidade, a tecnológica-industrial (Ribeiro, 1998), fez com que avançássemos significativamente em vários aspectos. Os custos desses avanços, porém, colocaram em evidência algumas questões que ainda hoje nos são incômodas, como as absurdas desigualdades sociais, a devastação dos recursos da natureza que mostra que o nosso padrão de progresso priorizou a quantidade em detrimento da qualidade.

Em plena oitava revolução tecnológica, a termonuclear, o que importa é buscar a qualidade. Qualidade de vida, qualidade na produção e qualidade de serviços. Sob a égide da *Qualidade Total*[2] e de cada um de seus procedimentos, com seus programas, ferramentas e métodos, busca-se o melhor aproveitamento possível nos processos, desde a produção até a disposição do produto ao consumidor final, passando por uma rede intrincada de serviços.

Por fim, o principal conceito deste livro, os *serviços*. Até que se chegasse à conceituação atual utilizada pelo mercado, esse termo e seus si-

---

[2] Os principais formuladores da *Qualidade Total* são Armand Feigenbaum, Kaoru Ishikawa, Joseph Juran e Genichi Taguchi.

nônimos passaram por transformações próprias durante a história. Não é o caso aqui de se fazer uma sociologia dos serviços ou do trabalho, mas pontuar algumas questões que nos parecem interessantes para se chegar ao objetivo desta obra, que é discutir a importância dos serviços com qualidade.

Nos tempos medievais, o serviço era o processo pelo qual a servilidade participava da vida societária. Desse modo, ser servil era uma característica menor e depreciativa do indivíduo que realizava alguma tarefa geralmente física para outro, que era favorecido, sem que este lhe retribuísse dignamente pelo benefício recebido. Aliás, ao contrário disto, o servo era constantemente criticado e seu serviço depreciado pelo seu senhor.

Embora os servos fossem menosprezados pelos senhores feudais, ao contrário dos escravos da antiguidade e os da modernidade colonial, eles não eram propriedades de seus senhores. A escravidão foi a mais emblemática redução à que os indivíduos foram submetidos ao longo da história humana. Foi nesse contexto que surgiu o termo *trabalho*, como derivativo de *tripalium* (três paus), expressão latina que se referia a um instrumento agrícola constituído de uma haste vertical e duas em diagonal cruzadas, feito de madeira, que era usado para debulhar o trigo, mas que depois foi convertido em instrumento de tortura onde se supliciavam os escravos que eram atados a ele com os braços e as pernas semiabertos como o *homem vitruviano* de Leonardo da Vinci, e eventualmente de cabeça para baixo. Era uma das modalidades de crucificação.

Deste modo, *tripaliare*, e daí o verbo trabalhar, era tido como castigo reservado a escravos ou como maldição divina aos humanos. Na mitologia jucaico-cristã-islâmica, Adão e Eva são expulsos do paraíso e por isso o homem vai ter de trabalhar para "comer o pão com o suor de seu rosto". Na mitologia grega, Sísifo volta do mundo sobrenatural ao terreno, mas terá de rolar uma pedra imensa para cima da montanha e repetir esse trabalho infinitamente, pois a pedra sempre rola novamente para o vale, evidenciando-se o absurdo da existência humana.

Com o advento do cristianismo, surge um conceito oposto a esse de castigo em relação ao trabalho. Essa nova religião cresceu, e muito, principalmente nas camadas subalternas do mundo greco-romano, e por isso era importante enaltecer o trabalho e/ou o serviço como sendo uma doação voluntária ao próximo. A figura de Jesus Cristo passa a ser o modelo daquele que serve: "Eu vim para servir, e não para ser servido".

Na modernidade, Max Weber, em a *Ética protestante e o espírito do capitalismo*, demonstra muito bem como o trabalho passa a ser o modo como os homens complementam a obra divina, transformando a natureza bruta em artefatos. Marx e Engels também enaltecem a importância do trabalho, não na perspectiva religiosa, mas como sendo o trabalho aquela ação que distinguiu os seres humanos dos demais animais. Isso é descrito de forma específica no pequeno livro de Engels, *O papel do trabalho na transformação do macaco em homem*.

Há uma triplicidade no trabalho de ordem biológica, sociológica e psicológica. Ao mesmo tempo o trabalho resolve os dilemas de nossa condição físico-biológica. Precisamos manter a nossa vida e a de nossa família, por isso trabalhamos. Nosso trabalho é importante à sociedade, que usufrui de nossos serviços para o seu bem-estar. Como as nossas necessidades pessoais básicas são resolvidas, bem como as das demais pessoas que são atendidas pelos nossos serviços, isso produz um grau de satisfação necessário para o nosso equilíbrio pessoal.

Em serviço, como a própria palavra sugere: SER-VIÇO, o ser ou o indivíduo é o que é viçoso, que tem vida, que é dinâmico e que interage de forma proativa com o ambiente e com os outros seres com quem convive. O serviço com qualidade tem as seguintes dimensões: talento, aprimoramento, propósito, empenho, realização e satisfação.

O serviço é um talento com base nas condições fisiológicas, psicológicas e emocionais de um indivíduo. Ninguém nasce com o talento, mas com as precondições para descobri-lo e desenvolvê-lo durante a vida. Podemos chamar isso de dom ou dote que a natureza deu a alguém para ele servir daquela forma, e não de outra. Quanto mais cedo descobrimos nosso talento, mais úteis nos tornamos para a sociedade e, dessa forma, encontramos o nosso lugar.

Não basta talento para servir; é necessário aprimorá-lo para que cada vez mais possamos disponibilizá-lo à sociedade. O aprimoramento só vem com a prática, com o treinamento, com a permanente autocrítica e o exercício de aperfeiçoamento incessante, com a imitação criativa dos modelos de excelência naquele determinado tipo de atividade. A educação permanente é o imperativo do aprimoramento profissional.

Não há sucesso na navegação de um navio sem bússola; assim, também o serviço tem de ter propósito. Em última instância, devo estar a serviço de meu próprio destino. Para isso é necessário estabelecer metas pessoais. Que tipo de serviço quero realizar para sociedade pelo resto de minha vida, ainda que não esteja fazendo exatamente isso nesse momento? Quanto mais cedo meu propósito de serviço coincidir com o que estou fazendo, melhor realizarei minha missão.

O serviço não pode jamais ser um sacrifício para quem o realiza, pois o custo pode ser altamente prejudicial para quem usufrui dele, para a empresa e para quem o realiza. O serviço não deve ser realizado como um esforço, exceto em condições limites de prazo à revelia da organização ou por falha de planejamento interno que acaba acarretando em pressão desnecessária à equipe de profissionais. O bom serviço exige empenho, que é uma forma de dedicação entusiástica do profissional que sabe e que gosta do que faz e, por isso, o faz bem feito.

Serviço bem feito é aquele que é realizado nas suas várias etapas, onde se faz o diagnóstico do problema a ser atendido, onde se faz pesquisa para realizá-lo da melhor maneira e onde se cumpre cada etapa de forma precisa, obedecendo aos protocolos preestabelecidos anteriormente e com entrega pontual do serviço, não raro surpreendendo o cliente com um toque de excelência que este não esperava receber.

Claro que todo serviço realizado com qualidade merece remuneração justa, e isso é o que todo profissional espera pelo seu serviço. Mas há um tipo de satisfação que não pode ser remunerada materialmente. É a satisfação que o próprio profissional tem ao ver seu serviço bem realizado. Ninguém pode ser mais satisfeito do que ele, pois o serviço, embora não seja para seu próprio uso, tem muito dele ali. Esse mérito é só dele ou de sua equipe, e essa satisfação tem um poder atrativo para os consumidores no processo de fidelização.

Toda organização deve propiciar aos seus colaboradores as condições necessárias para que gostem do que realizam, saibam realizar, sejam comprometidos com as metas internas, sejam dedicados e produtivos, e tenham reconhecimento pelos seus serviços.

4.1. Serviço Interno

As organizações existem para servir os clientes externos, e dentro delas há aqueles que têm como atribuição servir os clientes internos, ou seja, seus colaboradores. Na guerra, nem todos estão no *front* ou usam armas para atacar os inimigos; é preciso também do pessoal que prepara as fardas dos combatentes, que faz a comida e a manutenção dos equipamentos.

Quem atende aos clientes conta internamente com uma cadeia de qualidade que lhe dá suporte para as ações, das mais complexas às mais simples e corriqueiras. Esse pessoal da retaguarda é tão importante quanto os do *front* e, atualmente, é cada vez mais necessário reconhecer sua importância nas estratégias de serviços das organizações.

Toda organização tem sua cultura interna, mas como um sistema vivo e aberto, que se realimenta permanentemente na relação com seus *stakeholder*. Há de se considerar, ainda, que cada colaborador também tem sua cultura individual, e que, segundo a TOH - Teoria da Organização Humana (Rubbo Müller, 1958), cada um de nós está conectado a 14 subsistemas.

Os 14 subsistemas da TOH para uma cultura de qualidade são:

1. **Parentesco:** as questões que envolvem os familiares de um colaborador sempre serão prioritárias para ele.
2. **Saúde:** as condições de saúde dos funcionários sempre acabam afetando o rendimento do trabalho.
3. **Manutenção:** envolve remuneração adequada aos colaboradores.
4. **Lealdade:** espírito de coleguismo é vital no ambiente de trabalho.
5. **Lazer:** garantir recreação é receita de sucesso para quem espera empenho de sua equipe.
6. **Viário:** refere-se à comunicação interna e externa dos funcionários de uma organização, bem como à questão da qualidade do tipo de transporte para o trabalho.
7. **Pedagógico:** a questão do grau de instrução da equipe e das oportunidades de treinamento interno.

8. **Patrimonial:** refere-se aos bens da própria empresa e de como ela proporciona prosperidade aos seus colaboradores.
9. **Produção:** a qualidade do serviço interno propriamente dita.
10. **Religioso:** o ambiente de respeito à diversidade religiosa e opções filosóficas.
11. **Segurança:** nos procedimentos internos e na vida social como um todo.
12. **Político:** administração objetiva, democrática e eficiente.
13. **Jurídico:** direitos trabalhistas assegurados e cumpridos por parte da empresa.
14. **Precedência**: flexibilidade de ascensão profissional pelo sistema de meritocracia.

De um certo modo são as necessidades ditas por Maslow, mas colocadas como sistemas complementares, e não de forma hierárquico-piramidal.

Outra questão cultural que se deve considerar é que toda organização tem, de um modo geral, três modalidades de indivíduos (Gregori & Volpato, 2001), e em cada uma delas há quatro níveis de potencialidades:

1) Aqueles que são *pragmáticos*, ou seja, as pessoas de ação dentro de uma organização:
   - 1.a) *Gestor(a)*: aquele que tem a competência para administrar a organização;
   - 1.b) *Planejador(a)*: o que assessora e coordena projetos;
   - 1.c) *Técnico(a)*: habilidades de especialista em determinada atividade;
   - 1.d) *Operador(a) prático(a)*: que desenvolve tarefas rotineiras sob coordenação de outros.
2) Aqueles que são *carismáticos*, ou seja, as pessoas que primam pela criatividade e o bom relacionamento na organização:

2.a) *Esteta*: no aspecto da estética propriamente dita, do bom gosto artístico e da ética nos relacionamentos;

2.b) *Místico(a)*: voltado a conhecimentos transcedentais e meditações;

2.c) *Criativo(a)*: usa a intuição, o lúdico, para criar um ambiente descontraído;

2.d) *Afetivo(a)*: gosta das confraternizações dentro da empresa e valoriza os relacionamentos amigáveis entre os colegas.

3) Aqueles que são *os lógicos*, ou seja, as pessoas questionadoras que fazem um controle da qualidade:

3.a) *Cientista*: que se palta pela comprovação científica dos processos;

3.b) *Pesquisador(a)*: que está sempre se aprimorando no aspecto teórico para desenvolver seu trabalho;

3.c) *Classificador(a)*: que desenvolve procedimentos metódicos, dentro de uma linha já comprovada pela experiência;

3.d) *Comunicação numeral verbal*: sabe efetuar tarefas dentro de um padrão básico de raciocínios lógicos.

Veja como é complexa a questão da cultura interna de uma organização de serviços. Não é possível atuar só dentro de padrões exógenos à cultura interna, que por si só vive em uma tensão permanente entre três agrupamentos distintos: o *oficial*, que traça o comando das operações; o seu oponente, o *antioficial*, que procura dar outras coordenadas; e os *oscilantes*, que cumprem a agenda *oficial*, mas que eventualmente se encantam com as propostas dos *antioficiais*.

Na era dos serviços (Téboul, 1999), não é possível mais entender o processo como uma linha de montagem de produção, com uma única sequência, um único gestor e uma única finalidade. Contrariando a máxima de Maquiavel de que "os fins justificam os meios", disse Gandhi: "cuide dos meios, que o fim cuidará de si mesmo". Se a processualidade dos serviços é feita com qualidade, o resultado só poderá ser algo eficiente. E é aqui, no início, no meio e em todo o caminho, que está a importância do serviço interno com qualidade.

Para Las Casas (2004, 95-111), uma boa maneira de avaliar a cultura interna voltada para a qualidade é a aplicação de um questionário de autoavaliação que deve ser aplicado a cada colaborador indistintamente da função que desempenha ou de sua atribuição de cargo.

O questionário de Autoavaliação[3] é dividido em três aspectos de qualidade (Liderança Pessoal, Planejamento e Aperfeiçoamento), com dez questões cada, sendo que cada uma delas tem dez graduações subdivididas em três: raramente - 1, 2 e 3, algumas vezes - 4, 5, 6 e 7 e quase sempre - 8, 9 e 10, onde a pessoa assinala um x conforme sua performance naquela situação. No final é somada a totalidade dos números assinalados e a performance do colaborador recebe uma graduação alfabética com base nas suas próprias informações.

- Grau E: pontuação de 60 a 89 - você deve adotar algumas estratégias de qualidade para melhorar seu desempenho.
- Grau D: pontuação de 90 a 128 - você pode querer analisar seu padrões de vida diários e objetivos na vida. Você não demonstra ter uma filosofia de qualidade total.
- Grau C: pontuação de 129 a 158 - você demonstra alguns padrões de qualidade total, mas necessita ser mais consistente na vida diária.
- Grau B: pontuação de 159 a 229 - você tem uma boa base para os princípios de qualidade total e pode servir como um exemplo para os outros.
- Grau A: pontuação de 230-300 - você é um grande exemplo de pessoa com qualidade total, com sólidos princípios de liderança, planejamento e contínuo aperfeiçoamento.

Quando cada um se dispõe a colaborar, se expondo em um questionário de autoavaliação, podemos considerar que um passo significativo foi dado no sentido da qualidade dos serviços internos. É claro que a graduação individual gera uma média final de todos os envolvidos no pro-

---

[3] Las Casas fez uma adaptação da Autoavaliação (p. 98-99) de NATHANSON, G. *Are you a total quality person*? Quality Progress, v. 26, nº 9, p. 117-119, set. 1993.

cesso e isso classifica, em última instância, a qualidade total dos serviços da empresa.

Em um segundo momento, cada colaborador é consultado para emitir sua opinião sobre a empresa através de um novo questionário. De posse das duas modalidades de questionários é possivel desenvolver o Marketing Interno ou o Endomarketing de forma mais objetiva.

> "Do ponto de vista funcional, o principal objetivo do marketing interno é o de obter satisfação dos desejos e necessidades do consumidor, um dos axiomas mais comuns na comercialização moderna. Portanto o marketing interno visa satisfazer os clientes internos com o objetivo de mantê-los motivados" (Las Casas, 2004, 113).

São componentes do marketing interno de serviços o estratégico e o tático (Las Casas, 2004, 112-123). O componente estratégico é constituido por três atividades básicas: os métodos administrativos, a política de pessoal e o treinamento interno. Nesse sentido, o RH tem um papel decisivo para o marketing interno de serviços. O componente tático também envolve três atividades: treinamento de atitudes dos funcionários, participação dos administradores e um sistema de comunicação eficiente.

4.2. Componente Estratégico

O *método administrativo* está relacionado com o estilo do líder, se é democrático e aberto a ouvir seus colaboradores de modo a inspirá-los e motivá-los no desempenho de suas funções, ou se é o chefe tradicional que só dá ordens e é distante de sua equipe. O mercado não aposta mais nesse estilo de gerência.

A *política de pessoal* tem a ver com o tipo de profissional que será contratado para um cargo ou carreira na empresa. Os atributos necessários para o preenchimento da vaga são os requisitos para estabelecer a qualidade do serviço interno para aqueles que estão ingressando àquela vaga.

O *treinamento interno* deve ser uma atividade permanente do marketing interno de serviços, que compreende as seguintes etapas: (a) determinação das necessidades, (b) estabelecer objetivos, (c) elaboração de programas e (d) feedback dos resultados alcançados com o treinamento interno.

4.3. Componente Tático

O *treinamento de atitudes dos funcionários* deve fazer parte do planejamento do cotidiano de uma empresa. Isso se dá com a *participação dos administradores* através de um *sistema de comunicação eficiente* para que as mensagens sejam permanentemente reforçadas entre todos. O programa de marketing interno utiliza as ferramentas não só do marketing, mas também do RH.

De forma sucinta, retoma-se aqui a proposta do *plano de serviço interno* oferecida aos gerentes de nível médio das organizações, por Karl Albrecht (1994, 79-169), segundo o qual pode ser resumida em cinco conceitos de gestão de serviços internos:

1. Aproxime-se de seu cliente interno e fique lá.
2. Defina a missão de seu sistema.
3. Oriente seu pessoal para o serviço interno.
4. Foque seu sistema em serviços internos.
5. Foque as recompensas no serviço interno.

O primeiro conceito a realizar é *entender o cliente interno* (Albrecht, 1994, 105-117). Para isso, é necessário *fazer uma autoinvestigação* de seu papel, de sua equipe ou departamento em relação aos demais setores, para averiguar qual a sua importância na dinâmica do conjunto funcional.

Você sabe claramente quem é o seu cliente interno? O autor propõe o seguinte teste. Suspenda temporariamente suas atividades tal como se faz em uma greve. Imediatamente seus clientes aparecerão reclamando pela interrupção dos serviços e pelas consequências dessa paralisação.

Nesse caso, você e sua equipe devem ficar contentes pois são indispensáveis ao bom andamento dos serviços da organização. Porém, se ninguém reclamar, isso revelará que vocês são dispensáveis aos demais setores, que não os reconhecem como prestadores de serviços internos.

Talvez o seu trabalho seja de fato importante para a organização, mas o modo como o realiza não é devidamente reconhecido, pois você não tem conseguido imprimir valor a ele para que seja notado e, na melhor das hipóteses, elogiado.

Outro posicionamento adequado é *obter o feedback do cliente interno*. Para isso, é preciso ter uma postura humilde e voluntária diante dos outros que irão tecer comentários a respeito de sua prestação de serviço.

Você aceita críticas? Sabe transformá-las em seu benecício sem se constranger ou ficar ressentido? Isso é um bom começo para o *feedback*, pois somos eventualmente alvos de críticas que nem sempre chegam ao nosso conhecimento, mas o pior, podem chegar aos ouvidos daqueles que eventualmente poderiam nos prejudicar.

Por isso, é muito importante que tomemos a iniciativa de nos colocarmos à disposição para sermos analisados pelos nossos clientes internos e a tempo podermos nos reposicionar de forma proativa.

É preciso estabelecer a partir daí *uma auditoria de serviços* que tenha como finalidade, a partir da *autoinvestigação* e do *feedback dos clientes*, traçar as formas mais adequadas entre sua prestação de serviço e o atendimento ao cliente interno, de forma a minimizar os desvios e otimizar a qualidade que já se tem nesse relacionamento.

Para tanto, é preciso:

Identificar e analisar seus momentos de verdade: Seu departamento é procurado pelo cliente? O atendente de seu departamento é solícito? As informações são adequadas? Há uma periodicidade de visitas de sua equipe aos departamentos atendidos? Há um SAC permanente para reclamações? Que tipo de equipamentos são fornecidos ao cliente? O cliente tem informações adicionais, caso necessite, mesmo que seja um procedimento de serviço pouco utilizado? Há um protocolo de controle de atendimento?

Identificação e análise dos seus ciclos de serviço: Trata-se de uma ferramenta de extrema importância para o gerenciamento de serviços, que envolve vários fatores, como: a admissão de um novo empregado, a compra de equipamentos, a consulta jurídica sobre algum procedimento, elaboração de programa, deslocar o escritório de um coladorador, transações internacionais, mudança de agenda de viagens, elaboração contábil especial, liberar funcionário para treinamentos fora da organização, preparar recursos especiais para apresentação em reuniões, entre outros.

A identificação dos ciclos de serviço faz com que se possa melhorar sua qualidade, descomplicando os processos, diminuindo os agentes envolvidos, otimizando a entrega do serviço e atendendo a contento as exigências dos clientes.

Utilização de cartão de relatório do cliente: é a utilização de um modelo de qualidade para mostrar o que é um bom serviço. O cartão de relatório vai aferir espectos como: afablilidade de seu pessoal no contato direto com os clientes, velocidade do atendimento, qualidade de informação, capacidade técnica, disponibilidade e confiabilidade, trato na gestão, tempo adequado para desenvolver atividades, pronto atendimento em situações especiais, flexibilização e comunicação, além da linguagem técnica.

Medição da qualidade do serviço interno: é o monitoramento pelo *feedback*, que é dado pelo cartão de relatório do seu cliente, uma sistematização de dados de *feedback* em relação à qualidade de serviços, ao método de análise dos dados e ao relatório de resultados.

O segundo conceito é *definir a missão de serviço interno* (Albrecht, 1994, 119-131).

Deve-se ter clareza de *qual é o ramo de negócio de sua organização*, e não simplesmente qual sua atividade. Os departamentos invariavelmente sofrem da doença da fragmentação oriunda da revolução industrial, que fracionou o processo produtivo e fez com que cada setor ficasse fechado dentro de atividades muito específicas.

É preciso estabelecer uma visão sistêmica de negógio que amplie o serviço interno das meras atividades triviais para um conceito de valores. Por isso o gerente de nível médio deve fazer sua equipe ampliar a compreensão de que, mais do que simples atividades, eles produzem valores que são benefícios definitivos para a organização como um sistêmico.

O importante não são as funções, mas as contribuições. O especialista que só sabe realizar muito bem um único tipo de tarefa está com seu dias contados dentro das organizações. O valor do serviço está na contribuição que um colaborador pode dar em situações diferenciadas. Mais importante que realizar as atividades metódicas é ter o foco no resultado do serviço. Para isso, é preciso ter versatilidade e múltiplas competências para dar respostas adequadas a desafios sempre novos.

As duas missões: serviço e atitude. O serviço é a sua contribuição aos seus clientes e tudo que se espera é que você o cumpra de forma adequada. Em última instância, é para isso que você está na empresa. Mas o objeto *serviço* está umbilicalmente ligado ao sujeito que o executa. E num sistema de qualidade, espera-se que esse sujeito tenha, além das competências técnicas, também as competências comportamentais. Atitude é uma moeda tão forte quanto o que se espera do produto final, que é aqui, nesse caso, o serviço. Para quem gerencia qualidade, bem como para os clientes, não dá para separar essas duas missões de seus colaboradores.

O pessoal-chave. Nessa nova abordagem de gestão de serviço, só é possível contar com quem "veste a camisa do time". Os colaboradores só aceitam esse novo posicionamento se percebem quem contribuem com suas ideias e experiências junto aos clientes. Não se trata de democratizar totalmente as decisões, mas de reconhecer as contribuições da equipe.

Declaração de missão. O poder de decisão compartilhado gera compromissos preestabelecidos em conjunto e que deverão ser cobrados nos processos de *feedback*. Para que as regras sejam claras, deve haver um acordo entre os participantes do que seja a missão do conjunto dos participantes, e essa missão deve ser escrita e disponibilizada entre todas as partes envolvidas, como se requer de um contrato.

Declaração de filosofia. Tendo como foco a missão da organização, e esta explicitada em uma declaração escrita que significa a própria finalidade organizacional que se estabelece em consonância com a missão, qual é o conjunto de crenças e valores que mobilizam as pessoas envolvidas na missão? Nesse sentido, estamos falando, aqui, da filosofia organizacional e que também ela deve ter o seu registro mínimo, como se fosse uma espécie de decálogo em que os colaboradores miram os princípios fundamentais que os motivam à qualidade de seus serviços.

O *plano de serviço* deve ser algo exequível e, por isso mesmo, enxuto, com poucos detalhamentos, onde os conceitos fundamentais como missão, filosofia, áreas de resultado-chave e os objetivos críticos sejam as linhas mestras do plano.

Alinhamento. O departamento, por mais que esteja adequado no que se refere ao serviço de qualidade, deve estar alinhado com o conjunto da organização da qual faz parte. Por isso, além da discussão interna da missão e da filosofia, o gerente deve permanentemente estar em sintonia co-mos demais departamentos e com seus superiores hierárquicos, para que conduza seu pessoal dentro do alinhamento geral da organização, para que o plano do departamento contenha a grande imagem institucional.

O terceiro conceito é *orientar o pessoal para o serviço interno* (Albrecht, 1994, 133-140).

Escreva e publique o plano. O plano é para o gerente e seus colaboradores o que a Constituição é para o Estado e para a nação. Deve ser escrito e estar disponível a cada colaborador, para que consulte e se oriente por aquelas premissas, que embora sejam redigidas pelo líder, contêm o consenso dos procedimentos técnicos e comportamentais do conjunto dos funcionários da organização, que de um modo ou de outro também são os responsáveis pelo que lá está escrito.

Oriente o pessoal-chave. O plano deve ser executado em conjunto com o pessoal-chave. Para isso, deve ser lido individualmente e em reunião discutido e compreendido por todos. Cada um deve emitir opiniões de qual seria o resultado se fosse aplicado em sua área de responsabilidade.

Dramatização da missão do serviço. Criar um evento especial para discutir a missão com todos os colaboradores. A preparação deve criar espectativas positivas e o evento em si deve criar um impacto entre os colaboradores. Preparar o ambiente do evento com cenário adequado, equipamentos de apoio (projeção, som, etc.) e treinamento do gestor para que sua retórica seja convincente.

Oriente os recém-chegados ao departamento. A cada novo colaborador ingressante em seu departamento, é necessário explicar e convencer da importância do plano, para que este rapidamente possa se adequar às regras e procedimentos da forma mais consciente possível.

O quarto conceito é *alinhar os sistemas para o serviço interno* (Albrecht, 1994, 141-155).

Sistemas de impacto no cliente. É o que afeta o seu cliente diretamente, causando-lhe impressões quanto à qualidade do serviço que você presta. Seu cliente pode surpreendê-lo em um *momento da verdade*, em que você não tenha um posicionamento adequado para atendê-lo. Em vez disso, você e o seu pessoal devem estar preparados permanentemente para surpreender positivamente seus clientes. Tendo em vista seu público-alvo

– nesse caso o cliente interno –, procure mapear, a partir de sua experiência em atendê-lo, quais os sistemas que devem ser desenvolvidos ou realinhandos para situações corriqueiras e inusitadas em que você e sua equipe sempre o surpreenda.

Melhorias de sistemas de grande resultado. Só se faz quando mantemos pesquisas junto aos nossos clientes para saber que áreas são mais deficitárias devido ao grande número de reclamações ao serviço da organização em determinados aspectos. É necessário o trabalho entre departamentos para debelar as fontes dos problemas que podem afetar a imagem da organização como um todo.

O plano de serviço: uma ferramenta de análise de qualidade. Desenvolver previamente um plano que antecipe as atividades a serem desenvolvidas pelo departamento. Esse plano servirá de guia aos colaboradores para que cumpram os procedimentos necessários dentro de um tempo previsto e com a maior eficiência possível. Um plano de serviço inclui cliente, colaboradores que trabalham diretamente com o cliente, assim como outros departamentos que de um modo ou de outro estarão envolvidos no processo.

Aproveitar as grandes ideias de melhorias de seu próprio pessoal. É preciso estimular o seu pessoal para que primeiro tenham opiniões de como funcionam os procedimentos internos da empresa, para que em seguida eles possam compartilhar sugestões de melhorias. Isso só é possível se o gestor tem abertura para ouvi-los, e se mantém um diálogo que valoriza seus interlocutores, independentemente dos cargos e junções que desenvolvem na organização. É preciso criar um sistema inteligente de reciprocidade interativa entre todos os colaboradores.

Como implementar as melhorias. Embora todo o processo de mudança deva ser realizado com a consulta dos clientes, tendo como parâmetro suas críticas e sugestões, e internamente com a participação ativa de seus colaboradores, toda mudança tem seus traumas ou, na pior das hipóteses, seus incômodos. Nem sempre os adesistas de primeira hora das propostas de mudança mantêm essa mesma postura quando elas são levadas a cabo. Nos primeiros momentos da implementação da mudança, em vez das melhorias de qualidade ocorrerem automaticamente, até que todo sistema se adeque à nova realidade, muitas vezes a qualidade de serviço temporariamente piora, trazendo impactos negativos aos clientes. Isso tudo requer a capacidade do gestor em dar sequência ao processo, mas de modo suave e persistente, como o capitão de um navio em mares repletos de arrecifes.

Utilizando as equipes de qualidade de serviços – EQS. É como se fosse uma brigada formada por funcionários especialmente treinados, que irão atacar determinados tipos de problemas da organização. As EQS escolhem um tipo de problema de qualidade de serviço, buscam informações para analisar o problema, fazem um *brainstorm* para clarear as opções, buscam as soluções dentro das melhores opções e apresentam à gerência a melhor solução para o problema.

O quinto conceito é *fechar o ciclo com consolidadores* (Albrecht, 1994, 157-169).

Desenvolver padrões de qualidade. Para o desenvolvimento do serviço interno adequado, deve-se: 1) Avaliar um processo com um nível de detalhes adequado que não seja tão micro nem tão global. 2) Medir um processo em um ponto cuidadosamente escolhido que lhe dê "alavancagem de ação". 3) Focar em um processo específico sem considerar suas variantes externas para se ter a compreensão de sua qualidade. 4) Utilizar ferramentas já consagradas pelo sistema de qualidade. 5) Todo procedimento deve ser inteligível ao pessoal que irá participar da atividade e que depois dará sequência aos procedimentos sem a ajuda dos facilitadores.

Sistema de medida de qualidade de serviço – SMQS. O "cartão de relatório do cliente", mencionado anteriormente, é a base do SMQS. A partir de cada atributo de qualidade do SMQS procure fazer a avaliação de desempenho de seu pessoal de um modo muito sutil, sem a necessidade de ficar pedindo *feedback* aos seus clientes ou demonstrar que está ostensivamente controlando seu serviço, exceto se necessário. Procure simplificar ao máximo essa ferramenta e incorporá-la naturalmente, de modo que sua equipe possa bater as metas que forem estabelecidas como um desafio motivador para todos.

Feedback. O gestor deve mostrar entusiasmo pelas metas que pretende ver atingidas com o empenho de seus colaboradores. Deve insistir nas prioridades do departamento, de modo que isso pareça ser de fato importante para o serviço. A repetição de ideias, lemas ou palavras de ordem ajuda as pessoas a pensar sobre a importância de realizá-las. O gestor, por outro lado, deve mostrar reconhecimento do bom trabalho prestado e, em reuniões com a equipe, deve evidenciar sua gratidão.

Meritocracia. É necessário dizer à sua equipe que aqueles que se dedicarem mais terão melhores chances de progredir. A meritocracia é um princípio básico da qualidade nos serviços. Desafie cada membro de sua equipe a dar o melhor de si e premie quem corresponder ao seu desafio.

Reeducar permanentemente sua equipe. A exigência, a dedicação e o exemplo sempre devem emanar da liderança da equipe. Somente o gestor pode reativar permanentemente a motivação dos veteranos e dos novos colaboradores de sua equipe.

Procurou-se neste capítulo, *Cultura de serviços internos com qualidade*, abordar que o serviço com qualidade deve ser uma preocupação de cada trabalhador em primeiro lugar. Ou seja, cada um de nós deve ser um servidor com qualidade total, independentemente das exigências do mercado. Em segundo lugar, as organizações precisam prestar serviços com qualidade, e isso passa por uma dinâmica de serviços internos com qualidade, em primeira instância. Cabe aos líderes de equipes e departamentos imprimir às suas organizações o padrão de qualidade interna.

Resumo

O serviço interno nas organizações ganha importância cada vez maior, tanto quanto o serviço de maneira geral.

O presente capítulo desenvolveu alguns conceitos que entendemos serem fundamentais, para que mais do que se preocupar em se desenvolver esses serviços para suprir uma demanda da dinâmica ocasional de mercado, possamos, isso sim, aprimorar esse serviço que tem como público-alvo os colaboradores internos, para que o grau de satisfação destes seja tão excelente quanto o que se pretende que eles realizem em benefício do público externo.

Defendemos a necessidade de uma cultura de qualidade desses serviços de atendimento a esse público, que só poderá gerar satisfação se o seu serviço for valorizado e assistido adequadamente.

Como em qualquer organização social, defendemos uma abordagem antropológica como a desenvolvida na Teoria da Organização Humana, nas teorias sistêmicas transdisciplinares, combinadas às práticas de Administração como o Endomarketing e a Qualidade Total em serviços.

A *cultura de serviços internos com qualidade* só pode ser atingida quando a organização como um todo e cada colaborador pessoalmente assumir o Plano de Serviço Interno como seu, e como produto elaborado e desenvolvido de forma participativa e organizada.

Como estudo de caso, oferecemos a prática pedagógica da ESAMC, escola de negócios que aplica um currículo que procura desenvolver em seus alunos, de forma sistemática e simultânea, as competências técnicas, comportamentais e gerenciais.

Questões

1. Quais são os subsistemas da Teoria da Organização Humana e como eles podem influenciar a vida dos colaboradores de uma organização prestadora de serviços?
2. Como é possível gerenciar o serviço interno e obter qualidade, considerando que em uma organização podemos ter três modalidades de indivíduos, cada uma delas, subdivididas em quatro níveis de potencialidades?
3. O que é e como deve ser realizado um questionário de autoavaliação?
4. Faça um resumo do Plano de Serviço Interno.
5. Qual a aplicabilidade ou as dificuldades para se pôr ação os conceitos de cultura de serviços internos com qualidade em uma organização?

Texto para Análise e Discussão: ESAMC – Escola Superior de Administração, Marketing e Comunicação

A ESAMC - Escola Superior de Administração, Marketing e Comunicação procurou identificar as competências necessárias exigidas pelo mercado visando melhorar o processo de qualidade da prestação de serviços educacionais com o objetivo de formação de líderes empresariais.

No seu décimo ano de existência, um grupo de professores da ESAMC, com o aval de sua direção, desenvolveu um conjunto de pesquisas junto aos grandes executivos que atuam no mercado brasileiro com o objetivo de saber deles que tipo de profissionais o mercado espera encontrar na nova geração (GRACIOSO, 2009).

O trabalho foi desenvolvido em três fases:

Fase 1 - Identificação do problema: geralmente há uma preocupação excessiva com as competências técnicas dos egressos dos cursos superiores, em detrimento de competências comportamentais e gerenciais. O resultado das pesquisas da ESAMC mostra que se esperam hoje as três modalidades de competências;

Fase 2 - Mapeamento das competências: levantamento de quais seriam essas três modalidades de competências tão importantes ao sucesso do novo profissional que está ingressando no mercado;

Fase 3 - Delimitação das referidas competências: surgiram então as 20 competências que são desenvolvidas dentro de um currículo transversal a todos os cursos, através de workshops desenvolvidos aos sábados.

COMPETÊNCIAS TÉCNICAS: As competências Técnicas envolvem toda a base técnica/conceitual e sua aplicação prática na área de formação: Administração de Empresas, Relações Internacionais, Direito, Propaganda e Marketing, Relações Públicas e Design.

COMPETÊNCIAS COMPORTAMENTAIS: se referem aos padrões de comportamento e atitudes. Capacitam o profissional a aliar o conhecimento técnico a um comportamento atual, moderno e correto no trato profissional e interpessoal:

- Empreendedorismo.
- Ética pessoal e corporativa.
- Comprometimento e responsabilidade (accountability).
- Equilíbrio emocional para trabalho sob pressão, agilidade e busca de resultados.

- Relacionamento interpessoal.
- Consciência e diversidade intercultural.
- Flexibilidade.

COMPETÊNCIAS GERENCIAIS: estão estreitamente ligadas às competências técnicas e comportamentais, transformando-se em indispensáveis ferramentas de trabalho que capacitarão o executivo a desenvolver elevado padrão de entrega de resultados:

- Liderança estratégica e para alinhamento.
- Visão global, pensamento estratégico e gestão empresarial.
- Gestão de pessoas e conflitos.
- Processo de vendas - apresentações, negociação e persuasão.
- Trabalho em equipe.
- Gerenciamento e entrega.
- Processo de tomada de decisão
- Etiqueta empresarial.
- Cultura e valores organizacionais

Questões

1. Como a instituição deveria usar o resultado dessas pesquisas para melhorar a qualidade dos serviços prestados?
2. Dê a sua opinião a respeito do trabalho dos professores: o estudo foi útil para o desenvolvimento da qualidade? Como poderia ser mudado? Faça uma proposta metodológica para obtenção do mesmo resultado.
3. Como a instituição pode mudar a cultura organizacional para a prestação de serviços de qualidade?

Referências Bibliográficas

ALBRECHT, Karl. *Revolução nos serviços. Como as empresas podem revolucionar a maneira de tratar os seus clientes*. São Paulo: Pioneira, 1992.

________________. *Serviços internos – como resolver a crise de liderança do gerenciamento de nível médio*. São Paulo: Pioneira, 1994.

GIANESI, I. G. N. & CORRÊA, H. L. *Administração estratégica de serviços*. São Paulo: Atlas, 1994.

GRACIOSO, Luiz Francisco. *Liderança empresarial – competências que inspiram, influenciam e conquistam resultados*. São Paulo: Atlas, 2009.

GREGORI, W. & SANT'ANNA, S. *Proporcionalismo ou caos*. São Paulo: Lorosae, 2002.

GREGORI, W. & VOLPATO, E. *Capital intelectual e administração sistêmica*. São Paulo: Pancast, 2001.

LAS CASAS, Alexandre Luzzi. *Qualidade total em serviços*. 6ª ed. São Paulo: Atlas, 2008.

RIBEIRO, Darcy. *O processo civilizatório*. São Paulo: Cia. das Letras, 1998.

RUBO MÜLLER, A. *Elementos basilares da teoria da organização humana*. São Paulo: FESP-SP, 1958.

SANT'ANNA, Sílvio Luiz. *O Encéfalo Triádico*. REP – Educação e Terceiro Setor. Rio de Janeiro, 15 dez. 2009.

TÉBOUL, James. *A era dos serviços – uma nova abordagem de gerenciamento*. Rio de Janeiro: Qualitymark, 1999.

Capítulo 5

Gestão de Pessoas: Recrutamento, Seleção e Treinamento em Empresas de Serviços

5.1. Introdução

As empresas representam uma das mais importantes estruturas concebidas pelo homem para o funcionamento da sociedade. Como são concebidas, suas funções e como podem ser desenvolvidas são fatores de interesse aos que nela trabalham, à sociedade e àqueles que as estudam. No atual ambiente de grande competitividade, a eficácia das empresas tem sido alvo de grandes considerações. Quando as empresas falham, as consequências são prejudiciais a muitas pessoas e à sociedade. Embora existam pesquisas sobre a mortalidade de empresas nos portes de micro, pequenas e médias, há poucas evidências de disponibilidade de conceitos eficazes em recursos humanos para a gestão dessas empresas.

Em 2008, existiam no Brasil cerca de 5,8 milhões de empresas responsáveis por cerca de 25 milhões de empregos formais. Neste universo de empresas, apenas 17,7 mil foram consideradas de grande porte (indústrias com mais de 500 funcionários, e comércio e serviços com mais de 100 funcionários) e 3,7 milhões eram microempresas sem funcionários.

Com as mudanças tecnológicas e nos processos de trabalho que ocorrem nas grandes empresas, as micro, pequenas e médias empresas passaram a ter papel relevante na geração de empregos. Mais, por se concentrarem nos setores de serviços e comércio, tendem a apresentar melhores indicadores econômicos com mudanças na renda familiar dos funcionários (Sebrae, 2010).

Uma pesquisa do IBGE estimou a existência de 879 mil empresas cuja atividade principal estava no âmbito de serviços não financeiros em 2008. Estas empresas tiveram R$ 680,1 bilhões de receita operacional líquida e R$ 376,5 bilhões de valor adicionado, ocuparam 9.232 pessoas e pagaram R$ 128,1 bilhões em salários, honorários e outras remunerações. Os resultados dessa pesquisa foram tabulados e analisados para o total do setor de serviços e para o conjunto das empresas com 20 ou mais pessoas ocupadas. Os serviços de alimentação absorveram a maior parte do pessoal ocupado, 13,3% ou 1,2 milhão, ou seja, funcionários de restaurantes, bares, lanchonetes e outros serviços de fornecimento de alimentação para consumo imediato. Estimou-se que 199 mil empresas atuavam nos serviços de alimentação, o que correspondeu a 22,7% do total das empresas de serviços no Brasil (IBGE, 2008).

Diante dessas pesquisas, o presente capítulo tem como objetivo desenvolver conceitos e práticas na área de recursos humanos para Micro, Pequenas e Médias Empresas (MPME) de serviços, a fim de recrutar, selecionar, contratar e treinar funcionários, sem excluir, necessariamente, as grandes empresas. Há, portanto, um terreno fértil para melhoria de seus desempenhos, tornando-as mais competitivas para investirem com agressividade e sobreviverem no mercado.

5.2. Importância Estratégica dos Recursos Humanos em Serviços

A entrega de serviços se realiza por meio de encontros, que são as interações pessoais entre clientes e funcionários das empresas de serviço durante determinado tempo e as interações entre os clientes e equipamentos de autoatendimento ou instalações físicas, que também podem ser considerados como encontros (LOVELOCK; WRIGHT, 2001). Na maioria desses encontros, essas interações ocupam papel central na maneira como a fornecedora do serviço será avaliada pelo cliente (JOHNSTON, 1995). Por outro lado, a entrega do serviço pode ser heterogênea, pois depende em grande parte do comportamento dos funcionários, do comportamento do cliente que recebe o serviço e das ações de outros clientes que possam estar presentes no momento da entrega do serviço. Adicionalmente, outras características dos serviços, como intangibilidade, complexidade, natureza técnica e perecibilidade os tornam difíceis de serem avaliados, além da ausência de padrões entre as empresas (BATESON; HOFFMAN, 1999).

Afora as interações pessoais, os encontros de serviços englobam outros elementos, como o ambiente físico e o ambiente social. O ambiente físico fornece pistas sobre a qualidade e consistência do serviço, as quais são avaliadas pelas sensações dos clientes quando eles avaliam a sinalização, a segurança, a iluminação, a limpeza, a temperatura, a conservação das máquinas, a pintura, a decoração, entre outros. O ambiente social pode ser configurado pelas interações entre clientes, com funcionários e entre estes. De acordo com a natureza dos serviços, muitas interações podem ser face a face ou serem mediadas por máquinas ou tecnologias.

Na maioria dos serviços, a presença física das duas partes – funcionário e cliente – é uma ocasião ímpar para o início ou continuidade de um relacionamento. Nessas situações, é possível que as partes sempre se ajustem umas às outras de maneira imediata e sucessiva. Ademais, tanto a comunicação verbal como a não verbal transmitem emoções positivas ou negativas relacionadas às situações nas quais as partes se encontram (SUNDARAM e WEBSTER, 2000). Contudo, se essas interações e emoções não forem gerenciadas de forma adequada, há a possibilidade de redução da percepção da qualidade do serviço em prejuízo do relacionamento no longo prazo.

Pfeffer (2005) observa que a fonte da vantagem competitiva sempre se desloca no longo do tempo, pois muitas empresas mantêm sua vantagem competitiva não só com base na tecnologia, patentes ou posição estratégica, mas também na gestão de seus recursos humanos. Essa posição é extremamente verdadeira para as empresas de serviços, obrigando-as a utilizar muitas práticas de gestão em recursos humanos interdependentes, entre as quais: recrutamento e seleção, salários competitivos, incentivos, sentido de propriedade, trabalho estável, fluxo de informações, participação e delegação, trabalho em equipe, treinamento e desenvolvimento de competências, treinamento em funções cruzadas, igualitarismo simbólico, remuneração flexível e promoções internas na carreira.

De acordo com Capelli e Crocker-Hefter (1996), cada empresa faz arranjos próprios de programas e práticas na gestão de seus recursos humanos. A organização do trabalho e os sistemas de desenvolvimento de competências individuais dos funcionários geram sinergias que criam competências distintas na empresa para abordar com competitividade os mercados.

5.3. Competências Individuais em Serviços

A gestão de recursos humanos por competências é uma das melhores práticas da atualidade, pois o seu foco está na pessoa, e não no cargo. Para Winterscheid (1994), competência diz respeito a uma afirmação que descreve o indivíduo como bom ao fazer alguma coisa, saber algo a mais que outros ou ser o primeiro em determinada área. Ele observa que a teoria baseada em recursos tem como foco as estratégias que exploram os ativos tangíveis e intangíveis da empresa, bem como outras voltadas ao desenvolvimento de novas capacidades e, daí, atenção distinta deve ser dada às pessoas, pois são estas que, dentro das organizações, aprendem e adquirem novas competências.

No Brasil, o Conselho Nacional de Educação e a Câmara de Educação Básica consideram como competência profissional a capacidade que uma pessoa tem em articular, mobilizar e colocar em ação conhecimentos, habilidades e valores necessários para o desempenho eficiente e eficaz de atividades requeridas pela natureza do trabalho. Por conhecimento se entende o que muitos denominam simplesmente saber. Como habilidade se entende o saber fazer pertinente à prática do trabalho. Está além da mera ação motora. Valor se expressa no saber ser, na atitude relacionada com o julgamento ligado à ação, à qualidade do trabalho, à ética nas ações, à coexistência participativa e solidária e a outras características humanas, tais como criatividade e iniciativa. Assim, uma pessoa demonstra competência profissional quando expressa seus conhecimentos, habilidades e valores de forma articulada para a resolução de problemas, não só os rotineiros, mas também os imprevistos em sua área de trabalho (CNE/CBE, 1999).

No mundo do trabalho atual, as competências necessárias para realizar a maioria dos trabalhos foram alteradas por formas mais modernas, envolvendo algum uso de tecnologia da informação - computadores. À medida que novas tecnologias são introduzidas, os funcionários são obrigados a adquirir novas competências para usar essas tecnologias para manutenção de seus empregos. A utilização dos conceitos e a validação das competências em recursos humanos têm sido um caminho à formação permanente das pessoas, em um mercado cada vez mais aberto, mais amplo, e moldado por mudanças contínuas nas tecnologias e na organização do trabalho (OIT, 2002).

As empresas têm utilizado modelos de competências que representam o conjunto das capacidades requeridas para um desempenho superior em determinado cargo. A elaboração de modelos segue, geralmente, metodologias que, na essência, produzem o mesmo: identificação dos comportamentos requeridos para desempenhar com sucesso determinado papel, sendo que as diferenças acontecem na ocasião de seus resultados (LUCIA; LEPSINGER, 1999). Um modelo descreve certos motivos, traços, habilidades, capacidades, conhecimentos e um conjunto de comportamentos associados a um determinado cargo ou nível de desempenho (DALTON, 1997). A utilização de modelos oferece também os seguintes benefícios:

- aumenta a probabilidade de se contratar a pessoa certa para o cargo;
- fornece uma base para avaliação do desempenho do funcionário;
- ajuda o funcionário a se familiarizar com os resultados esperados;
- sugere atividades de treinamento necessárias para as novas competências;
- ajuda a gerência a formar equipes com os funcionários certos para o trabalho;
- provê uma lista de verificação dos pontos críticos de qualidade do trabalho.

A utilização de modelos de competências tem tido grande divulgação pela amplitude de suas vantagens, mas algumas preocupações devem ser observadas antes de sua utilização:

- o modelo deve estar alinhado aos objetivos, à cultura e aos valores da empresa (BOYATZIS, 1982, RIFKIN *et al.*, 1999);
- os gerentes devem ser envolvidos nos projetos para a completa implementação. Se não houver um perfeito entendimento dos processos, certamente os gerentes não utilizarão os modelos (KOCHANSKI, 1997);
- os modelos de competência necessitam de suporte da direção e devem estar direcionados para melhorar a performance da empresa e aumentar a produtividade individual dos funcionários (BROWN; BARBOREK, 1999);
- necessidade de procurar e identificar problemas potenciais e suas possíveis causas, desenvolver planos contingenciais e estabelecer canais de comunicação (LUCIA; LEPSINGER, 1999).

Para Mansfield (1996), os métodos mais comuns para desenvolvimento de modelos de competências são dois: (1) tipicamente focado no desenvolvimento em único cargo de cada vez; e (2) abordagem focada em múltiplos cargos que compreende um conjunto de competências que se estende a vários cargos na empresa. As competências são definidas e os comportamentos são descritos por meio de uma linguagem genérica, aplicando-as a uma variedade de cargos ou designações.

A construção de um modelo de competências de cargo único começa com a análise do desempenho passado no qual se destacou um funcionário pelo seu alto nível de desempenho. O que esse funcionário fez para tornar o cargo tão visível pela criação de valor à empresa? Deve-se descrever os comportamentos e as ações que esse funcionário fez – eventos especiais, situações críticas e outras características que o levaram ao sucesso e refletir acerca deles. Entrevistas com os atuais e os antigos funcionários desse cargo podem ser de grande ajuda para o modelo. Quais as características comuns? Há necessidade de se capturar as qualidades do desempenho para definição dos padrões e comportamentos do funcionário. Outra abordagem menos rigorosa, mas comumente utilizada, é a identificação das competências requeridas no cargo através de uma lista genérica de competências.

Por exemplo, após identificarem a importância das competências e seu papel na contribuição às empresas no enfrentamento das mudanças ambientais, Brophy e Kiely (2002) realizaram profundo estudo sobre competências no setor hoteleiro, e desenvolveram, com executivos dessa área, um modelo genérico de competências para gerentes hoteleiros, conforme o Quadro 5.1.

Quadro 5.1
Modelo genérico de competências gerenciais em hotéis.

COMPETÊNCIAS	COMPORTAMENTOS INDICADORES
Trabalho em equipe	Trabalha eficazmente com outros para realizar objetivos compartilhados. Contribui para o senso de camaradagem e reforça a colaboração entre os departamentos.
Liderança para resultados	Obtém o máximo dos funcionários do suporte operacional. Encoraja-os a assumirem responsabilidades do próprio trabalho. Provê *feedback* regularmente. Lida com qualquer problema de suporte eficazmente. Conhece o impacto que pode provocar sobre os outros membros do suporte operacional e os gerencia apropriadamente. Esforça-se proativamente para reter o pessoal efetivo.
Comunicação eficaz	Aprecia a necessidade de comunicação para alcançar resultados e manutenção da motivação. Transmite mensagens persuasivas que são aceitas pelos outros. Ouve ativamente o que as pessoas têm a dizer para obter a verdade e real compreensão das mensagens.
Foco no serviço a clientes	Tem como objetivo ultrapassar as expectativas dos clientes. Demonstra alto nível de preocupação, fazendo-os apreciar suas estadias. Não perde a visão das necessidades do negócio enquanto tenta assegurar a satisfação dos clientes. Realiza uma forte e positiva impressão nos clientes.
Planejamento e organização	Planeja eficazmente para que as coisas aconteçam em tempo. Pensa à frente, buscando antecipar os problemas que possam surgir e se assegura de que não prossigam. Prioriza as atividades que reflitam as necessidades do negócio.

Solução de problemas	Lida com calma e eficazmente nas dificuldades ou situações imprevisíveis. Identifica prontamente as soluções que são satisfatórias para os problemas.
Conhecimento financeiro	Permanece alerta aos impactos financeiros sobre suas ações e de outros. Reforça ativamente o alcance dos objetivos de sua área e procura meios para melhorar o negócio.
Entusiasmo	É compromissado com seu papel, suporte operacional e acionista. Demonstra interesse no hotel e contribui positivamente para sua imagem. Adapta-se facilmente aos desafios, às mudanças e à forma de fazer as coisas. É responsável e confiável.
Pensamento estratégico	Tem uma visão para o futuro do departamento/proprietário e a comunica eficazmente aos outros, assegura-se de que o hotel esteja continuamente trabalhando em sua direção. Identifica e programa meios para melhorar o negócio.

Fonte: Brophy e Kiely (2002)

Um modelo de competência, de maneira geral, identifica de 7 a 12 competências com seus respectivos comportamentos para cada cargo. O desmembramento de um trabalho complexo em atividades simples se faz através de uma relação de causa e efeito. Recomenda-se a utilização da seguinte sequência para redação dos comportamentos relacionados à competência desejada:

VERBO → OBJETO → CONDIÇÃO

A descrição se relaciona ao que o funcionário realiza, e não aos resultados das máquinas ou equipamentos. Por exemplo, "estabelece metas e as persegue até suas realizações" descreve um comportamento da competência "direcionamento a resultados". Devem ser utilizados verbos que indiquem ações de realização da tarefa, principalmente relacionados a uma sequência de movimentos, como: resolver, construir, examinar, aplicar, avaliar, determinar, escolher, priorizar, estimar, argumentar, defender, criar, etc. Os verbos relacionados aos conhecimentos básicos das pessoas, do tipo: entender, compreender, lembrar, descrever, definir, etc., não são recomendados para a descrição de competências profissionais.

Em suma, as melhores formas de competências (conhecimentos, habilidades, capacidades e outras características) são expressas pelos comportamentos observáveis e seus resultados, pois são mais fáceis de compreender e aprovar. Os funcionários tendem a se identificar com comportamentos aceitáveis em vez de se preocuparem com seus conjuntos de habilidades e capacidades.

5.4. Competências em Inteligência Emocional

Segundo Goleman (1998), ter inteligência emocional é "... reconhecer os nossos próprios sentimentos e os dos outros, para nos automotivarmos, para gerir adequadamente as emoções a nível pessoal e nas nossas relações". As competências emocionais determinam o grau de destreza que uma pessoa é capaz de alcançar no domínio de suas faculdades afetivas. Pessoas com as competências da inteligência emocional demonstram uma maturidade psicológica pelo domínio de seus sentimentos, e se relacionam efetivamente com os sentimentos dos outros. As competências emocionais dividem-se em dois grupos: o das competências pessoais e o das competências sociais. As competências pessoais determinam a maneira como a pessoa se relaciona com suas próprias emoções e sentimentos. As competências sociais determinam a maneira como a pessoa se relaciona com os outros.

Como os serviços são intangíveis e tendem a ser similares em certos setores, os níveis de qualidade dos serviços são considerados críticos para se distinguir os fornecedores. De acordo com Pugh (2001), a natureza recíproca dos encontros de serviço produz um efeito de contágio emocional pelo qual os clientes têm forte percepção das emoções exibidas pelos funcionários que os atendem. Além do aspecto positivo nas interações entre cliente e funcionários e sua contribuição para melhoria da qualidade do serviço, os comportamentos com inteligência emocional podem criar um clima organizacional melhor (CARTWRIGHT e PAPPAS, 2008).

De acordo com Mattila e Enz (2002), as emoções demonstradas por um cliente podem ser uma das pistas discriminatórias que permitem ao funcionário do contato melhorar seu próprio desempenho. Ao ler as emoções demonstradas pelo cliente, e alterando, em consequência, seu "script", as percepções de desempenho do funcionário do contato podem tornar mais estreita a sintonia com o cliente.

Para Bardzil e Slaski (2003), parece apropriada a incorporação das competências emocionais na seleção dos funcionários, gerenciamento de desempenho e programas de treinamento. As empresas que obtém sucesso no dinâmico mundo dos negócios são provavelmente aquelas que possuem uma abordagem mais proativa no desenvolvimento de um clima de serviço positivo. Conseguir um serviço excelente, com conteúdo emocional positivo, provavelmente só será possível com funcionários que tenham autoconhecimento de suas emoções e compreensão dos sentimentos e emoções dos clientes, ou seja, funcionários com competências emocionais.

5.5. Recrutamento de Funcionários

O Brasil atualmente se beneficia de um período de crescimento econômico sustentável e baixo nível de desemprego nas principais regiões metropolitanas. Esse crescimento veio acompanhado de uma competição muito grande entre as empresas por funcionários qualificados. Entretanto, o mercado de trabalho enfrenta dois grandes desafios para manter esse momento de crescimento: escassez de pessoas competentes para atividades que exigem maior nível educacional e uma integração das políticas governamentais para as pessoas com menor renda em razão das desigualdades no ensino que recebem (IPEA, 2010). Considerando que o recrutamento de pessoas qualificadas e competentes é uma questão central para o desempenho das Micro, Pequenas e Médias Empresas (MPME) de serviços, essa conjuntura sinaliza uma possível disputa pelos melhores profissionais.

Recrutamento e seleção não tratam apenas sobre a escolha do candidato mais adequado. A experiência do candidato no processo de recrutamento e seleção também pode causar impacto na probabilidade dele aceitar ou não a oferta de emprego e no seu compromisso de permanecer na empresa (SPECTOR, 2000).

Além da conjuntura no mercado de trabalho, durante o processo de recrutamento e seleção de funcionários as MPMEs de serviços enfrentam desafios quanto a:

- oferecer uma política salarial atrativa;
- escassez de candidatos qualificados ao emprego;
- recursos limitados (incluindo fundos financeiros);
- falta de estabilidade nos empregos;
- escopos limitados para progresso e promoção;
- estigma ligado às MPMEs (ascensão na carreira e visibilidade social).

Um processo de recrutamento deve compreender pelo menos três etapas:

1. Descrição do cargo e respectivas competências para seu desempenho.
2. Estratégias de recrutamento de pessoal.
3. Avaliação do processo.

Primeira etapa: Uma descrição clara e atualizada do cargo é fundamental para identificação dos reais candidatos ao cargo. Dois tipos de informações são necessárias para esta finalidade: (a) descrição das principais tarefas e atividades a serem executadas pelo funcionário no cargo a ser preenchido (por exemplo, realizar cálculos, processar dados, etc.); e (b) as competências requeridas para um desempenho superior do funcionário (por exemplo, habilidade em atender clientes, capacidade em trabalhar em equipe, etc.). Essas informações fazem parte do modelo de competências do cargo.

Segunda etapa: Duas questões importantes devem ser consideradas na concepção das estratégias de recrutamento de pessoal: (1) fontes de recrutamento; e (2) o(s) entrevistador(es).

As fontes de recrutamento podem ser: (a) interna – que tem a vantagem de ampliar a motivação e o moral dos funcionários. Os candidatos internos já conhecem a empresa, as competências são mais fáceis de serem avaliadas e há menos exigência em supervisão; em contrapartida, pode gerar uma competição interna desnecessária, treinamento adicional e os não selecionados poderão se sentir rejeitados; (b) referências e recomendações de funcionários; (c) externa – via anúncios em jornais, agências de emprego, colégios e faculdades, internet, banco de currículos, associações; e (d) alternativas – como trabalhadores avulsos, estagiários, terceirização e contrato de trabalho determinado.

Muitas pessoas dentro da empresa poderão ser chamadas para ajudar no processo de recrutamento mediante fornecimento de informações, atendimento e realização de entrevistas. O mais importante é que o gerente do setor seja o responsável pela decisão final sobre o candidato. Por estar mais familiarizado com o cargo e a empresa, ele deverá fornecer informações realistas e precisas sobre o trabalho, sublinhando os aspectos positivos do cargo para atrair os candidatos desejados. Entretanto, uma descrição irrealista poderá criar problemas em longo prazo se as expectativas do empregado não forem atendidas (PHILLIPS, 1998).

Terceira etapa: Avaliações periódicas sobre a eficácia da estratégia de recrutamento em termos de tipos de fontes utilizadas podem ser úteis para continuação ou alterações na estratégia. Por exemplo, a análise de custo-benefício relacionado aos candidatos que se apresentaram, foram selecionados e contratados, bem como a taxa de absenteísmo e retenção por fontes são medidas indicadoras da eficácia ou não.

Segundo Taylor e Collins (2000), com o uso de referências como fontes de recrutamento (por exemplo, de funcionários atuais da empresa), o candidato oferece menor probabilidade de *turnover* e maior probabilidade de estar entre os de melhores desempenhos.

5.6. Seleção

A seleção do melhor candidato entre os que atenderam os requisitos do cargo pode ser efetuada por meio de análise da solicitação de emprego com exame de currículo/CV e entrevistas pessoais.

Ao examinar a solicitação de emprego e o currículo/CV, o entrevistador deve focar em itens que necessitam mais esclarecimentos, tais como:

lacunas no histórico dos empregos, informações ambíguas, questões não respondidas ou parcialmente respondidas, inconsistência nos dados, frequentes mudanças de emprego.

Quanto às entrevistas, Duraisingam (2005) sugere ao entrevistador a utilização de um roteiro estruturado a ser realizado com cada candidato, ou seja, um conjunto de questões para avaliar as respostas com critérios predeterminados, como pontuações para cada tipo de resposta (excelente, bom, médio, fraco e inadequado). As questões e os critérios de avaliação devem ser fundamentados no modelo de competências que descreve as tarefas e competências requeridas ao cargo. Os roteiros mais utilizados consideram situações e experiências do candidato. As questões situacionais solicitam que os candidatos respondam sobre cenários hipotéticos que podem ser encontrados no trabalho. Tratam de obter informações de como eles reagiriam às situações, demonstrando um posicionamento quanto ao estilo em análise e resolução de problemas. As questões baseadas na experiência do candidato solicitam que eles exponham exemplos concretos de experiências anteriores relacionadas ou não ao trabalho, mas que sejam relevantes ao trabalho em questão. Uma vantagem desse roteiro é a oportunidade de abordar comportamentos passados e sentimentos reais em vez de situações hipotéticas. Nessas situações, o candidato descreve comportamentos que podem expressar suas competências.

Outra técnica é a de painel ou entrevista em grupo, que pode ser utilizada quando o candidato irá desempenhar tarefas multifacetadas, enfrentar situações de estresse, desafios, e é muito utilizada para candidatos a posições gerenciais. Nesta técnica, são convocadas pessoas relacionadas ao cargo e o número de participantes deve ser limitado.

O objetivo final do processo de seleção é encontrar o ajuste mais adequado e certo para o candidato e para a empresa. Depois de selecionado e tendo sido considerado apto para o cargo no exame médico admissional, o candidato poderá ser contratado.

5.7. Treinamento

Para melhorar o desempenho das operações e a qualidade dos serviços, os funcionários, particularmente os que mantêm contato direto com os clientes, devem ser treinados tanto nas habilidades em relacionamentos interpessoais como nas habilidades técnicas, e devem ser altamente motivados. Isto também é verdadeiro para os funcionários que desenvolvam os processos interativos entre clientes e equipamentos para autosserviço.

Uma grande imprudência diz respeito à colocação de funcionários não preparados para interagir com os clientes. Um funcionário que demonstre seu lado carrancudo ou ranzinza pode prejudicar o desempenho do serviço. A finalidade do treinamento é preparar os funcionários para os papéis que irão desempenhar na empresa, dando à empresa a oportunidade de se prevenir dessas ocorrências e capacitando os funcionários a atender os clientes de maneira positiva.

O treinamento baseado em competências melhora a formação e o desenvolvimento dos funcionários por estar focado nos resultados do funcionário aprendiz quanto ao seu desempenho e resultados esperados. Os treinamentos podem ser via cursos internos ou externos, presenciais ou à distância, leituras dirigidas, filmes ou vídeos de apoio, programas de estágio e certificações de competências, que permitem ao funcionário escolher as melhores e mais adequadas ações para sua capacitação nas competências profissionais do cargo que irá ocupar. É recomendável que a empresa desenvolva um sistema de treinamento cruzado entre as funções para que seus funcionários compreendam a interdependência operacional. Essa ação aprimora o atendimento nos encontros de serviços e ajuda nos casos de substituições em razão de ausências de funcionários (férias, licenças, etc.).

Treinamento é investimento. Um sistema de avaliação deve ser utilizado no final do treinamento para verificação do aprendizado das competências através de demonstrações, execução, simulação por computador e trabalhos executados pelo funcionário durante seu treinamento. A principal finalidade dessa avaliação é verificar como o funcionário organiza, estrutura e aplica o conhecimento adquirido e as habilidades desenvolvidas no treinamento para resolver problemas operacionais complexos. O processo de avaliação deve ser estendido às operações para se conhecer o impacto do treinamento no ambiente de trabalho e satisfação dos clientes. Por exemplo, um treinamento sobre atendimento com qualidade, se houve melhorias na satisfação dos clientes, aumento das vendas, recuperação de clientes, maior sinergia na equipe de atendimento, etc.

Além de atender os clientes dentro dos padrões estabelecidos, os funcionários representam uma fonte valiosa de informações sobre os seus requerimentos. As interações constantes com os clientes conduzem os funcionários a saber sobre suas preferências ou não preferências. Treiná-los para observar as reações dos clientes após a prestação dos serviços garante a satisfação ou a recuperação dos serviços quando insatisfeitos. As reações podem também significar que os padrões necessitam ser alterados em razão de mudanças das necessidades desse valioso ativo da empresa - os clientes.

5.8. Considerações Finais

Este capítulo procurou descrever os principais conceitos para o desenvolvimento de um corpo de funcionários altamente capacitado para levar à frente as promessas de marketing de uma empresa de serviços. Em razão dos desafios que se apresentam às micro, pequenas e médias empresas em serviços, a aplicação total desses conceitos pode sofrer restrições. Os dirigentes necessitam reconhecer que a chave para a competitividade de suas empresas está na estratégia de recursos humanos. Recrutar, selecionar e treinar seus funcionários nas competências essenciais de suas funções são processos vitais para o crescimento e a perenidade da empresa. A seleção do melhor candidato entre os que atenderam aos requisitos do cargo pode ser efetuada por meio de análise da solicitação de emprego com exame de currículo/CV e entrevistas pessoais.

Resumo

Este capítulo demonstrou como o setor de serviços tem avançado no Brasil. Existem mais de 2,1 milhões de empresas com mais 25 milhões de empregos formais. Para se tornarem mais competitivas e sobreviverem no mercado, as Micro, Pequenas e Médias Empresas (MPME) de serviços necessitam das melhores práticas para recrutar, selecionar, contratar e treinar funcionários. A gestão de recursos humanos por competências é uma das melhores práticas da atualidade, pois o seu foco está na pessoa, e não no cargo. A utilização de modelos de competências tem sido uma das práticas em RH para melhoria de desempenho organizacional. Em serviços, devem ser incorporadas as competências emocionais na seleção dos funcionários, no gerenciamento de desempenho e nos programas de treinamento. O recrutamento deve compreender pelo menos três etapas: (1) descrição do cargo e respectivas competências para seu desempenho; (2) estratégias de recrutamento de pessoal; e (3) avaliação do processo. O treinamento deve ser realizado com base no desenvolvimento de competências. Cursos internos ou externos, presenciais ou à distância, leituras dirigidas, filmes ou vídeos de apoio, programas de estágio e certificações de competências são as formas mais utilizadas para treinamento dos funcionários.

Questões

1. Identifique uma experiência de serviço que você tenha vivenciado. Descreva o padrão de qualidade desse serviço. Procure avaliar a contribuição do funcionário que o atendeu.
2. Você saberia distinguir o desempenho natural do funcionário *versus* o desempenho do funcionário fruto de treinamento?
3. Considere um encontro de serviço durante o qual o funcionário demonstrou interesse em suas opiniões sobre o serviço prestado. Você acreditou que o interesse tenha sido espontâneo ou pensou em algo como o funcionário sentiu estar sendo pesquisado?
4. O funcionário forneceu informações, caso solicitado? Se você fez sugestões de melhorias, você as percebeu nos encontros seguintes?
5. Descreva como pode ocorrer uma boa contratação e preparo de funcionários de atendimento considerando-se desde o recrutamento e seleção até o período de treinamento.

Texto para Análise e Discussão: Desafios na Cadeia Varejista

Publicado no Diário do Nordeste - CE em 25/02/2007.

De que adianta um produto bem elaborado, a custos competitivos e com qualidade assegurada se a sua chegada até o consumidor não se dá de modo satisfatório? Para evitar que todo esse trabalho se perca em um atendimento ineficaz, o treinamento do pessoal que lida diretamente com o cliente é essencial no comércio. A formação dessa "equipe dos sonhos" deve levar em conta dois princípios que podem parecer antagônicos à primeira vista, mas cuja execução simultânea eleva consideravelmente a qualidade do serviço prestado ao público-alvo: a especialização e a generalização.

Para o presidente da Associação dos Lojistas de Shopping Centers do Ceará (Aloshopping), Abílio do Carmo, o desafio do lojista hoje é "encontrar uma forma de capacitar a todos os elos da cadeia lojista". Ele defende que se faça um planejamento integrado para investir na formação de pessoal em todas as etapas de atuação da loja. "Todo trabalho de melhoria em estoques, deslocamento de mercadorias, além dos serviços indiretos para a manutenção da loja, será sentido pelo consumidor final. Então é necessário otimizar todas as faces desse processo", argumenta.

Na avaliação de Abílio do Carmo, o varejo de shopping center resguarda peculiaridades por conta do alto grau de exigência dos compradores que optam pela estrutura e conforto do shopping. "O shopping center é um ícone de qualidade em atendimento, produtos e serviços", compara. Para tal, é importante trabalhar em duas perspectivas: aperfeiçoar cada funcionário para desempenhar sua função da melhor maneira possível, mas garantir que cada um deles tenha uma visão geral e ampla de todo o trabalho da companhia. "O comerciante precisa experimentar uma mudança de conceitos, voltar ao básico e aperfeiçoar todo o seu trabalho de venda", aconselha.

Questões

1. Qual o problema central da situação descrita pelo executivo Abílio do Carmo?

2. Quais são os passos necessários para implementação das propostas apresentadas?
3. Quais métricas deverão ser utilizadas para avaliação do programa a ser implementado?

Referências Bibliográficas

BARDZIL, P.; SLASKI, M. *Emotional Intelligence*: fundamental competencies for enhance service provision. Managing Service Quality, v. 13, nº 2, 2003, p. 97-104.

BATESON, J. E.; HOFFMAN, K. D. *Managing services marketing*. Fort Worth: The Dryden Press, 1999.

BOYATZIS, R. E. *The competent manager*: a model for effective performance. New York: John Wiley & Sons, 1982.

BROPHY, M.; KIELY, T. *Competencies*: a new sector. Journal of European Industrial Training, v. 26, nº 2/3/4, 2002, p. 165-176.

CAPELLI, P.; CROCKER-HEFTER, A. *Distinctive human resources are firms' core competencies*. Organizational Dynamics, v. 24, nº 3, 1996, p. 7-22.

CARTWRIGHT, S.; PAPPAS, C. *Emotional intelligence, its measurement and implications for the workplace*. International Journal of Management Reviews, v. 10, nº 2, 2008, p. 149-171.

CNE/CEB. *Diretrizes curriculares nacionais para a educação profissional de nível técnico*. Parecer CNE nº 16/99 – CEB. Brasília: CNE/CBE, 1999.

DURAISINGAM, V. Recruitment and Selection. In: N. SKINNER, N.; ROCHE, A.M.; O'CONNOR, J.; Y. POLLARD. Y.; TODD, C. (Eds.), *Workforce development TIPS* (*theory into practice strategies*): a resource kit for the alcohol and other drugs field. National Centre for Education and Training on Addiction (NCETA), Austrália: Flinders University, 2005.

GOLEMAN, D. *Trabalhando com a inteligência emocional*. Rio de Janeiro: Objetiva, 1998.

IBGE – Instituto Brasileiro de Geografia e Estatística. *Pesquisa anual de serviços*, v. 10. Rio de Janeiro: IBGE, 2008.

IPEA. *A desigualdade no desemprego no Brasil metropolitano*. Comunicado da Presidência nº 29. Rio de Janeiro: IPEA, 2009.

JOHNSTON, R. *The determinants of service quality*: satisfiers and dissatisfiers. International Journal of Service Management, v. 6, nº 5, 1995, p. 53-71.

KOCHANSKI, J. *Competency-based management*. Training & Development, v. 51, nº 10, 1997, p. 41-44.

LOVELOCK, C.; WRIGHT, L. *Serviços*: marketing e gestão. São Paulo: Saraiva, 2001.

LUCIA, A.; LEPSINGER, R. *The art and science of competency models*: pinpointing critical success factors in organizations. San Francisco: Jossey-Bass Pfeiffer, 1999.

MANSFIELD, R. S. *Building competency models*: approaches for HR professionals. Human Resource Management, v. 35, nº 1, 1996, p. 7-18.

MATTILA, A. S.; ENZ, C. A. *The role of emotions in service encounters*. Journal of Service Research, v., nº 4, 2002, p. 268-277.

OIT – Organização Internacional do Trabalho. *Certificação de competências profissionais* – análise qualitativa do trabalho, avaliação e certificação de competências – referenciais metodológicos – Reedição. Brasília: OIT, 2002.

PFEFFER, J. *Producing sustainable competitive advantage through the effective management of people*. Academy of Management Executive, v. 19, nº 4, 2005, p. 95-106.

PHILLIPS, J. M. *Effects of realistic job previews on multiple organizational outcomes*: a meta-analysis. Academy of Management Journal, v. 41, 1998, p. 673-690.

PUGH, S. D. *Service with a smile*: emotional contagion in the service encounter. Academy of Management Journal, v. 44, nº 5, 2001, p. 1018–1028.

RIFKIN, K.I.; FINEMAN, M.; RUHKE, C.H. Developing *technical managers-first you need a competency model.* Research Technology Management, v. 42, nº 2, 1999, p. 53-57.

SEBRAE (Org.). Anuário do trabalho na micro e pequena empresa. 3. ed. SEBRAE/DIEESE [responsável pela elaboração da pesquisa, dos textos, das tabelas e dos gráficos]. – Brasília; São Paulo: SEBRAE; DIEESE, 2010.

SPECTOR, P. E. *Industrial and organizational psychology*: research and practice. 2. ed. New York: John Wiley & Sons, 2000.

SUNDARAM, D. S.; WEBSTER, C. *The role of nonverbal communication in service encounter.* Journal of Services Marketing, v. 14, nº 5, 2000, p. 378-391.

TAYLOR, M. S.; COLLINS, C. J. *Organizational recruitment*: enhancing the intersection of research and practice. In: COOPER, C. L.; LOCKE, E. A. (Eds.). Industrial and organizational psychology: Linking theory with practice, p.304–330. Oxford, UK: Blackwell, 2000.

WINTERSCHEID, B. C. *Building capability from within*: the insiders' view of core competence. In: HAMEL, G.; HEENEe, A. (Org.). Competence based competition. New York: John Wiley & Sons, 1994, p. 265-292.

Capítulo 6

Gerenciamento de Endomarketing: um Pré-requisito para o Atendimento a Clientes

6.1. Introdução

As organizações encontram-se inseridas em uma realidade de mercado que não é nova. O ritmo das mudanças tecnológicas se acelerou a partir da Segunda Guerra Mundial, e desde então a economia foi sensivelmente alterada em função do fenômeno chamado de globalização. O mercado, antes voltado para o produto, passou a ser orientado para o cliente, em uma conjuntura na qual a diferenciação tecnológica entre os produtos tem sido cada vez menor e a economia baseada em serviços tornou-se vital nesse novo contexto. A partir da internacionalização dos negócios, os mercados se voltam para o setor de serviços com maior interesse e disposição de investimentos. Ao abordar serviços, sabemos que o conceito está relacionado à interferência direta do ser humano, na preparação e execução de atividades que terminam por entregar o produto ao cliente.

Na segunda metade do século XX[1], mais precisamente a partir da década de 50, o marketing tornou-se a principal alavanca de crescimento dos negócios em larga escala, e os reflexos sobre a produção industrial foram diretos e imediatos. O setor cresceu e movimento semelhante aconteceu em relação ao *endomarketing* e a área de serviços.

Endomarketing[2] é atualmente uma ferramenta fundamental para o crescimento dos negócios, e tem sido incorporado cada vez mais nas organizações. As organizações já perceberam que é o público interno, ou seja, os funcionários das empresas que têm a capacidade de surpreender e fidelizar o cliente. As empresas que souberem como estruturar seus planos de abordagem aos empregados, visando a máxima qualidade do produto ou serviço, estarão em vantagem competitiva frente à concorrência. O *endomarketing* busca adaptar estratégias e elementos do marketing tradicional e revertê-los em uso no ambiente interno das corporações. O *endomarketing* surge como elemento de ligação entre o cliente, o produto e o empregado.

6.2. Origem do Termo *Endomarketing*

Segundo Beking (1995), para entendermos o que é o *endomarketing* é necessário revisitarmos o sentido literal da palavra. A denominação "endo" vem da palavra grega *éndon*, que significa em, para dentro, dentro de. *Endomarketing* é o marketing voltado para uma ação interna, para dentro, ou seja, para a própria empresa. É o que denominamos marketing interno. Esta ação torna-se necessária quando uma empresa visa comunicar e disseminar, entre os seus funcionários, as suas crenças e os seus valores, fazendo com que todos estejam voltados aos resultados obtidos pela organização como um todo.

---

[1] Informação extraída do site <www.endomarketing.com>.

[2] Idem.

6.3. Definições e Conceitos

O termo *endomarketing* está cada vez mais presente no mundo empresarial e educacional. Dentre as várias definições existentes, iniciaremos com a de Bekin (2004), que é considerado pioneiro no uso dessa terminologia:

> "*Endomarketing* consiste em ações de marketing dirigidas para o público interno da empresa ou organização. Sua finalidade é promover entre funcionários e os departamentos, os valores destinados a servir o cliente ou, dependendo do caso, o consumidor. Esta noção de cliente transfere-se para o tratamento dado aos funcionários comprometidos de modo integral com os objetivos da empresa. O comprometimento implica a adesão aos valores e objetivos da empresa por meio do *endomarketing* e pressupõe o trabalho em equipe, em um contexto marcado pela cooperação e pela integração dos vários setores da organização." (p. 3)

Brum (2000) define o termo *endomarketing* como "todo o esforço feito por uma empresa para melhorar o nível de informação e, com isso, estabelecer uma maior aproximação com o seu funcionário" (p. 34).

Para Grönroos (1993), o *endomarketing* é uma estratégia de gerenciamento, e o primeiro passo é desenvolver nos funcionários uma consciência de cliente. Bens e serviços têm de ser vendidos ao seu público interno antes de serem colocados no mercado externo. Segundo o autor, o *endomarketing* é um processo gerencial holístico que vai integrar as diversas funções da empresa de duas maneiras. Primeiro, vai assegurar que os empregados de todos os níveis das empresas compreendam e vivenciam o negócio sob a óptica do cliente, e segundo, que esses funcionários estejam preparados e motivados para agirem voltados para o cliente.

Dentre as várias definições acima, percebe-se que o *endomarketing* engloba temas como motivação, cooperação, envolvimento dos funcionários, clima organizacional positivo, uma boa comunicação e um maior comprometimento entre funcionários para com a empresa.

Uma empresa desmotivada não possui condições de vender seus produtos ou serviços. Em outras palavras, seu público interno precisa ter conhecimento suficiente do seu produto para atender melhor o cliente externo. Kotler (2006) comenta que a empresa que não tiver um bom relacionamento com seus funcionários dificilmente terá um bom relacionamento com os clientes, havendo, assim, uma relação entre o *endomarketing* e o marketing externo.

O objetivo do *endomarketing* é construir lealdade entre seu público interno, compartilhando os objetivos sociais e empresariais da organização para fortalecer essas relações, melhorando sua imagem e valor no mercado (BEKIN,2004).

6.4. Marketing e o *Endomarketing*

Para Cerqueira (1999), um programa eficaz de integração do *endomarketing* acontece com aplicação dos conceitos trazidos do marketing, dentre os quais campanhas de propaganda, promoções, programas de incentivos e de motivação. Se no marketing o objetivo final é satisfazer o cliente externo, para o *endomarketing* o objetivo final é satisfazer o cliente interno. É a partir desse princípio que se planeja o programa de *endomarketing* com o mesmo cuidado que o profissional de marketing elabora o planejamento estratégico.

Uma das ferramentas utilizadas no marketing para elaborar o planejamento estratégico é a análise SWOT[3]. Segundo Kotler (2006), ela envolve o monitoramento dos ambientes externo e interno. O ambiente externo está ligado a variáveis não controláveis pela organização, como tendências econômicas, sociais, demográficas, tecnológicas, dentre outras, e cabe às organizações monitorá-las com frequência de modo a aproveitar as oportunidades e evitar as ameaças. O mesmo procedimento deve ocorrer com o ambiente interno, ou seja, deve-se fazer um SWOT interno para realizar essa avaliação (BEKIN, 1995). Assim como no marketing externo planeja-se conhecer o seu público-alvo por meio de pesquisa, o mesmo deve ser realizado para o seu público interno.

---

[3] Termos em inglês (*Strenght*, *Weakness*, *Oportunities* e *Threats*), que significam a análise determinada pela avaliação das forças, fraquezas, oportunidades e ameaças.

Carvalho[4], em seu artigo *Endomarketing em nova perspectiva*, comenta que o *endomarketing* estaria associado a cada um dos compostos de marketing, os 4 P's de MacCarthy[5], ou seja:

1. A comunicação interna está para o *endomarketing* assim como a promoção está para o marketing.
2. A ideia do *endomarketing*, que reforça quais aspectos devem ser trabalhados na organização, seria representada pelo produto do marketing.
3. O preço, que no marketing significa para o consumidor o valor para obter em troca de um bem ou serviço, no *endomarketing* seria para o empregado, o quanto ele está disposto "a investir" no seu desenvolvimento individual para se comprometer na proposta coletiva da empresa.
4. A praça no marketing significa a distribuição, que vai determinar os meios por meio dos quais o produto será levado ao consumidor. No *endomarketing*, a distribuição equivale aos elementos que sinalizam os caminhos que levam até a concretização da ideia.

Em outras palavras, a empresa necessita distinguir e identificar a real necessidade de seus funcionários, como o marketing faz para o mercado, para que eles possam comprar a ideia de qualidade de produtos e serviços que estarão sendo disponibilizados para seu público externo.

6.5. Objetivos do *Endomarketing*

Segundo Grönroos (1993), o *endomarketing* apresenta dois tipos de processos gerenciais: sob a óptica das atitudes e sob a ótica da comunicação.

1. No gerenciamento de atitudes, a organização tem como objetivo fornecer ao funcionário todas as informações necessárias para que ele possa se sentir motivado, atender e superar as expectativas

---

[4] Luís Carlos Carvalho, jornalista criador e coordenador do site www.endomarketing.com.

[5] Produto, Preço, Promoção e Ponto de Venda.

do cliente. Para que isso ocorra, é necessário envolvimento, comprometimento, valorização e qualificação do funcionário. Segundo Brum (2000), "funcionários felizes = clientes felizes" (p. 22). Este tipo de gerenciamento é fundamental nas organizações que buscam vantagem competitiva a partir da superioridade de serviços.

2. No gerenciamento de comunicação, a informação passa a ser o produto de comunicação interna e sua maior estratégia de aproximação entre funcionário e cliente (BRUM, 1998:30). É por meio da comunicação que será possível existir uma relação cordial e produtiva entre o cliente interno e a empresa. Essa comunicação permitirá a todos o acesso às informações que lhes darão meios necessários para cumprir as tarefas solicitadas com qualidade. Além de fundamental para o funcionamento de todos os processos organizacionais, a comunicação age como um elemento motivador, promovendo a melhoria da satisfação no trabalho (BEKIN, 2004).

Pode-se concluir, a partir dos autores supracitados, que o *endomarketing* tem dois objetivos gerais: o primeiro é gerenciar o desempenho das pessoas e implementar programas internos para que os funcionários se sintam "donos do negócio". Em segundo lugar, a implementação de um bom programa de comunicação para que as informações sejam propagadas de maneira eficaz.

Para que a organização possa implementar com eficácia seus programas internos de *endomarketing* e motivar os seus clientes internos em representar a sua empresa, é necessário que algumas etapas sejam perseguidas.

6.6. A Cultura Organizacional

Toda empresa precisa ter uma cultura organizacional para que os funcionários possam se sentir como parte integrante da organização. Assim como as organizações têm por objetivo conquistar e fidelizar os clientes, o mesmo esforço deve ser feito para com o cliente interno, ou seja, os funcionários. Por essa razão, é importantíssimo treiná-los, mantê-los qualificados para que haja uma verdadeira integração entre funcionário e empresa. Quando falamos em cultura organizacional, nos referimos ao conjunto de valores, crenças e costumes que permeiam a organização.

Robbins (2003) define cultura organizacional como:

> "um sistema de significados partilhados pelos membros de uma organização distinguindo-a uma das outras. Esse sistema de significados comuns é a um exame mais atento, um conjunto de características fundamentais valorizadas pela organização." (p. 288).

6.7. Clima Organizacional e Informação como Motivação

Brum (1998) comenta que há varias maneiras de motivar um funcionário, dentre as quais reconhecimento de um bom trabalho, avaliação de desempenho como base para promoção, participação nos lucros e remuneração de forma competitiva. A autora ressalta que os procedimentos mais simples, como dar as informações necessárias para a realização do trabalho e elogiá-lo por uma tarefa bem feita, são tão importantes quanto a recompensa financeira.

Outra ferramenta importante é o clima organizacional. Clima organizacional é definido como "um fenômeno perceptual duradouro, construído com base na experiência multidimensional e compartilhado pelos membros de uma unidade de organização, cuja função principal é regular e orientar os comportamentos individuais de acordo com os padrões determinados por ela" (KOYS; DE COTTIS, 1991, p. 266). As empresas têm se esforçado para proporcionar um ambiente de trabalho agradável, permitindo que seus funcionários desenvolvam sua criatividade, se sintam produtivos, valorizados e motivados, a fim de que a empresa possa atingir seus objetivos. Para Dias (2008), as organizações se utilizam desta ferramenta para medir a desempenho operacional e promover mudanças culturais necessárias. Em outras palavras, além da comunicação, a motivação, a valorização e o comprometimento são essenciais para o sucesso do *endomarketing*.

Autores como Bekin (2004), Robins (2003) e Gil (2008) têm enfatizado a importância que esses fatores exercem na produtividade dos funcionários. Quanto maior o envolvimento e o comprometimento com os objetivos organizacionais, maiores são as chances de a empresa ter esse comprometimento revertido em competitividade e lucratividade. Para Bekin (2004):

> "A motivação é um processo global que tem como objetivo final comprometer o funcionário com as causas e os objetivos da empresa para integrá-lo à cultura organizacional. Esse comprometimento implica o aprimoramento do desempenho do funcionário por meio de sua valorização e satisfação como individuo que pertence a uma organização. Vale a pena dizer que este comprometimento está baseado na noção do cliente interno." (p. 68)

A partir do momento em que o cliente interno se sente realizado como pessoa e como profissional, estará motivado para conquistar e fidelizar os demais clientes da empresa. Desta maneira, é importante que as empresas ofereçam oportunidades de crescimento e reconhecimento aos seus funcionários, invistam em seus talentos humanos, através de treinamentos, pois as pessoas bem qualificadas procuram empresas que ofereçam um ambiente organizacional propício a um bom desenvolvimento profissional. Quanto maior for o investimento da empresa em seus talentos humanos, maior será seu retorno em produtividade, competitividade e rentabilidade. É muito importante que a motivação para o trabalho se torne um processo em cadeia, com a alta administração comprometida e motivada com os objetivos da empresa. Os níveis hierárquicos superiores devem propagar, por meio de um processo de comunicação claro, prazer e motivação no trabalho, para que seus subordinados possam ver seus gestores como pessoas comprometidas com a organização.

6.8. Os Canais de Comunicação e seus Instrumentos

Para que a empresa consiga elaborar um bom programa de *endomarketing*, é necessário que ela estabeleça canais de comunicação eficientes para orientar seu colaborador interno com os objetivos propostos. Os canais e instrumentos de comunicação são ferramentas-chave para que o processo de difusão dessas informações seja levado a todos os funcionários e colaboradores da empresa de forma transparente, objetiva e formal. Essas informações deverão ser transmitidas por meio de comunicação interna, e são vários os instrumentos que podem ser utilizados para esse objetivo.

Brum (1998, p. 85) ressalta que se deve estabelecer um parâmetro na escolha desses instrumentos, pois cada empresa deve utilizar daquele que melhor atender. Segundo a autora, eles podem ser:

- manual de vídeo de integração à empresa;
- material de acompanhamento do programa;
- manuais técnicos e educativos;
- revistas de histórias em quadrinhos;
- jornal interno;
- encarte da área de Recursos Humanos no jornal interno;
- página ou encarte da associação de funcionários do jornal interno;
- jornal de parede;
- cartazes motivacionais;
- cartazes informativos;
- painel do tempo;
- painéis motivacionais e decorativos;
- datas festivas e datas de aniversário dos funcionários;
- canais diretos entre direção e funcionários (por exemplo, caixa postal, canais e cartões, presidente interativo, presidente ao vivo, gesto à vista, encontros formais, reuniões-relâmpago e reuniões de liderança compartilhada);
- vídeos informativos e motivacionais;
- tele e videoconferências;
- palestras internas;
- clubes de leitura;

- grife interna;
- intervenções teatrais;
- mensagens virtuais;
- valorização de funcionários;
- ambientação;
- memória;
- rádio interna;
- videojornal;
- correio eletrônico;
- intranet e TV a cabo.

Todas essas ferramentas podem ser usadas para a comunicação com os funcionários de determinada organização. A escolha e a seleção das mais adequadas devem acatar os desejos e necessidades dos colaboradores, bem como estar em consonância com a cultura organizacional. Muitas vezes a eficácia de uma delas é maior em certos grupos do que outros, dependendo muito da formação cultural ou étnica desses grupos. Por exemplo: para um grupo de colaboradores que não tenha um nível cultural apropriado, a forma de comunicação de rádio pode ser a mais adequada. Para um grupo de jovens, correio eletrônico, intranet, mensagens virtuais podem ser mais eficazes. Uma empresa recebeu o certificado de qualidade ISO 9002 motivando e treinando seu pessoal por meio de métodos não ortodoxos, como meditação, música erudita e alimentação vegetariana, depois de ter constatado que toda a equipe valorizava muito as filosofias orientais (LAS CASAS, 2006).

6.9. *Endomarketing* como Reflexo no Atendimento Externo

Conforme comentado anteriormente, o *endomarketing* tem reflexos no atendimento externo, pois os colaboradores de uma organização, estando motivados, produzem mais e melhor. Uma equipe de atendimento para prestar serviços de excelência deve estar motivada para atender bem os clientes que interagem com a empresa. Muitos autores consideram essa premissa como a construção de um clima organizacional.

Por esse motivo, as práticas de marketing interno podem moldar o comportamento e as experiências de uma organização, bem como orientá-las para que se obtenha o envolvimento. Alguns passos são essenciais para que se atinja esses objetivos. São eles (DENTON, 1991, p. 151):

- *As gerências precisam se comprometer com o treinamento*: a administração superior deve valorizar o treinamento entre os funcionários e renovar constantemente essa necessidade.
- *Escolher as pessoas certas como prestadores de serviços na linha de frente*: quem se relaciona com os clientes deve gostar de pessoas. A administração deve observar esse fato para colocar no atendimento pessoas que sejam simpáticas e que tenham disposição para se relacionar e se envolver. Muitas vezes apenas o treinamento não é suficiente, pois nesse caso há necessidade de se analisar as características pessoais e de personalidade.
- *Acreditar no pessoal e tratá-los bem*: se alguém está representando a empresa, é porque passou pelo critério de recrutamento e seleção e foi treinado para isso. Portanto, todo apoio deve ser dado a esses profissionais, e o bom tratamento é fundamental, considerando-os como competentes e capacitados. A Disney, referenciada como uma organização de excelência no atendimento, trata seus colaboradores como artistas que entram no palco, e não como apenas funcionários que estão entrando no local de trabalho. A valorização dos funcionários na empresa é uma atividade constante e, inclusive, há eventos em que os diretores e gerentes dão atendimento aos funcionários e às suas famílias em determinados dias no parque.
- *Agir como grupo de apoio aos empregados*: a administração moderna interage com os funcionários de uma organização que presta atendimento aos clientes. Essa postura de dar apoio aos funcionários serve tanto para melhoria da eficiência organizacional como para a motivação. Sam Walton, do Walmart, se comunicava constantemente com os clientes e funcionários nos pontos de vendas

de seus vários estabelecimentos varejistas. O comandante Rolim era constantemente observado recebendo os bilhetes aéreos dos clientes no momento de embarque. A alta administração, quando apoia sua equipe, melhora os resultados do atendimento com objetivo de excelência.

- *Mostrar o valor do trabalho de cada pessoa para a qualidade do serviço*: todos os colaboradores de uma empresa contribuem para a qualidade dos serviços prestados. Por isso, uma empresa deve conscientizar todos acerca de como as partes de um processo interagem para colaborar com os resultados finais. Uma fábrica de automóveis, por exemplo, pode treinar todos que atuam na linha de produção mostrando como cada etapa no processo é importante para a qualidade do produto final. Essa consciência ajuda o profissional a entender a tarefa como um todo e o motiva a melhorar o seu desempenho.
- *Promover a autoconfiança, autorrespeito e boa autoimagem*: uma observação importante é que a alta organização deve constantemente valorizar seu pessoal pelas conquistas obtidas. Frequentemente, os administradores procuram criticar e esquecem-se de elogiar. Esta não é uma atitude positiva, pois cria uma sensação de incapacidade entre os colaboradores.
- *Ensinar, monitorar e rever a cortesia em serviço*: a administração deve atuar como um técnico de futebol que observa a sua equipe em determinado jogo, analisando, acompanhando e dando instruções no local de trabalho. Esta é uma forma de treinamento muito eficaz, conhecida como *coaching*. Com observação no local de trabalho é possível corrigir as falhas que os profissionais apresentam mesmo após algum treinamento formal conduzido por especialistas. Nesses casos, recomenda-se que os administradores também façam parte dos programas de treinamento, para que reforcem as técnicas que foram ensinadas.

Além dessas técnicas comentadas, sempre se deve desenvolver na equipe as atitudes necessárias para o atendimento com excelência. Deve-se capacitar os indivíduos usando o *endomarketing* para desenvolver habilidades de tomada de decisões, sabendo quais os seus limites, enfatizando a importância de saber ouvir os clientes antes de tomar alguma iniciativa, tendo comportamentos adaptativos e, inclusive, administrando a pressão dos ambientes de trabalho.

Um exemplo prático de aplicação do *endomarketing* por uma organização de serviços foi um escritório de advocacia que estabeleceu como pré-requisito a aplicação do *endomarketig* para atendimento aos clientes (SANTOS, 2010).

Assim como nas empresas de bens e serviços, o setor jurídico também tem enfrentado uma concorrência cada vez maior e o marketing de relacionamento tem sido um instrumento de diferenciação entre os escritórios de advocacia. A autora menciona que nesse universo jurídico, um dos fatores determinantes para a contratação dos serviços é a confiança, e o marketing de relacionamento entra nesse cenário com o objetivo de assegurar essa confiança a todo o momento. Esse tipo de relação vai permitir não só que o cliente confie e mantenha uma relação estreita com o escritório, mas indique os serviços jurídicos a outras pessoas, o que é muito comum nesse tipo de setor. Santos ressalta a importância de se aproveitar esta oportunidade para que o círculo de indicações continue girando. E a fórmula de manter este nível de relacionamento é ter funcionários treinados para que se possa dar um atendimento correto ao cliente. Em outras palavras, a chave do sucesso está na utilização do *endomarketing*. Isso é claramente percebido quando a autora comenta que

> "o recrutamento de profissionais devidamente capacitados, treinados e com formação voltada ao marketing, ajuda muito para que o atendimento ocorra de forma direta. É necessário que o profissional do atendimento da área jurídica esteja inserido no ambiente de trabalho, tenha em mente os objetivos gerais do escritório, esteja adaptado ao ritmo e cultura organizacional."

Se o público interno não estiver em sintonia com os valores e cultura da empresa, dificilmente o escritório sobreviverá, já que depende dessa relação de confiança entre funcionário e cliente. Para a autora, "o atendimento deve ser feito de maneira rápida e eficaz, satisfazer todos os desejos e necessidades, e mais do que isto, encantar o cliente". E encantar, nesse contexto, significa superar expectativas, oferecendo um atendimento de excelência. E para oferecer este tipo de atendimento, o funcionário tem de estar satisfeito, motivado e treinado.

A autora lembra que, em muitos escritórios, os clientes se deparam com secretárias automatizadas, que repetem frases de efeito como as de um serviço de telemarketing. A chance de o cliente ficar insatisfeito e ofendido é enorme.

Como conclusão, Alves dá algumas "dicas" de atendimento, as quais devem ser conciliadas com "mimos" aos clientes, como cartões de natal e/ou aniversário, envio de brindes, pesquisas de satisfação, sempre lembrando que "cliente encantado é cliente fidelizado e cliente fidelizado é cliente feliz e satisfeito com os serviços prestados, e provavelmente a janela que se abrirá para novos negócios".

Com base nestas considerações, fica clara a estreita relação do *endomarketing* com o marketing de relacionamento, bem como é sua importância dentro do contexto, uma vez que todos os funcionários precisam estar conscientizados de que somente por meio de um atendimento exemplar é possível conquistar e fidelizar o cliente.

6.10. Considerações Finais

Vimos ao longo deste capítulo que as mudanças que ocorreram a partir da segunda metade do século XX e a concorrência acirrada entre as organizações trouxeram uma nova forma de competitividade: a economia baseada em serviços.

Atrair novos mercados, satisfazer e fidelizar o cliente são os novos desafios das organizações que pretendem permanecer e se expandir no mercado. O foco, antes voltado para o produto, passa agora a ser o conhecimento e a informação das pessoas, para transformar as relações da empresa com o cliente externo.

É nesse contexto que o *endomarketing* surge como diferencial competitivo de gerenciamento, para trazer benefícios na busca de diferenciação de produtos e serviços, e como pré-requisito no atendimento ao cliente.

Um bom plano de implementação do *endomarketing* se dá por meio do gerenciamento do desempenho de seus funcionários aliado a um programa de comunicação eficaz. Um clima organizacional saudável, valores e missões da empresa absorvidos pelos funcionários, valorização das pessoas através de incentivos e treinamentos, vão refletir numa maior produtividade e qualidade com menor custo.

Como parte integrante da empresa, os funcionários estarão convencidos da qualidade dos produtos e serviços que a empresa presta para se tornarem seus verdadeiros representantes. Afinal, "funcionário feliz = cliente feliz" (BRUM, 2000).

Resumo

Atualmente as empresas encontram-se num contexto bastante competitivo, com consumidores cada vez mais exigentes e ávidos por novos produtos e serviços. Em uma conjuntura onde a diferenciação tecnológica tem sido cada vez menor entre os produtos, a economia baseada em serviços tornou-se vital neste novo panorama global. Para sobreviver a essa nova realidade, marcada por um cenário de competição cada vez mais sofisticado, o recurso primordial passa a ser o conhecimento e a informação das pessoas. Atrair novos mercados, satisfazer e fidelizar o cliente são os novos desafios das organizações que pretendem permanecer e se expandir no mercado. Diante dessa realidade, o *endomarketing* tem sido uma ferramenta fundamental para o crescimento dos negócios. Este capítulo tem como objetivo analisar os fundamentos do *endomarketing*, as práticas utilizadas pelas organizações, as metodologias aplicadas no seu gerenciamento e seu impacto no atendimento ao cliente.

Questões

1. O que é *endomarketing*?
2. Por que o *endomarketing* passa a ser fundamental nas organizações?
3. Quais são os objetivos principais do *endomarketing*?
4. Quais são as etapas para implementar um bom plano de *endomarketing*?
5. Relate um estudo de caso de uma empresa que tenha implementado o *endomarketing*.

Texto para Análise e Discussão: Toyota

O case abaixo foi extraído do artigo escrito por Bárbara D. Pedrosa e Flávio Tófani[6] *e mostra como a montadora japonesa Toyota, utilizando-se das práticas do* endomarketing, *se tornou a maior montadora mundial, quebrando desde 1931 a hegemonia da GM.*

Com uma cultura baseada em tradição, na melhoria contínua e trabalho em grupo, a Toyota passou por diversos processos de reestruturação e, graças às mudanças implementadas na empresa, roubou a liderança da GM, segundo a revista Exame de 2007.

A receita para esse sucesso é baseada na execução de princípios bem definidos, com mais de um milhão de ideias vindas de funcionários sendo implementadas a cada ano. Na montadora japonesa, os diretores gastam metade do seu tempo analisando as ideias e projetos enviados por seus funcionários. Outro fator é a forte tradição de sua cultura: cada um dos 296.000 funcionários sabe quais os princípios e valores da empresa.

O alto investimento nos funcionários também contribui para o invejável desempenho: os recém-contratados da montadora e de todas as filiadas no mundo inteiro passam por cinco meses de treinamento antes de assumir o posto: um mês dedicado à cultura da Toyota, dois meses em uma fábrica e o restante na concessionária, para acompanhar diretamente as necessidades do consumidor.

Ao contrário da cultura americana, a cultura japonesa sempre valorizou a importância do trabalho em grupo. A dedicação e lealdade dos empregados são os itens principais dessa relação, sendo oferecidos em troca da garantia do emprego para o resto da vida.

Trata-se de um investimento a longo prazo: nos primeiros anos, o funcionário trabalha exaustivamente passando por várias funções, até ser alocado em um determinado departamento. Se o funcionário não apresentar os resultados esperados, ele será alocado para um cargo menos importante, mas jamais será demitido. Enquanto nos Estados Unidos o funcionário é valorizado pela informação, ousadia, competência e méri-

---

[6] Autores do artigo "*Endomarketing no processo do crescimento da Toyota*", publicado por Bárbara Pedrosa, em outubro de 2007, disponível em <http://www.webartigos.com/artigos/o-endomarketing-no-processo-de-crescimento-da-toyota/2446/>

to, no Japão, a sabedoria está relacionada à antiguidade. Um dos fatores--chave do sucesso japonês é a ênfase dada ao fator humano.

A Toyota, referência mundial em gestão principalmente no seu marketing interno, sabe como construir relacionamentos fortes e motivadores com os funcionários. A fórmula de seu sucesso é a discrição, busca pela qualidade, longos relacionamentos com empregados e fornecedores, e crescimento cuidadosamente calculado.

Fundada há 70 anos, a montadora passou por uma crise após o final da Segunda Guerra e viu-se obrigada a rever seu processo produtivo. Durante as cinco décadas seguintes, a Toyota aperfeiçoou seu método de trabalho e tornou sua produção mais enxuta e eficiente. Atualmente, se algum dos operários encontra algum defeito em uma das peças, a linha de produção é imediatamente interrompida. Segundo a filosofia da Toyota, é melhor parar a produção e consertar o problema do que deixar a bomba estourar no final.

Na linha de produção, os operários são altamente especializados e jamais chegam atrasados ou faltam no serviço. Como eles não podem ser substituídos de um dia para o outro, a montadora chega a premiar as fábricas cujo índice de absenteísmo é zero. O resultado é um carro feito a baixo custo e com um padrão de qualidade acima dos concorrentes. Segundo os funcionários, os meios de informação da Toyota são eficazes e de grande importância para os acontecimentos que ocorrem dentro da empresa. A montadora ainda promove continuamente treinamentos, palestras de motivação e incentivos aos projetos de seus funcionários.

Pode-se dizer que a Toyota promove um marketing interno de qualidade, resultando num público-alvo motivado e satisfeito.

Questões

1. Identifique quais as práticas de *endomarketing* aplicadas pela Toyota.
2. Segundo a filosofia da Toyota, é melhor parar a produção e consertar os problemas do que deixar a bomba estourar no final. Você acredita que a empresa aplica sempre esta filosofia diante das críticas recentes que recebeu? Comente sua resposta.

3. Que aspectos culturais devem ser observados pela empresa para que se tenha um bom clima organizacional? Proponha uma ação de *endomarketing* para desenvolver um bom clima através da cultura organizacional.

Referências Bibliográficas

BEKIN, Saul Faingaus. *Endomarketing: como praticá-lo com sucesso*. São Paulo: Prentice Hall, 1995.

________. *Endomarketing: como praticá-lo com sucesso*. São Paulo: Pearson Prentice Hall, 2004.

BRUM, Analisa de Medeiros. *Endomarketing como estratégia de gestão. Encante seu cliente interno*. Porto Alegre: L&PM, 1998.

________. *Um olhar sobre o marketing interno*. Porto Alegre: L&PM, 2000.

CARVALHO, Luis Carlos. *Endomarketing em nova perspectiva*. Disponível em <http://www.endomarketing.com/diversos/artigo_endomarketing_em_novaperspectiva.pdfh>. Acesso em 30 de abril de 2010.

CERQUEIRA, Wilson. *Endomarketing: educação e cultura para a qualidade*. Rio de Janeiro: Qualytimark, 1999.

DIAS, José Geraldo Gaurink. *Endomarketing: um instrumento estratégico na busca da melhoria da competitividade empresarial*. São Paulo: Livro Pronto, 2008.

DENTON, Keith. *Qualidade em serviços: o atendimento ao cliente como fator de vantagem competitiva*. São Paulo: Makron, 1990.

GIL, Antonio Carlos. *Gestão de pessoas*: enfoque nos papéis profissionais. São Paulo: Atlas, 2008.

GRÖNROOS, Christian. *Marketing: gerência de serviços*. 2. ed. Rio de Janeiro: Campus, 1993.

KOTLER, Philip; KELLER, Kevin L. *Administração de marketing*. 12. ed. São Paulo: Person Prentice Hall, 2006.

KOYS, D. DE COTIIS, T. *Inductive measures of psychological climate*. Human Relations, 44, 1991, p. 265-285.

LAS CASAS, Alexandre Luzzi. *Qualidade total em serviços*. 5. ed. São Paulo: Atlas, 2006.

ROBBINS, Stephen Paul. *Administração*: mudanças e perspectivas. São Paulo: Saraiva, 2003.

PEDROSA, Barbara D.; TÓFANI, Flavio. *Endomarketing no processo de crescimento da Toyota*. Inserido em 17 de abril de 2007. Ed. 581. Cod. Publicação 2037. Disponível em <htpp://www.webartigos.com/artigos/o-endomarketing-no-processo-de-crescimento-da-toyota/2446/>. Acesso em 30 de abril de 2010.

SANTOS, Heloisa. D. *O Marketing de relacionamento para escritórios de advocacia*. Disponível em <http://www.boletimjuridico.com.br/doutrina/texto.asp?id=2037>. Acesso em 30 de abril de 2010.

Capítulo 7

Marketing de Relacionamento: Conceitos Fundamentais para a Relação com os Clientes

7.1. Introdução

No mercado contemporâneo há uma convicção crescente de que a manutenção de relacionamentos efetivos e duradouros com os clientes é fundamental para as organizações se imporem ante a concorrência. Assim, a visão tradicional de marketing, denominada marketing transacional, encontra-se substituída por uma visão de marketing em longo prazo entre empresa e cliente – o marketing de relacionamento.

Os tópicos a seguir dedicam-se a explicitar questões pertinentes ao marketing de relacionamento, seus conceitos fundamentais, histórico e, ainda, apresentar caminhos para o planejamento do marketing de relacionamento.

7.2. Marketing: Conceitos Centrais

O marketing consiste em uma das disciplinas formais do mundo contemporâneo. Embora muitas vezes confundido com propaganda e venda, o marketing adota como característica básica a troca, e como postulado fundamental, a satisfação das necessidades, desejos e expectativas dos indivíduos. Logo, o marketing pode ser compreendido como a transação, o processo de troca que se dá entre clientes e fornecedores, visando satisfazer as necessidades e desejos desses clientes.

Em Kotler (2009, p. 27) temos que, "marketing é um processo social e gerencial pelo qual indivíduos e grupos obtêm o que necessitam e desejam através da criação, oferta e troca de produtos de valor com os outros".

Segundo Kotler (2009), a definição acima se baseia nos seguintes conceitos centrais: necessidades, desejos e demandas; produtos (bens, serviços e ideias); valor, custo e satisfação; trocas e transações; relacionamentos e redes; mercados; e empresas e consumidores potenciais. Conceitos estes ilustrados na figura 1:

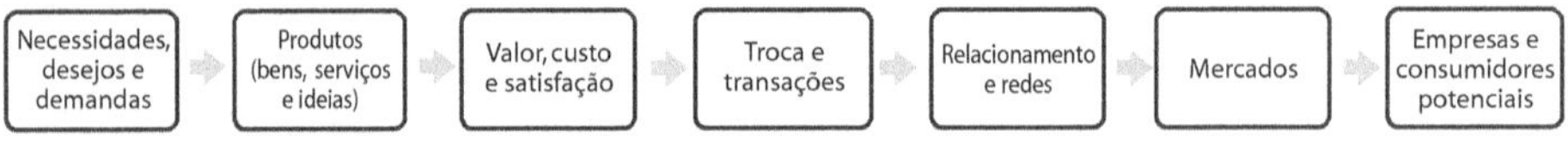

Figura 7.1.
Conceitos centrais de marketing. Adaptado de Kotler, 2009.

Dentre os conceitos citados, destacamos o conceito de relacionamentos e redes, visto ser este o cerne deste capítulo.

O conceito de relacionamento não esteve sempre incorporado à definição de marketing; no entanto, nos últimos anos, mais especificamente em meados da década de 90, a teoria do marketing de relacionamento emergiu como um dos paradigmas dominantes da teoria do marketing, cuja importância vem crescendo com o passar do tempo. Isso ocorre em razão das transformações sociais e tecnológicas que colocaram à disposição dos consumidores uma infinidade de ofertas com características capazes de satisfazer suas necessidades e desejos, fazendo com que as organizações, ante a acirrada concorrência, olhassem para seus clientes de uma maneira diferente, valorizando-os por meio do estreitamento do relacionamento com os mesmos.

Assim, podemos falar de uma nova era do marketing, baseada na construção de relacionamento em longo prazo com os clientes, colaboradores, fornecedores, distribuidores, acionistas e demais grupos de interesse, enfim, a substituição do marketing transacional pelo marketing de relacionamento.

7.3. Marketing Transacional X Marketing de Relacionamento

Durantes anos, as organizações, ou a maior parte delas, abordaram o marketing como um conjunto de transações não interligadas entre vendedores e clientes; a isso denominamos marketing transacional. Neste, os vendedores focam trocas individuais e isoladas que satisfazem as necessidades de um cliente em uma hora e local determinados, tendendo a concentrar a atenção na atração de novos clientes para futuras trocas, mais do que estimular trocas adicionais desenvolvendo relacionamentos mais estreitos com os clientes atuais (NICKELS e WOOD, 1999).

Essa abordagem fez com que a confiança e o compromisso fossem pouco desenvolvidos e os clientes não se tornassem fiéis às organizações. O fato é que, até determinado período, o pensamento mercadológico com foco na transação era válido; contudo, o aumento da concorrência e outros fatores ligados especialmente à tecnologia obrigaram as organizações a refletir quanto a essa postura mercadológica e adotarem como foco a promoção da lealdade e compromisso com o cliente.

Segundo Mckenna (1997), os avanços tecnológicos permitem que as empresas produzam produtos variados e eficazes em relação aos custos, e os consumidores, por sua vez, têm mais opções de escolhas. Com tantas opções, logo, o poder está em suas mãos. Soma-se a isso a massificação de plataformas interativas, como a internet, que torna o consumidor ainda mais informado e capacitado para comparar suas opções de decisão.

Essas mudanças em favor dos consumidores exigem transformações radicais no pensamento e na prática do marketing das organizações, requerendo a criação e a utilização de novos paradigmas no que diz respeito aos conceitos, processos e ferramentas tradicionais do marketing.

O quadro 7.1 apresenta um comparativo entre o marketing transacional e o marketing de relacionamento. Neste, é possível observarmos diferenças significativas na maneira de abordar o mercado e, especialmente, o cliente.

Quadro 7.1.
Marketing transacional *versus* marketing de relacionamento

Marketing Transacional	Marketing de Relacionamento
Ênfase em conquistar novos clientes.	Ênfase em manter os clientes atuais, bem como conquistar os novos.
Orientação em curto prazo.	Orientação em longo prazo.
Interesse em realizar uma única venda.	Interesse em vendas múltiplas e relacionamentos duradouros.
Compromisso limitado com o cliente.	Alto nível de compromisso com o cliente.
Pesquisa sobre as necessidades dos clientes utilizada para completar uma transação.	Pesquisa contínua a respeito das necessidades dos clientes utilizada para melhorar o relacionamento.
Sucesso significa realizar uma venda.	Sucesso significa lealdade do cliente, compras repetidas, recomendações dos clientes e baixa rotatividade de clientes.
Qualidade é uma preocupação da produção.	Qualidade é uma preocupação de todos os empregados.
Compromisso limitado com o serviço.	Alto grau de compromisso com o serviço.

Fonte: Adaptado de NICKELS e WOOD, 1999.

De maneira geral, o marketing transacional está centrado no binômio produto/mercado, enquanto o marketing de relacionamento tem toda sua ação mercadológica voltada ao cliente e, para Gordon (1998), considerando a dinâmica contemporânea, cujo ambiente organizacional é extremamente competitivo e desafiador, o marketing de relacionamento consiste em uma oportunidade para a empresa romper com as estruturas existentes e fixar-se dentro da mente e da carteira dos clientes.

Para Kotler (2009), o marketing de relacionamento é a chave para o sucesso das organizações junto aos seus consumidores, consistindo na prática de relações satisfatórias em longo prazo com partes-chave, sendo estas: consumidores, fornecedores e distribuidores, a fim de reter sua preferência e negócios em longo prazo. Para o autor, empresas inteligentes buscam desenvolver confiança e relacionamentos "ganha-ganha" em longo prazo com consumidores, distribuidores, revendedores e fornecedores por meio da promessa e entrega de alta qualidade, bons serviços e preços justos as outras partes no decorrer do tempo, resultando em fortes vínculos econômicos, técnicos e sociais entre as partes.

Vale salientar que, muito embora o pensamento mercadológico tenha evoluído para uma orientação voltada ao cliente e, especialmente, para o estreitamento e manutenção das relações com esses clientes, muitas organizações ainda persistem na prática de ações de marketing individuais, focadas exclusivamente nas transações de caráter imediatista; estas, ao que tudo indica, estão fadadas ao fracasso dos seus negócios ante os exemplos de sucesso obtidos por organizações que aplicam os novos paradigmas de marketing em suas ações.

7.4. O Marketing de Relacionamento: Orientação para o Cliente

Como vimos, com o amadurecimento do conceito de marketing, o marketing de relacionamento passa a ocupar o topo da agenda de ações dos gestores e pesquisadores. Assim, neste tópico, analisaremos as razões para esta ocorrência, bem como o surgimento e os conceitos relacionados ao tema.

A mudança no pensamento de marketing começa a ocorrer definitivamente a partir da década de 90, impulsionada pela globalização e pela conscientização do valor da retenção dos consumidores (GRÖNROOS e RAVALD, 1996). A partir de então, vários teóricos têm discutido conceitos como marketing de relacionamento (GORDON, 2000; GRÖNROOS, 1994, 1996; MCKENNA, 1993; VAVRA; 1993.) e CRM - *Customer Relationship Management* (Gerenciamento das Relações com os Clientes) (BROWN, 2001; CAULFIELD, 2001; PAYNE, 2000; SWIFT, 2001).

No entanto, já no final da década de 80, há indícios de movimentos teóricos nesse sentido. O'Malley e Tynan (2005) argumentam que os estudos e aplicações de marketing de relacionamento em mercados de consumo caracterizam-se por quatro fases: obscuridade, descoberta, aceitação e popularidade.

Até meados da década de 80 (*obscuridade*), não era comum a ideia da necessidade de reter clientes (ROSENBERG E CZPIEL, 1984). No fim da década de 80, o desenvolvimento tecnológico implementou o crescimento do marketing direto e do banco de dados (FLETCHER *et al.*, 1991, EVANS *et al.*, 1996). Em 1987, Dwyer *et al.* argumentaram que tais desenvolvimentos poderiam ser úteis na formação da base do marketing de relacionamento, fato que marca a *descoberta* do conceito. Basicamente, o reconhecimento de que a retenção de clientes é muito menos dispendiosa e significativamente mais lucrativa do que a concentração por parte das organizações na conquista de novos clientes consolidou o argumento de negócios que justificava a nova abordagem, sendo essa *aceitação* em grande parte atribuída ao trabalho de Sheth e Parvatiyar (1995), que defenderam os benefícios do marketing de relacionamento e o colocaram dentro de um contexto de consumo. Finalmente, no final da década de 90, o marketing de relacionamento torna-se *popular* (O'MALLEY e TYNAN, 2005).

Os debates quanto ao conceito iniciados na década de 80 aparentemente silenciaram-se, e o marketing de relacionamento tornou-se sinônimo do próprio marketing (O'MALLEY e TYNAN, 2005, p. 28).

Para Payne (2005), o reconhecimento de que relacionamentos em longo prazo com os clientes são um dos ativos mais importantes de uma organização explica a explosão da utilização da ferramenta do marketing de relacionamento, o CRM, por parte das empresas.

Claro (2007) acrescenta que a ênfase no marketing de relacionamento tem suas origens em quatro fatores principais, sendo o primeiro a grande propagação de sistemas de informação que integram os negócios em uma cadeia de valor e permitem rapidamente se ter acesso a informações valiosas. Por meio de softwares e processos sofisticados, as empresas são capazes de aferir os custos de se perder um cliente e passam a agir em prol da satisfação e retenção dos mesmos paralelamente à atração de novos.

De acordo com Kotler (2009), as vendas de uma empresa decorrem de dois grupos: consumidores novos e consumidores leais. Estima-se que atrair um novo consumidor possa custar cinco vezes mais do que agradar um consumidor leal. Trazer um novo consumidor ao mesmo nível de rentabilidade de um consumidor perdido pode custar dezesseis vezes mais.

Desta maneira, a retenção de um consumidor é mais importante que sua atração.

Mas como reter um consumidor? Mantendo-o satisfeito! E, finalmente, para mantê-lo satisfeito é imperativo que suas necessidades sejam atendidas a partir do ponto de vista deste consumidor. Daí a importância do marketing orientado para o cliente.

Em Kotler (2009, p. 39), temos que um consumidor altamente satisfeito:

- mantém-se leal por muito mais tempo;
- compra mais na medida em que a empresa lança novos produtos e melhora os produtos existentes;
- faz comentários favoráveis sobre a empresa e seus produtos;
- presta menos atenção à propaganda de marcas concorrentes e é menos sensível ao preço;
- oferta ideias de produtos/serviços à empresa;
- custa menos atendê-los do que a novos consumidores, visto que as transações de compra já estão rotinizadas.

O segundo fator refere-se à expansão do setor de serviços, que proporcionou a percepção por parte das organizações de que a oferta de um excelente produto, processos eficazes e preços competitivos não são suficientes, visto que grande parte das decisões dos clientes em continuar relacionando-se com uma empresa decorre da maneira como este é tratado pela mesma (CLARO, 2007). Assim, "quando uma empresa percebe que um consumidor leal pode representar substancial volume de faturamento durante anos, também percebe a tolice de arriscar a perdê-lo ao ignorar uma queixa ou demanda de pequeno valor" (KOTLER, 2009, p. 39).

O terceiro fator importante para a crescente difusão do marketing de relacionamento está no fato de que, nos dias de hoje, há uma mudança da natureza de competição em muitos setores, haja vista que a maioria dos produtores, tanto de produtos quanto de serviços, possui um alto padrão de tecnologia e qualidade, o que faz do relacionamento com os clientes um diferencial que dificilmente pode ser copiado pela concorrência.

Podemos assinalar como quarto fator a importância da satisfação em longo prazo, visto que o foco no relacionamento permite que empresas conheçam muito melhor o que os clientes querem, como querem e suas necessidades, declaradas ou não (CLARO, 2007).

Finalmente, argumentamos que a ênfase no marketing de relacionamento por parte das organizações decorre do fato de que o mesmo tem como resultado a construção de um ativo exclusivo da empresa, denominado por Kotler (2009) de rede de marketing. Essa rede é formada pela empresa e todos os interessados *stakeholders* que a apoiam: consumidores, funcionários, fornecedores, distribuidores, varejistas, agências de propaganda, cientistas universitários e outros com quem constrói relacionamentos mutuamente rentáveis. Essas redes permitem às empresas trocar valiosas informações, exercitar a colaboração, dividir experiências, acessar novas oportunidades e recursos, entre outros benefícios.

De uma maneira crescente, a concorrência não é entre as empresas, mas entre redes completas. "Construa uma boa rede de relacionamentos com *stakeholders*-chaves e os lucros o acompanharão" (KOTLER, 2009, p. 31).

O marketing de relacionamento representa uma importante mudança de paradigma por se tratar de uma evolução da mentalidade competitiva e conflituosa para uma nova abordagem pautada na interdependência e cooperação, ao passo que o conceito reconhece a importância de várias partes – *stakeholders* –, para o fornecimento de valor para os clientes.

Por meio dos fatores apresentados, fica nítida e justificada a adoção do marketing de relacionamento pelas organizações, visto que desenvolver relacionamento para essas empresas significa competir em um nível em que poucos estão se inserindo (CLARO, 2007), visto que, vale lembrar, o conceito é recente e pouco desenvolvido pelas organizações.

A partir do que apresentamos até o momento, podemos definir o marketing de relacionamento a partir da observação dos conceitos apresentados por teóricos da área.

"O marketing de relacionamento é o processo de estabelecer e manter relações de longo prazo mutuamente benéficas entre organizações e seus clientes, empregados e outros grupos de interesse" (NICKELS e WOOD,

1999, p. 5), entendendo por grupos de interesse os indivíduos e organizações, incluindo os empregados, fornecedores, acionistas e a comunidade, que influenciam e são influenciados por aquilo que a empresa faz.

Para Kotler (2009, p. 30), o marketing de relacionamento é a "prática da construção de relações satisfatórias em longo prazo com partes-chaves, – consumidores, fornecedores e distribuidores – para reter sua preferência e negócios a longo prazo".

"Marketing de relacionamento trata-se de entender, criar e gerenciar a troca de relacionamentos entre parceiros econômicos: fabricantes, provedores de serviços, vários membros de canal e consumidores finais" (MOLLER e WILSON, 1995, p. 1).

Com base nesses três conceitos, podemos inferir que manter e longo prazo são palavras-chaves para essa abordagem mercadológica. O marketing de relacionamento expande o conceito de troca de marketing de uma única transação para uma série contínua de transações, sendo que cada transação consiste apenas em um elo da cadeia do relacionamento entre o vendedor e o cliente ou outros grupos de interesse.

Considerando a expansão do conceito de marketing, proporcionada pelo marketing de relacionamento, podemos falar, utilizando-nos, para tanto, dos teóricos Nickels e Wood (1999), que o *mix* de marketing, também referenciado como composto de marketing, ou quatro P's: produto, preço, praça e promoção, não atende mais às rápidas mudanças pelas quais o universo do marketing atravessa.

Tais mudanças estão levando as organizações no sentido de um método mais amplo de gestão de marketing construído, em cima dos quatro P's, visto que, com produto, preço, praça e promoção, atualmente as organizações precisam *monitorar o ambiente* de forma cautelosa, *pesquisar o mercado continuamente*, *escolher* cuidadosamente seus *clientes* e *fornecedores* e estabelecer relacionamentos em longo prazo.

Para tanto, os teóricos Nickels e Wood (1999) propõem um modelo denominado de "os oito processos universais do marketing", que estende o marketing para além dos tradicionais quatro P's, proporcionando uma visão mais holística da atividade e, especialmente, incorporando o relacionamento em longo prazo ao ciclo mercadológico.

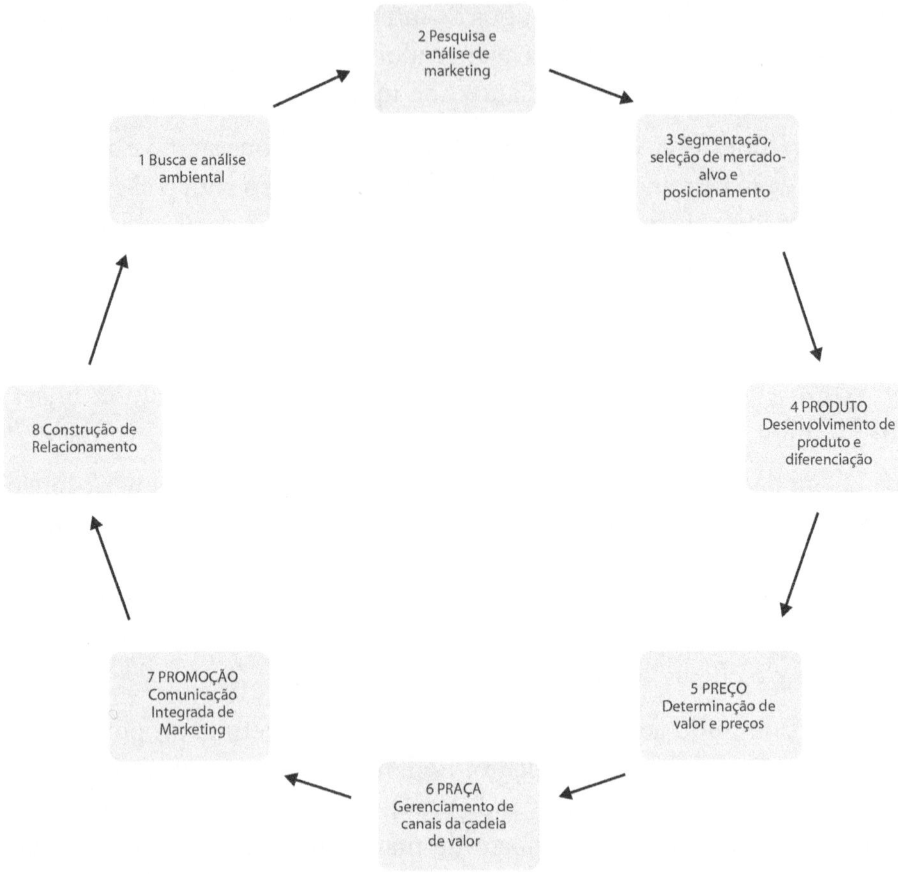

Fonte: NICKELS, William G.; WOOD, Marian Burk. *Marketing*: relacionamentos, qualidade, valor. Trad. Luis Roberto Maia Gonçalves. Rio de Janeiro: LCT, 1999.

Figura 7.2.
Os oito processos universais de marketing.

Segundo Nickels e Wood (1999), profissionais de marketing organizacional adicionaram mais quatro processos aos P's originais, conforme explicitado na figura 2, a fim de construir uma nova abordagem para a gestão de marketing. São eles: *busca e análise ambiental; pesquisa e análise de marketing; segmentação – seleção de mercado-alvo e posicionamento;* e *construção de relacionamento.* Observem que os processos adicionados colaboram para uma ação de marketing mais efetiva, visto que, como mencionamos anteriormente, o mercado contemporâneo passa por mudanças significativas, não havendo espaço para o marketing tradicional, de massa e sem grandes diferenciais competitivos.

Se considerarmos que a lealdade do cliente e, consequentemente, sua manutenção significam satisfazer suas necessidades e desejos, a adição dos três primeiros processos - análise ambiental, pesquisa e análise de marketing e segmentação (seleção de mercado-alvo e posicionamento) - torna-se fundamental para que o oitavo processo - construção de relacionamento - ocorra. Isso visto que somente conhecendo o ambiente, coletando informações relativas aos fatores internos e externos que podem afetar o sucesso do marketing (*análise ambiental*), seguidos da identificação de mercados potenciais, aqueles mais atraentes e significativos e, ainda, da pesquisa rápida e contínua das necessidades e desejos dos consumidores (*pesquisa e análise de marketing*), posterior agrupamento de pessoas ou organizações dentro de um mercado de acordo com suas necessidades e características similares, bem como a seleção dos segmentos de interesse e a criação da imagem do produto nesse mercado (*segmentação, seleção de mercado alvo e posicionamento*), é possível colocar à disposição dos consumidores produtos/serviços que os satisfaçam plenamente e tornem a construção do relacionamento possível, ou seja, ao longo do tempo, mantendo contato e fornecendo serviços antes, durante e depois da venda.

Sintetizando, podemos inferir que as principais características do marketing de relacionamento são (KOTLER, 2003, p. 134):

1. concentrar-se nos parceiros e clientes, em vez de nos produtos da empresa, transferindo o foco interno para o externo;
2. atribuir mais ênfase à retenção e à satisfação dos clientes existentes do que à conquista de novos clientes;
3. confiar mais no trabalho de equipes, fomentando o marketing coordenado, do que nas atividades de departamentos isolados;
4. ouvir e aprender mais do que falar e ensinar.

7.5. Planejamento Estratégico para o Marketing de Relacionamento

Há três níveis de estratégia, segundo Nickels e Wood (1999). O primeiro, chamado estratégia de nível corporativo, estabelece a direção geral para toda a organização. O segundo é a estratégia de nível de negócio, que direciona a forma como um negócio ou divisão específica serão administrados; e, finalmente, as estratégias de nível funcional, que possuem o escopo mais restrito, guiando as atividades de marketing, finanças e outras funções. Como vimos até o momento, o foco das estratégias das empresas deve estar sempre nos clientes, ou seja, na chamada orientação para o cliente.

O planejamento de estratégias voltadas ao marketing de relacionamento exige que olhemos para além das simples transações, buscando conseguir fazer negócios com os clientes atuais e conquistar novos clientes.

A estratégia deve agregar os oito processos de marketing descritos anteriormente, e deve partir das necessidades dos clientes, de maneira a definir metas e objetivos organizacionais e, como resultado final, a empresa deve buscar a construção do relacionamento com seus clientes. Nickels e Wood (1999) enumeram os cinco princípios básicos do planejamento desta construção:

1. Os relacionamentos se baseiam em comunicação aberta. Isso envolve a realização de perguntas investigativas e sondagens, além do talento de ser um bom ouvinte e mostrar interesse no que o outro tem a dizer.

2. Os relacionamentos são construídos com base na confiança, que por sua vez é adquirida com o tempo, devendo-se, portanto, cumprir com as promessas feitas, com os prazos e assumir as responsabilidades.

3. Há um reforço nos relacionamentos quando as partes envolvidas mantêm contatos com os clientes objetivando identificar necessidades e desejos, visando desenvolver novos produtos e serviços.

4. A construção dos relacionamentos depende da confiança, da honestidade e da ética. Assim, qualquer indício de que a empresa não está agindo corretamente enfraquecerá os relacionamentos.

5. Os parceiros em um relacionamento demonstram que se preocupam e, portanto, deve ser feito um esforço para demonstrar essa preocupação e recompensar os mais leais.

As considerações feitas por Levitt (1990), a respeito das questões que afetam os relacionamentos, foram apresentadas na tabela abaixo (ver quadro 2). O autor enumera as coisas boas e ruins que precisam ser feitas pelos vendedores para afetar o relacionamento com seus compradores.

Quadro 7.2.
Ações que afetam os relacionamentos entre compradores e vendedores.

Coisas boas	Coisas ruins
Iniciar telefonemas positivos	Esperar o telefonema dos consumidores
Fazer recomendações	Apresentar justificativas
Ter sinceridade na linguagem	Linguagem apenas para acomodar as situações
Usar telefone	Usar correspondência
Mostrar apreço	Esperar reclamações
Fazer sugestões de serviços	Esperar por sugestões de serviços
Usar "nós" na linguagem de solução de problemas	Usar "nós" como obrigação legal
Antecipar os problemas	Somente responder a problemas
Usar linguagem simples e objetiva	Usar comunicações longas e vazias de conteúdo
Demonstrar transparência nos problemas e personalidade	Ocultar problemas e personalidade
Rotinizar o atendimento	Falar sobre coisas boas do passado
Aceitar a responsabilidade	Improvisar o atendimento
Planejar o futuro	Transferir a culpa
	Repetir o que foi feito no passado

Fonte: LEVITT, Theodore. *Imaginação de marketing*. São Paulo: Atlas, 1990, p. 127.

Para Levitt (1990), verificar constantemente o estado do relacionamento é imprescindível para que o mesmo não deteriore a todo momento, para que no longo prazo, a premissa do marketing de relacionamento, ocorra.

7.6. CRM (Customer Relationship Management)

Embora não seja intenção deste capítulo esgotar o assunto CRM, achamos prudente abordar, mesmo que superficialmente, as características dessa ferramenta do marketing de relacionamento.

Apesar de frequentemente o CRM (sigla para o termo *Customer Relationship Management* ou Gestão de Relacionamento com o Cliente) seja confundido com o próprio marketing de relacionamento, este consiste em uma ferramenta tecnológica para a gestão do marketing de relacionamento. Assim, de acordo com O'Malley e Tynan (2005), embora filosoficamente alinhado com o marketing de relacionamento, o foco do CRM está na tecnologia.

Essa tecnologia tenta gerenciar todos os pontos de toque/contato com o cliente, facilitando a integração de vários sistemas de bancos de dados para a obtenção de um quadro único do mesmo, que por sua vez abrange as necessidades, preferências, comportamentos de compra e sensibilidade a preços dos clientes, permitindo que o CRM se concentre na retenção e lucratividade do cliente (O'MALLEY e TYNAN, 2005).

Kotler e Armstrong (2007) argumentam que o CRM objetiva fidelizar os clientes, lidando com todos os aspectos de adquirir, manter e desenvolver clientes, representando, portanto, uma ferramenta valiosa para o marketing de relacionamento.

As estratégias de CRM são aplicadas por meio do uso de um "software" do tipo banco de dados, que acumula informações relacionadas ao comportamento de consumo do cliente, indicando dados como local, horário, frequência, valor médio despendido, além de dados pessoais, como sexo, faixa etária, renda média mensal, etc.

Esses aplicativos servem para gerenciar o ciclo de vida do cliente, auxiliando nos relacionamentos, visto que a análise e o cruzamento desses dados permitem que a organização agrupe seus clientes de acordo com diferentes variáveis, além de possibilitar a avaliação do índice de fidelidade deles e estabelecer estratégias eficazes para potencializar essa fidelidade.

Para Kotler (2009), empresas que conhecem seus clientes podem adaptar produtos, ofertas, mensagens, sistemas de entrega e métodos de pagamento para maximizar o resultado de suas campanhas. Assim, com base nos dados oriundos dos *softwares* e *hardwares* utilizados pelo marketing de relacionamento, ou seja, o perfil demográfico e psicográfico dos consumidores, histórico de compras, etc., a empresa pode ofertar produtos/serviços específicos e próximos às necessidades e desejos dos consumidores (KOTLER, 2003).

7.7. Outras Ferramentas do Marketing de Relacionamento

O marketing de relacionamento dispõe de outras ferramentas para sua consolidação além do CRM, embora seja a Gestão do Relacionamento com o Cliente uma das mais difundidas.

Assim, vale citar as demais ferramentas disponíveis para as organizações que desejam adotar a filosofia do marketing de relacionamento, criando laços duradouros com seus clientes.

Podemos destacar como ferramentas importantes no marketing de relacionamento:

1. Atendimento à reclamação: atender ao cliente, mesmo que para uma reclamação, deve ser encarado pela empresa como uma oportunidade da mesma propor novas ações, manter o cliente e, principalmente, visualizar falhas no processo mercadológico. Essa ferramenta pode ser aplicada seja por meio de formulários, disponibilizados aos clientes nos locais de compra, ou por meio do SAC – Serviço de Atendimento ao Consumidor.
2. Coleta de sugestões: também realizada por meio do SAC, esta ferramenta permite uma interação maior com o cliente e possibilita que o mesmo se sinta ouvido e prestigiado pela organização. As organizações que sabem como utilizar o SAC, nesse sentido, possuem uma consultoria feita pelos próprios clientes por meio de

suas sugestões e avaliações, o que inclusive pode representar uma redução de custos para as empresas.

3. Sistema de benefícios progressivos: consiste na venda da ideia de que quanto mais o cliente usufruir dos serviços da empresa, mais ela fará por ele, em uma tentativa de reforçar o processo de reciprocidade, base de um relacionamento. É o que fazem, por exemplo, as companhias aéreas com seus programas de milhagem e fidelização.
4. Redes de relacionamento: as redes de relacionamento social têm sido cada vez mais utilizadas pelas organizações com o intuito de propagar suas ideias e produtos por meio dos próprios consumidores.
5. Benchmarking: esta ferramenta visa obter as melhores práticas do mercado em relação aos concorrentes, seja isso feito através da observação na própria concorrência ou em outro segmento de mercado. É a técnica por meio da qual a organização compara o seu desempenho com o de outras. Por meio desta, as organizações procuram imitar umas às outras, concorrentes ou não, do mesmo ramo de negócios ou de outros, que façam algo de maneira particular bem feita. A ideia central dessa ferramenta é a busca das melhores práticas da administração como forma de identificar e ganhar vantagens competitivas.

7.8. Considerações Finais

Por meio da abordagem realizada neste capítulo, foi possível observarmos o quão significativo é atualmente o conceito de marketing de relacionamento, sendo, inclusive, entendido como o próprio marketing.

Nos tempos atuais, com o advento da tecnologia e o aumento substancial da concorrência, o cliente torna-se um dos ativos mais importantes de uma organização e, consequentemente, toda ação mercadológica volta-se para o mesmo no sentido de satisfazer suas necessidades e desejos, estabelecendo, assim, elos de fidelização e comprometimento.

Mais do que tentar conseguir novos consumidores em um mercado altamente competitivo, o que ainda possui um custo elevado, os esforços das organizações devem focar a manutenção e o melhoramento de suas relações com seus clientes a longo prazo, representando a base do marketing de relacionamento.

Uma empresa que se propõe a prestar serviços de qualidade no atendimento deve estar atenta para a prática do relacionamento, principalmente para aqueles serviços de maior durabilidade.

Resumo

Este capítulo objetiva esclarecer as bases do marketing de relacionamento e seus conceitos de acordo com a óptica de vários teóricos, bem como o surgimento desse paradigma mercadológico que hoje é considerado por vários autores como o próprio marketing, visto que é difícil conceber uma questão de marketing que não possua em seu núcleo a ideia de construir, manter e encerrar relacionamentos. Ainda abordamos os fatores que contribuem para o uso crescente do marketing de relacionamento pelas organizações e as razões pelas quais o cliente é considerado, atualmente, um dos ativos mais importantes de uma organização. A ênfase no marketing de relacionamento tem suas origens em quatro fatores principais, sendo o primeiro a grande propagação de sistemas de informação que integra os negócios em uma cadeia de valor e permite rapidamente se ter acesso a informações valiosas. Por meio de *softwares* e processos sofisticados, as empresas são capazes de aferir os custos de se perder um cliente e passam a agir em prol da satisfação e retenção dos mesmos, paralelamente à atração de novos. O segundo fator refere-se à expansão do setor de serviços, que proporcionou a percepção, por parte das organizações, de que a oferta de um excelente produto, processos eficazes e preços competitivos não são suficientes, visto que grande parte das decisões dos clientes em continuar relacionando-se com uma empresa decorre da maneira como este é tratado pela mesma. O terceiro fator importante para a crescente difusão do marketing de relacionamento está no fato de que, nos dias de hoje, há uma mudança da natureza de competição em muitos setores, haja vista que a maioria dos produtores, tanto de produtos quanto de serviços, possui um alto padrão de tecnologia e qualidade, o que faz do relacionamento com os clientes um diferencial que dificilmente pode ser copiado pela concorrência. Podemos assinalar como quarto fator a importância da satisfação em longo prazo, visto que o foco no relacionamento permite que empresas conheçam muito melhor o que os clientes querem, como querem e suas necessidades, declaradas ou não. O marketing de relacionamento representa uma importante mudança de paradigma por se tratar de uma evolução da mentalidade competitiva e conflituosa para uma nova abordagem pautada na interdependência e cooperação, ao passo que o conceito reconhece a importância das várias partes – *stakeholders* –, para o fornecimento de valor para os clientes. O capítulo dá algumas sugestões sobre a prática do marketing de relacionamento para as empresas que se propõem a praticar serviços com excelência.

Questões

1. De que forma o marketing transacional difere do marketing de relacionamento?
2. Apresente os principais fatores que explicam a ênfase no marketing de relacionamento por parte das organizações.
3. Por que podemos dizer que atualmente o marketing de relacionamento é sinônimo de marketing?
4. O que é CRM e qual sua relação com o marketing de relacionamento?
5. Pesquise alguma organização próxima a você e verifique se há estratégias por parte dela no sentido do marketing de relacionamento. Descreva tais estratégias.

Texto para Análise e Discussão: O Segredo do Sucesso do Magazine Luiza

O auditório está lotado. Cento e vinte pessoas – a maioria moças vestindo camisetas brancas e calças azul-escuro – se movimentam nas cadeiras e cochicham numa espécie de frisson. Algumas tiram as máquinas fotográficas da bolsa e se levantam em busca do melhor ângulo para um retrato. De repente, ela surge no centro do palco. Roupa vermelha. Brincos, pulseiras e colar dourados. Um jeitão de animadora de programa de auditório - uma espécie de Ana Maria Braga morena. Luiza Helena Trajano Inácio Rodrigues não ganha a vida cantando, dançando nem aparecendo na novela das 8 - mas sua popularidade, pelo menos dentro daquele pequeno ambiente, é enorme. Aos 53 anos, mãe de três filhos adultos, pouco mais de 1,5 metro de altura, sotaque caipira, ela comanda uma empresa com 4.000 funcionários, 159 lojas distribuídas pelos estados de São Paulo, Minas Gerais, Paraná e Mato Grosso do Sul, com 4 milhões de clientes cadastrados e um faturamento que deve chegar a 850 milhões de reais em 2003. Num ano de paradeira na economia, o Magazine Luiza, rede de varejo de eletroeletrônicos, móveis e presentes, fundada há 46 anos em Franca, no interior de São Paulo, inaugurará 50 novas lojas - uma média de quase uma por semana. Poucas empresas no Brasil ousaram crescer tanto nos últimos tempos.

Luiza Helena não tem alternativas. Sabe que precisa do trabalho de cada uma daquelas 120 pessoas, moças e rapazes, à sua frente para manter a empresa no caminho da expansão, para realizar o sonho de, em alguns anos, operar 500 unidades espalhadas pelo país. São todos vendedores, com salários que atingem 1.000 reais nos melhores meses de vendas. Cada um deles foi escolhido para liderar, por quatro meses, a seção de brinquedos de suas lojas. Alguns - como Adelina Alves de Souza, de 43 anos, uma ex-empregada doméstica de Bragança Paulista - que jamais haviam saído do local onde nasceram, passaram noites sem dormir pensando na responsabilidade e no desafio que teriam pela frente. Três anos antes, Adelina fora contratada pelo Magazine como faxineira. Agora, a superintendente lhe pedia para assumir o cargo de vendedora especial. "Fiquei matutando, com a cabeça no travesseiro: por que eu?", lembra Adelina. "Até um ano atrás, só sabia varrer a loja...".

Em pé, abrindo os braços sem parar e convocando a plateia a se manifestar, Luiza Helena primeiro lança uma pergunta: "O que devemos fazer para que o Magazine Luiza venda mais brinquedos neste ano?". Ela espera por respostas, que chegam de todos os cantos do auditório. Que tal baixar o preço de alguns itens? Ou melhorar a exposição dos produtos? Ou aumentar o investimento em publicidade? Por que não montar uma área na loja para atrair as crianças? Fazer promoções relâmpagos? Luiza Helena pede que cada sugestão seja anotada. Discute todas elas. Depois passa a falar de coisas como valores, ética, atitude no trabalho, família, legado espiritual, felicidade, liderança e sucesso. "Esse é o primeiro ensaio de liderança de cada um de vocês", diz. "E só há uma forma de ter sucesso: tragam toda a equipe para o seu lado, sejam empreendedores, peçam ajuda, ajudem, acreditem em vocês. Nós acreditamos. É por isso que vocês estão aqui hoje". A plateia vem abaixo.

Pode-se encarar o discurso acima como um daqueles chavões usados para motivar equipes. Pode-se escutá-lo com uma dose de cinismo ou de ceticismo - sobretudo em um momento em que a maior parte das corporações parece mais interessada em cumprir os orçamentos do trimestre do que em investir em pessoas. A vendedora Adelina - assim como muitas outras pessoas presentes no auditório construído na sede da empresa - entendeu de outra forma. Ao final de um dia inteiro de reunião, ela se levantou e pediu para falar. A voz mal saía. As mãos tremiam. Contou um pouco de sua história. Chorou. Agradeceu a oportunidade de mostrar que podia fazer mais e prometeu dar o melhor de si mesma para que sua loja vendesse brinquedos como nunca até o Natal.

São histórias assim - cotidianas, simples, pessoais - que fazem do Magazine Luiza o melhor lugar para trabalhar no Brasil, segundo a edição 2003 do *Guia* EXAME - *As Melhores Empresas para Você Trabalhar*. No total, 411 companhias participam da pesquisa, realizada em parceria com o Great Place to Work Institute. Nenhuma atingiu os níveis de satisfação - em questionários e entrevistas - alcançados pelo Magazine, um negócio familiar, de capital nacional, ainda afastado dos grandes centros urbanos e inserido em um setor que parece levar em seu código genético a baixa qualificação e a enorme rotatividade dos funcionários. Uma pesquisa da consultoria especializada GS&MD, de São Paulo, mostra que a média de turnover anual no varejo gira em torno de 60%. No Magazine Luiza, esse percentual cai para 2% ao mês e se concentra nos dois primeiros anos de emprego.

O grande desafio - não só para uma personalidade carismática como Luiza Helena, mas para qualquer líder - é como criar as condições para que histórias de realização e de orgulho como a de Adelina sejam repetidamente construídas e renovadas. É claro que há os benefícios, os planos de carreira, os treinamentos, o salário no fim do mês. Tudo isso conta muito. Mas esqueça, pelo menos por enquanto, as fórmulas de recursos humanos. Vamos tratar aqui de estratégia de negócios – e de como pessoas e resultados foram colocados, de forma indissociável, em seu núcleo.

O poder para todos

Erguer o alicerce da melhor empresa para trabalhar levou mais de uma década. Mantê-lo em pé é tarefa de todos os dias. E é impossível menosprezar o papel de Luiza Helena nesse processo. "Sempre me impus o desafio de liderar um negócio que colocasse o homem e o lucro no centro", diz ela. "Eu me perguntava por que uma coisa deveria vir necessariamente antes da outra". A oportunidade de realizar o projeto surgiu em 1991, quando Luiza Helena foi escolhida por sua tia, Luiza Trajano Donato, fundadora do Magazine, e pelos demais acionistas para assumir o cargo de superintendente da rede. Luizinha, como é mais conhecida, trabalhava na empresa desde os 12 anos. Havia sido balconista, cobradora, gerente de loja e diretora comercial. Aprendera muito com a tia e com os anos de experiência, mas queria levar o negócio a um novo patamar.

"Assim que assumi, vi o quanto a organização que eu havia ajudado a construir era burocrática e hierarquizada", diz Luiza Helena. "Como poderíamos crescer trabalhando daquela maneira? Como conseguiríamos ter velocidade, qualidade e rentabilidade? Qual seria o nosso futuro se as pessoas não participassem de verdade do negócio?" Luiza Helena queria criar um ambiente no qual as pessoas, não importava o cargo em que estivessem, fossem desafiadas o tempo todo e fizessem as coisas acontecer – mesmo que erros fossem cometidos.

O Magazine Luiza seria um lugar onde os funcionários teriam liberdade para sonhar e poder para realizar. Seriam treinados, cobrados e recompensados por isso. A principal função dos líderes – dela, inclusive – seria lançar esses desafios às bases. Ou no peculiar vocabulário do Magazine, propor as "equações do impossível". Como vender mais brinquedos até o Natal é apenas uma delas. Outra, muito mais crítica, foi sugerida no início da década de 90, quando o Magazine ainda era uma obscura rede de varejo do interior. Como crescer rapidamente sem grandes investimentos? A resposta veio no formato das lojas eletrônicas, hoje batizadas de lojas virtuais. Em um primeiro momento, a empresa passou a vender às populações de baixa renda por meio de fitas de vídeo e álbuns de fotos.

Não seria necessário grandes áreas nem estoques. Apenas vendedores. Após algum tempo, adotaram-se os computadores e a internet. "Muita gente olhava e achava que aquilo era loucura", diz Luiza Helena. "Mas o grupo acreditou e, devagar, fomos em frente". Até o fim deste ano, 175 lojas virtuais estarão funcionando. Estima-se que o faturamento chegue a 100 milhões de reais, ou 11,8% das vendas totais da rede.

"A empresa fez uma opção pelo caminho mais difícil e arriscado, que é o da inovação radical", diz o consultor Oscar Motomura, um dos gurus de primeira hora do Magazine Luiza. "Poderia ter escolhido uma gestão por espasmos, que muda ao sabor das condições de mercado e dos modismos. Mas isso não traria grandes resultados, e o crescimento que hoje a empresa vive não seria possível". Nos últimos 12 anos, o faturamento do Magazine Luiza foi multiplicado por 10. O número de lojas passou de 32 para 159. Em 2002, a rentabilidade bruta da empresa atingiu 32,4% sobre as vendas. Trata-se de um círculo virtuoso: o negócio cresce, as pessoas crescem. No último ano, cerca de 1.100 funcionários foram admitidos e outros 400 promovidos. Mais de 80 vendedores e encarregados de loja passaram a fazer estágios para gerência. Estarão prontos para a promoção quando novas unidades forem abertas.

Desde o começo de sua gestão, Luiza Helena passou a trabalhar algumas das necessidades mais básicas dos profissionais que estavam à sua volta: respeito, liberdade para criar, autonomia para agir, transparência nas relações e nas decisões, igualdade nas oportunidades, esforços e resultados recompensados e reconhecidos. "Essas são demandas que se repetem, independentemente do negócio, da cultura, da língua que se fala", diz Karla Baratto, consultora do escritório brasileiro do Great Place to Work Institute. "No fundo, todo mundo quer as mesmas coisas".

É provável que todo profissional – não importa o que faça, o quanto ganhe e para que empresa esteja trabalhando – queira se sentir um pouco como Marina das Graças Ferreira da Silva, vendedora da loja virtual do Magazine Luiza instalada no Leporace, o maior bairro popular de Franca, com cerca de 50.000 habitantes. "Eu escolhi trabalhar aqui", diz ela. Por quê? "Porque aqui me sinto importante, inteligente e diferente". Durante 16 anos, Marina foi dona de casa em tempo integral. Criou quatro filhos e prometeu a si mesma que quando o caçula soubesse a tabuada de cor e salteado procuraria um emprego em que pudesse conversar o dia inteiro.

Hoje, aos 44 anos, Marina passa o dia na frente de uma tela de computador. É através dela que mostra aos operários e às donas de casa da região móveis, geladeiras, fogões, celulares, colchões. Seu trabalho consiste em vender cada item com uma rentabilidade média cerca de 25%, garantir que seus clientes paguem suas contas e que voltem à loja no futuro. Ao final do mês, 70% de seus rendimentos variáveis dependerão de seu próprio desempenho. O restante virá dos resultados atingidos pela unidade onde trabalha e do cumprimento das metas da empresa. Marina também faz parte do conselho da loja onde trabalha. Eleito pelos próprios funcionários, o grupo participa ativamente da administração do negócio: opina sobre a participação de cada um nos lucros, aprova contratações e demissões, ajuda a estabelecer planos de carreira e a revisar a linha de produtos à venda. Marina é vista como uma empreendedora, o tipo de gente que o Magazine Luiza quer ter em seus quadros. Só não assumiu uma gerência de loja porque o marido se recusa a mudar de cidade ou a permitir que ela passe um tempo longe de casa. "Sei exatamente o que esperam de mim e do grupo", diz ela. "Há um objetivo claro, é possível realizá-lo e sou livre para criar maneiras de chegar até ele".

Trata-se de uma liberdade acompanhada - um dos muitos termos simbólicos usados na empresa. O erro, algumas vezes, é inevitável. "Não faz mal", diz Luiza Helena. "Só errando a gente aprende. Quem nunca faz nunca erra, e precisamos dar oportunidade às pessoas para que cometam novos erros". Os limites são poucos, mas inegociáveis. O roubo, por menor que seja o valor, é punido com demissão sumária. Enganar o cliente quase sempre leva ao mesmo destino. "O freguês a gente só engana uma vez", diz Luiza Helena. "Não acreditamos em negócios em que apenas um lado ganha". Para o restante, não há manuais. Pode-se fazer tudo, desde que, no final, o resultado apareça.

Recentemente, a loja virtual do Leporace teve dificuldades em fechar uma cota mensal de vendas. Para atingir a meta, seria necessário vender 15.000 reais em produtos em um único domingo. "No sábado à noite, sentamos todos juntos para achar um jeito de atrair a freguesia", diz Marina. "Sugeri que fizéssemos uma promoção, distribuíssemos um brinde a quem comprasse. Mas que brinde? E onde iríamos consegui-lo àquela hora da noite?"

Foi aí que alguém teve a idéia de dar um frango assado para cada compra acima de 100 reais. Minutos depois, uma parceria seria feita com o dono de uma padaria próxima da loja. Ele forneceria os frangos a um preço especial. No dia seguinte, um carro equipado com alto-falante circulou pelas ruas do bairro anunciando a promoção. Ao final do dia, a cota tinha sido cumprida. No fim do mês, cada um dos 14 funcionários da loja – do gerente à faxineira – recebeu mais por isso.

A criação de uma comunidade

O centro da gestão do Magazine Luiza baseia-se na criação e na manutenção de uma rede de relacionamentos, uma comunidade onde um não pode viver sem o trabalho do outro. Esse sentido de grupo se manifesta em pequenos e grandes rituais diários – alguns deles estranhos à maioria das corporações. A sede da empresa – um prédio espartano de três andares localizado no centro comercial de Franca, ao lado da primeira loja e da casa dos fundadores – é pontuada por símbolos. O retrato do funcionário do mês, escolhido por votação, na parede. Pequenas estátuas de santos católicos aqui e ali. A bandeira do Brasil próxima da entrada. O hino do Magazine bordado em ponto de cruz afixado no auditório. Fotos de família. Uma plaquinha de metal sobre as mesas com o nome do dono de um lado e do outro o conselho cristão: "Faça aos outros o que você gostaria que fizessem a você". Não há paredes. Nem divisórias. A maioria das reuniões não é agendada. Na maior parte das vezes, elas simplesmente acontecem em torno de uma mesa ou de outra.

O cafezinho, preparado com grãos cultivados no sítio de dona Luiza, a fundadora da rede, chega todos os dias nos mesmos horários: às 10 da manhã e às 3 da tarde. Não é por acaso. Nesses momentos, parte do escritório se reúne em torno de três garrafas térmicas para falar sobre qualquer coisa – trabalho, família, futebol. Está difícil cumprir as metas do mês? Um funcionário está doente? Apareceu um problema de última hora? "Juntamos toda a equipe e fazemos uma oração", diz Maria Isabel Bonfim Oliveira, diretora de orçamento e controladoria do Magazine.

Todas as segundas-feiras, às 7h45 da manhã, os funcionários da sede se reúnem para o chamado rito de comunhão. Durante 45 minutos, eles trocam informações sobre os resultados da semana anterior e as metas traçadas para os dias seguintes. Falam sobre objetivos alcançados e desafios a vencer. Tiram dúvidas. Cantam o Hino Nacional e o hino da empresa (*Porque pensamos assim... Porque agimos assim...ML quer dizer minha luta... E também meu lar...)*. Rezam um Pai-Nosso, participam de alguma atividade e finalmente iniciam a semana de trabalho. O rito é repetido em todas as lojas, no mesmo dia, no mesmo horário. Não é obrigatório. Mas quem se sentiria bem em não participar? A cada dois anos, o Magazine realiza o chamado Encontrão, quando todos os funcionários - de todas as lojas - se reúnem em um domingo para discutir o futuro da companhia. "É uma maneira de mostrar que ninguém está sozinho na empresa, que estamos todos juntos no mesmo barco", diz Douglas Matricardi, gerente nacional de vendas, há 20 anos no Magazine Luiza.

É uma maneira também de colocar em prática o verbo preferido da empresa: alinhar. Os rituais foram escolhidos com a melhor forma de comunicar aos 4.000 funcionários a cultura, a situação e os caminhos da empresa. É como se, ao final de cada um deles, o grupo dissesse: "Sim, nós acreditamos nesse rumo.Vamos em frente".

A arte de comunicar

Nos últimos tempos, Luiza Helena impôs a si própria uma de suas "equações do impossível": como a empresa continuaria a crescer aceleradamente sem assistir à deterioração de sua cultura, à perda de seus valores e princípios? O Magazine Luiza, há alguns meses, vem trabalhando em um processo de abertura de capital, que possa acelerar e facilitar sua expansão sobretudo em grandes centros, como São Paulo. (Hoje, a rede tem cinco sócios, todos da família. Wagner Garcia Silva Júnior, primo de Luiza Helena e diretor financeiro da rede, detém a maior participação individual). Faz parte dos planos a abertura de lojas eletrônicas em bairros populares da capital paulista - talvez já a partir do próximo ano. "Estava angustiada", diz Luiza Helena. "Com medo mesmo". Ela encontrou as respostas no livro *Dedique-se de Coração,* do americano Howard Schultz, principal executivo da rede de cafeterias Starbucks, um dos mais espantosos casos de sucesso e crescimento da economia americana nos últimos anos. A Starbucks começou com uma cafeteria em Seattle em 1971. Hoje tem 6.300 lojas e cresce 20% ao ano, apesar das previsões fatalistas de vários bancos de investimento e consultorias. Graças a seu estreito relacionamento com clientes e funcionários, a Starbucks transformou-se em um dos negócios mais admirados da América corporativa, de acordo com a revista *Fortune*. "Valores não minguam à medida que as vendas crescem", diz Schultz a certa altura do livro. "Saí pela empresa, conversei com as pessoas e vi o quanto a nossa cultura estava arraigada", diz Luiza Helena. "Isso me aliviou, me tirou um peso das costas, porque percebi que o Magazine não depende de uma pessoa nem de um pequeno grupo para continuar a ser o que sempre foi na essência."

Como conseguir isso? Comunicação é o nome do jogo. Não qualquer comunicação. Não se trata de colocar dados em uma intranet e esperar que os funcionários respondam a isso. Ou passar circulares com as decisões da semana. Ou publicar um jornalzinho mensal e colocar as últimas notícias no mural do escritório. No Magazine Luiza, a comunicação é direta e acontece 24 horas por dia. (OK. Eles realmente têm sorte de contar com uma superintendente que age como um Silvio Santos de saia. Isso não é um detalhe, mas também não explica tudo.) "A comunicação não acontece como algo periférico ou secundário", diz Motomura. "Os líderes investem um tempo precioso na disseminação da informação e da cultura."

O processo começa no dia-a-dia, no chamado olho no olho. Há mais de uma década as circulares internas foram proibidas. Os problemas, sejam eles de que tamanho forem, devem ser resolvidos na hora. "A gente briga muito. Discute, vai até o fim, fala tudo o que vem à cabeça. Mas, quando acabou, acabou. Aqui a gente sempre diz que a verdade liberta", diz Luiza Helena. Qualquer funcionário pode falar com quem quiser – a hierarquia, se for preciso, pode ser subvertida. A superintendência recebe, todos os meses, uma media de 12 e-mails e telefonemas do pessoal do campo. (Pode parecer pouco, mas a razão disso é a determinação de que os problemas sejam resolvidos na base. Apelar para a direção só em última instância.) São casos como o de Margareth Sales Biazi, encarregada da final de São José do Rio Preto, no interior de São Paulo, recentemente promovida a gerente em treinamento. Sua equipe havia se empenhado ao máximo para cobrir a cota do mês com a rentabilidade exigida. Faltou pouco, muito pouco. Margareth chegou chorando para Luiza Helena. "Nosso esforço precisa ser reconhecido. Trabalhamos muito por esse resultado". Após conversar com a equipe do escritório central, Luiza Helena aceitou o pleito, mas lançou o desafio: a loja teria de assumir o compromisso de atingir os 28% de margem nos meses seguintes. Prometido – e cumprido.

As fichas de demissão são lidas – uma a uma – por Luiza Helena e por Telma Geron, diretora de recursos humanos. "É uma forma de evitar que eventuais problemas se perpetuem por não virem à tona", diz Telma. Em todas as lojas, vendedores, empacotadores, gerentes, faxineiros têm acesso diário aos indicadores de desempenho individual e do grupo. As estratégias são passadas em reuniões periódicas da cúpula com os gerentes. Logo depois, fitas de vídeo – normalmente animadas pela própria Luiza Helena – seguem para cada uma das lojas da rede. Exatamente com o mesmo discurso e com o mesmo programa de atividades.

Em 2002, o Magazine iniciou a fase que vem sendo chamada de Ciclo da Transformação. A estratégia é fazer que a empresa passe a ter mais do que um lugar onde as pessoas comprem geladeiras ou televisores. A loja seria uma espécie de centro de convivência para a comunidade em geral, um lugar onde as pessoas fariam suas compras, pagariam suas contas, participariam de atividades coletivas, frequentariam aulas de inglês a 20 reais por mês. Era preciso mostrar aos funcionários que é imprescindível ter coragem para mudar – mas que os resultados podem ser muito bons. Em março deste ano, Luiza Helena convocou gerentes para um seminário de alinhamento estratégico, em Araxá, no interior de Minas Gerais, e levou para o encontro seu cabeleireiro em Franca, o Gama. Durante o encontro, pediu que 20 homens e mulheres se candidatassem, com ela, a participar de um processo de transformação. Ao final do dia, a superintendente apareceu com apliques no cabelo – sua contribuição e exemplo pessoais. Os voluntários surgiram maquiados, penteados e com roupas produzidas. Uma ideia simples, de inspiração nas seções do tipo *antes e depois* das revistas femininas. Nas semanas que se seguiram, todas as lojas repetiram a experiência.

Contar o que dá certo também é parte da estratégia. "Aqui a gente troca experiências o tempo todo", diz Matias Alves Teodoro Taveira, gerente da maior loja do Magazine Luiza em Franca. "Se uma ideia deu certo em outra unidade, por que não daria aqui? O que há de errado em copiar? Quer um exemplo?" Matias abre um e-mail que acabara de receber do gerente da região.

Fonte: Disponível em <casesdesucesso.wordpress.com./cases> Acesso em 13 de junho de 2011.

Questões

1. Comente as estratégias do Magazine Luiza que se relacionam com o *endomarketing*. O que poderia ser melhorado na sua opinião?
2. Comente as estratégias de marketing de relacionamento. O que poderia ser melhorado?
3. O Magazine Luiza tem sido referência como uma empresa bem administrada. A que você atribui esta condição ?

Referências Bibliográficas

CLARO, Danny Pimentel. *Marketing de relacionamento*: conceitos e desafios para o sucesso do negócios. São Paulo: IBMEC, 2007.

GORDON, Ian. *Marketing de relacionamento*: estratégias, técnicas e tecnologias para conquistar cliente e mantê-los para sempre. Tradução de Mauro Pinheiro. São Paulo: Futura, 1998.

GRÖNROOS, Christian; RAVALD, Annika. The value concept and relationship marketing. *European Journal of Marketing*, v. 30, n. 2, 1996, p. 19-30.

KOTLER, Philip. *Administração de marketing*: análise, planejamento, implementação e controle. 5. ed. São Paulo: Atlas, 2009.

_____. *Marketing de A a Z*: 80 conceitos que todo profissional precisa saber. 5. ed. Rio de Janeiro: Elsevier, 2003.

KOTLER, Philip; ARMSTRONG, Gary. *Princípios de Marketing*. São Paulo: Pearson Prentice Hall, 2007.

MCKENNA, Regis. *Marketing de relacionamento*: estratégias bem-sucedidas para a era do cliente. 25. ed. Rio de Janeiro: Elsevier, 1997.

MOLLER, K.; WILSON, D.T. *Business Marketing*: *an interaction and network perspective*. Kluwer Academic, Norwell, MA, 1995.

NEWELL, Frederick. *Fidelidade.com – CRM*: o gerenciamento das relações com o consumidor na era do marketing pela internet. São Paulo: Makron Books, 2000.

NICKELS, William G.; WOOD, Marian Burk. *Marketing*: relacionamentos, qualidade, valor. Trad. Luis Roberto Maia Gonçalves. Rio de Janeiro: LCT, 1999.

O'MALLEY, Lisa; TYNAN, Caroline. Marketing de relacionamento. In: BAKER, Michael J. *Administração de marketing*. Rio de Janeiro: Elsevier, 2005.

PAYNE, Adrian. *Customer relationship management*: from strategy to implantation. Cranfield School of Management, UK. ANZMAC 2005. Conference: Business Interaction, Relationships and Networks.

Capítulo 8

Comunicação dos Serviços de Atendimento ao Público: a Tensão entre Corporificação (por Parte da Organização) e a Coisificação (por Parte do Cliente) do Atendente

8.1. Introdução

O homem contemporâneo encontra-se cada vez mais crítico e exigente no momento de fazer suas escolhas. Boa parte dessas constatações é decorrente da imensidão de possibilidades de compra de produtos e adesão a serviços, aliada ao amplo acesso à informação, à melhoria tecnológica e, no caso brasileiro, à estabilidade econômica na última década. As transformações são muitas e de naturezas diversas. Particularmente, o setor de serviços está atravessando um período de mudanças profundas em nível mundial, e nesse contexto várias empresas e organizações lutam para lidar com um ambiente cada vez mais competitivo e dinâmico, o que inclui alterações dos padrões de regulamentação governamental, a privatização de empresas estatais em muitos países, profundas mudanças nos valores sociais, avanços em TI (tecnologia da informação), além da internacionalização e da globalização, movimentos bastante amadurecidos. Na perspectiva do ambiente de negócios, outros movimentos tornam o cenário movediço e cambiante, tais como as constantes pressões para melhorar a eficiência e a produtividade dos processos, o movimento de melhoria na qualidade dos serviços, a ampliação da locação e aluguel de empresas, o papel crescente dos fabricantes e dos processos produtivos, as enormes possibilidades de prestação de serviços, uma realidade inequívoca e a necessidade de organizações públicas e sem fins lucrativos de encontrar novas estratáegias de atuação e práticas inovadoras de gestão em todas as áreas.

Segundo Philip Kotler e Kevin Keller (2006, p. 11), na medida em que as economias evoluem, uma proporção cada vez maior de suas atividades totais se concentra na produção e no consumo de serviços. O Brasil, que vive seguidos anos de estabilidade econômica e desenvolvimento social, passa exatamente por esse movimento de crescimento da importância dos serviços na economia nacional. Atualmente, os serviços já correspondem a 68,5% do PIB Nacional contra 49% na década de 80 (fonte: www.ibge.gov.br). Ainda que o hibridismo entre produto industrial, mesmo agrícola, e os serviços seja absolutamente corriqueiro e, em alguns casos, difícil de ser segmentado, o predomínio dos serviços é latente. Outros movimentos sociais e econômicos, como o crescimento da participação da mulher no mercado de trabalho, a ampliação da urbanização, a massificação de processos produtivos e de consumo, e as tecnologias digitais, impulsionaram a expansão dos serviços de forma generalizada em todo o mundo.

Muitas ofertas de mercado consistem em um mix variável de bens e serviços, em que as fronteiras que indicam onde termina um e tem início o outro muitas vezes não são tão evidentes, conforme comentado. Se uma empresa focar apenas em oferecer produtos de qualidade e esquecer ou negligenciar a oferta de serviços para agregar valor aos produtos que estão sendo oferecidos, certamente será muito menos competitiva, o que impactará diretamente a comercialização de seus produtos. Assim, notamos que é extremamente difícil separar o produto do serviço. Segundo Bateson e Douglas (2001), um produto puro implica que o consumidor obtenha benefícios somente do produto, sem nenhum valor agregado pelo serviço; da mesma forma, um serviço puro assume que não há elemento concreto ou "produto" no serviço que o consumidor recebe, sendo caracterizado tão somente por uma experiência, como, por exemplo, ocorre durante o corte de cabelos.

De acordo com Dias (2006, p. 324), pode-se identificar os serviços como atividades naturais de produção voltadas para melhorar o desempenho dos produtos, assim a interação e a interdependência com o produto tangível está construída e a dissolução e as especificidades ficam borradas. Em direção similar, Las Casas (2004, p. 125) afirma que os serviços profissionais exigem tratamento diferenciado, porque são intangíveis, inseparáveis, heterogêneos e simultâneos (características essenciais dos serviços), e podem estar conectados à materialidade dos produtos ou não. Já para Lovelock (2006, p. 9), os serviços apresentam quatro características principais que afetam enormemente a elaboração de programas de marketing: intangibilidade, inseparabilidade, variabilidade e a perecibilidade, que precisam estar sempre alinhadas dentro do planejamento de marketing para assegurar que o serviço seja oferecido ao cliente de maneira correta. Essas características impõem aos serviços uma alta carga de promessa, ou seja, uma expectativa à mercê de atualização. E lidar com expectativas é algo bastante difícil, principalmente porque não temos controle sobre elas, algo tão desejável pelos administradores e na área de Administração em geral.

Notamos que há empresas que tentam demonstrar, tornar substantiva e matérica, a qualidade de seus serviços por meio de uma prova física ou apresentação concreta, muitas vezes construindo simulacros para serem vivenciados, experimentados, provados. Os profissionais de marketing precisam ser capazes de transformar serviços intangíveis em benefícios reais (ainda que possam ser simbólicos e absolutamente emocionais), pois é essencial satisfazer o cliente com um resultado positivo. Serviço é a parte que deve ser vivenciada, atendendo de maneira exemplar à expectativa do consumidor. A vivência é intransferível, inalienável e, nesse aspecto, pode configurar-se como algo de extremo valor para quem prova, causando a sensação de que "mais ninguém" experimentou; personalizar e exclusivizar são a oportunidade máxima dos serviços na sociedade pós-moderna, alicerçada na transitoriedade e na volatilidade das buscas por satisfação. Essa dimensão é perseguida principalmente no âmbito da oferta dos serviços de luxo. A partir do momento em que o acesso à materialidade dos produtos é praticamente total (sem interdições financeiras, por exemplo), tudo o que é vivenciado, experimentado e intransferível passa a ter mais valor, daí a proliferação de eventos e promoções onde não é mais ofertada a "casa" ou um carro, mas passeios de balão em Paris, safaris na África do Sul, jantares no fundo do mar nas Ilhas Maldivas, viagem ao espaço por 200 mil dólares pela *Virgin Experience Days*, criada em 2001 pelo grupo inglês *Virgin* para ofertar presentes exóticos e inusitados... Também é crescente a venda em prateleira (simulacros de produtos) de experiências, como acontece com a *Smart Box* em toda a Europa e também no Brasil, ou mesmo a "A Vida é Bela", uma versão portuguesa que pode ser encontrada na internet e nas livrarias das grandes cidades brasileiras com a proposta de venda de experiências que custam em média de 50 a 600 reais, com a promessa de minutos inusitados, como passeios de helicóptero, aulas de arco e flecha, noites em spas, etc. Outra concorrente é a Viva!, dos paulistanos Daniel e André Susskind, que atua em São Paulo com uma proposta de opções menos luxuosas como degustação de doces, aulas para aprender a fazer drinks, etc. (Para saber mais, Veja São Paulo, 15 de dezembro de 2010, p. 121 e 122.)

8.2. Reflexões acerca do Comportamento do Consumidor e as Relações com os Serviços de Atendimento ao Público

O propósito do marketing é satisfazer as necessidades e os desejos dos consumidores por meio da produção e oferta de produtos e serviços de valor. Desta forma, observar e entender o comportamento do consumidor é determinante da possibilidade de obter êxito, até porque identificar o que é valor para cada público de interesse não é tarefa fácil, além de demandar altos investimentos financeiros e de tempo.

Sandhusen (2003, p. 154) entende o comportamento do consumidor como um conjunto de ações que levam uma pessoa a fazer uma compra e usar produtos e serviços, incluindo os processos mentais e sociais que precedem e se seguem a essas ações. A compreensão do comportamento do consumidor é crucial para o sucesso do planejamento estratégico de marketing, ajudando a definir mercados-alvo, a desenvolver e a implementar estratégias, mensurar o potencial de mercado, planejar os pontos de contato e, evidentemente, proporcionar a melhor forma de atender às suas expectativas em relação à crescente possibilidade de oferta.

Dias (2006, p. 8) afirma que a insatisfação dos consumidores com a qualidade dos produtos ou serviços em geral, com a assistência técnica pós-venda, com o não cumprimento de prazos de entrega e de atendimento, com a ausência quase total de preços à vista diferenciados de preços a prazo, acabam gerando ótimas oportunidades para as empresas que cumpram com essas expectativas. Com isso, notamos valor nas empresas que simplesmente atendam seus consumidores plenamente, que façam aquilo que se espera delas.

Na atualidade, mais do que em outros momentos, as empresas precisam estar atentas aos seus consumidores e procurar entender se os mesmos estão abertos e prontos para ingressar no mundo digital, ou se ainda preferem compras e relações presenciais com atendimento e serviços mais personalizados. Este é, por exemplo, um campo de muita divergência, uma vez que em alguns segmentos, sendo o mais notável o de serviços bancários, a quase totalidade das ofertas se dá pela mediação digital, e se considerarmos que quem nasceu antes de meados dos anos 80 não é nativo digital, ou seja, tem algum grau de dificuldade de manejo tecnológico, as relações podem ser bastante difíceis e até tortuosas. Estudar o comportamento do consumidor é, em última instância, entender seus valores, suas buscas, suas prioridades.

Para Giglio (2002, p. 109), o pressuposto do modelo de comportamento do consumidor baseado em etapas é decorrente do entendimento de que o consumo é um processo dinâmico de escolha, que pode ser entendido como uma série de passos que se iniciam com a consciência das expectativas (alguns autores identificam esta fase como reconhecimento da necessidade) e terminam com a avaliação pós-compra (posterior à experiência com o produto ou o serviço), que pode se estender por muito tempo, a depender do tipo de produto (durável), custos envolvidos na aquisição e do envolvimento individual com a compra.

Assim, o comportamento do consumidor se caracteriza como um processo que envolve diversos estágios, como a seleção, a compra, o uso do produto, ideias ou experiências para satisfazer necessidades e desejos, etc. Sob a perspectiva da gestão de marketing, esse processo está dividido em etapas: reconhecimento da necessidade, busca da informação, avaliação das alternativas, decisão de compra e comportamento pós-compra. Esse processo para conhecimento do comportamento do consumidor deve ser feito com cautela e em etapas, visando identificar os pontos fortes do negócio e quais são as limitações em relação às decisões de compra.

Cada uma dessas fases tem sua importância no processo global de compra e mantém suas especificidades também. O reconhecimento da necessidade é muitas vezes impulsionado e tornado consciente pelas manifestações publicitárias e promocionais nos diferentes veículos; já a busca de informações pode se dar de diversas maneiras, e aquelas empresas e marcas presentes em diferentes mídias e pontos de contato têm vantagens sobre as demais, uma vez que são mais acessíveis e se fazem presentes de maneira reiterada e diferenciada. A decisão de compra envolve aspectos funcionais e emocionais em um emaranhado complexo de motivações, usos e manifestações simbólicas. Já o comportamento pós-compra deve ser muito bem estudado quando se tem em conta a intenção de prover os clientes com as melhores formas de atendimento e solução de problemas diversos. É claro que os SACs não estão abertos apenas àqueles que foram e são clientes, mas estes são de fato o foco principal. Nesse aspecto é que recomendamos que esses privilegiados pontos de contato com as pessoas sejam intitulados "Serviços de Atendimento ao Público", e assim não se limitem de forma reducionista aos clientes (quem já comprou), abrindo a possibilidade de ampliação dos públicos e, consequentemente, amplificando a interação com a sociedade.

Muitas vezes, as necessidades estão profundamente enraizadas no inconsciente das pessoas e podem se referir a questões existenciais e de identidade que subsistem há muito tempo. Quando sentem uma necessidade, as pessoas ficam motivadas a agir de modo a satisfazê-la, ainda que a satisfação seja sempre transitória (Perez, 2007). As necessidades dos clientes estão evoluindo, os mercados e a competição estão mudando rapidamente, trazendo novos paradigmas, e a liderança estratégica eficaz é vital para o sucesso de qualquer negócio. As empresas devem reconhecer que a compreensão das ameaças e das oportunidades decorrentes de tais desafios é um primeiro passo vital no desenvolvimento de estratégias minimamente sustentáveis. Assim, torna-se mandatória a ampliação dos pontos de contato com as pessoas (seus públicos de interesse), de modo a entender seus valores e transmitir o posicionamento da oferta (de serviços) da melhor maneira, em uma legítica expressão de troca: empresa-oferta-marca em interação com as pessoas.

8.3. Atendimento ao Público: a Tensão entre Corporificação e Coisificação, o Destino Mediador do Atendente

O atendimento ao público (ou ao consumidor, cliente...) é tema de ampla relevância, tanto na perspectiva econômica quanto social, uma vez que implica a análise e a observância de interesses e direitos dos cidadãos. É notório observar que o direito do cliente brasileiro deu seus primeiros passos apenas em 1979, com a instalação do PROCON (Programa de Defesa do Consumidor) e, onze anos depois, em 1990, com o surgimento do Código de Defesa do Consumidor (CDC), que modificou as relações de consumo. A importância dessas legislações é tanta que inúmeros foram os eventos durante todo o ano de 2010 que exaltaram os vinte anos do Código de Defesa do Consumidor, com balanços altamente positivos e encaminhamentos acerca da evolução e do amadurecimento das relações de consumo no país a partir dessa legislação.

Após o CDC, os clientes passaram a ter um meio de defesa ao seu lado, fazendo com que as companhias buscassem a satisfação de seus clientes de forma contínua e sustentável, e em todos os processos e contatos. Para se ter ideia de sua dimensão, essa mudança fez com que escritórios de advocacia em todo país criassem departamentos especializados nessa área para orientar seus clientes a respeito da melhor forma de institucionalizar e facilitar os processos envolvidos nas diferentes relações com os clientes, tornando-os eficientes e transparentes.

A sociedade cada vez mais imponderada, composta por indivíduos autorais que expressam suas demandas e perseguem seus direitos, pressionou as autoridades legislativas, o que resultou, em 2008, na promulgação da regulamentação dos SACs (Serviço de Atendimento ao Consumidor). Segundo dados do PROCON-SP, a demanda disparou com a regulamentação; para se ter ideia do crescimento nos atendimentos, em 1977 a instituição atendia 1.277 pessoas, enquanto, somente no ano de 2008, os atendimentos passaram de 530 mil.

A grande missão dos SACs é acolher as demandas das pessoas que entram em contato, clientes ou não, e solucioná-las. Essas demandas podem ser de informação ou de algum serviço específico, como, por exemplo, concerto, manutenção, dúvidas, sugestões, etc. Em qualquer dos casos a solução (que muitas vezes é simplesmente informação) deve ser perseguida. Se os atendentes (presenciais, por telefone, internet ou outro meio) não têm condições de dar a solução de forma imediata, devem ser capazes de encaminhar prontamente a outras instâncias que possam acolhê-las e, posteriormente, assegurar-se de que a solução foi obtida a contento.

Ferreira (2000), em suas pesquisas acerca dos serviços de atendimento ao público, ainda que com foco na ergonomia e não na comunicação ou gestão, identificou a complexidade de aspectos atuantes nesses serviços a partir do entendimento dos diferentes pontos de vista dos envolvidos. A figura a seguir demonstra essa complexidade:

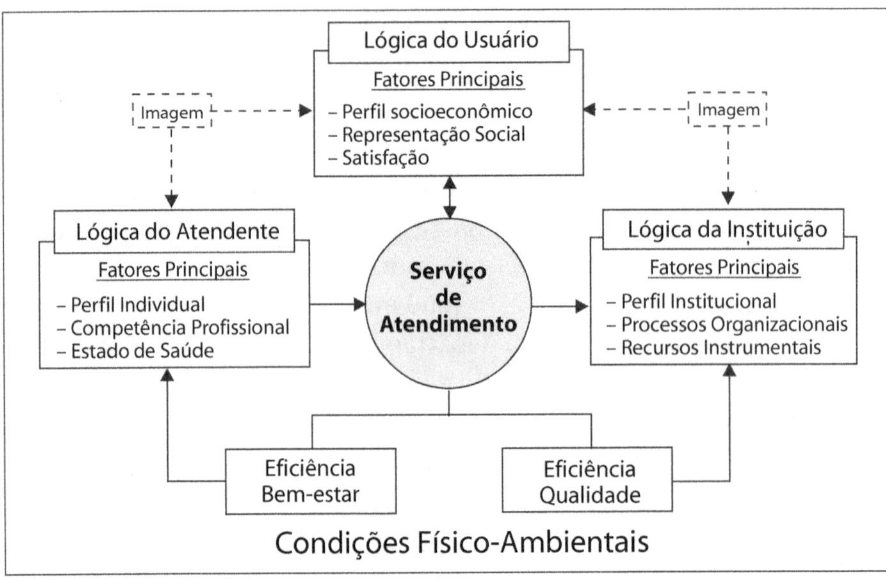

Fonte: FERREIRA, Mario César. *Serviço de Atendimento ao Publico. O que é. Como analisá-lo. Esboço de uma abordagem Teórico-Metodológica em Ergonomia.*

Figura 8.1
A tríade de posicionamentos dos diferentes atores dos Serviços de Atendimento ao Público.

O atendimento aos clientes engendra uma dinâmica triádica que deve buscar a convergência dos distintos atores em cena, a instituição, o atendente e o cliente. Cada um deles tem interesses e dinâmicas de ação que nem sempre são compatíveis sem um esforço conciliador e espírito flexível.

Na perspectiva da instituição, a mediação tende a transformar o atendente metonimicamente nas "pernas, braços e cabeça da instituição" (Ferreira, 2000), ou seja, ele se torna o modo pelo qual a instituição busca "personificar-se", abandonando sua condição essencial (naquela circunstância) de ente abstrato e impessoal, corporificando-se. Para seguir na linguagem metafórica, como o atendente corporifica a instituição, ele deve encarnar (tornar carne) visceralmente seus valores e princípios, tornado-se (ainda que no espaço-tempo do atendimento) ela própria, e é assim que ele é percebido pelas pessoas que entram em contato com os SACs.

Em outra direção, para o usuário (cliente, público, consumidor), a mediação tende a uma despersonificação do atendente, ou seja, o atendente deixa de ser uma pessoa portadora de uma identidade singular e única para encarnar a instituição (ente abstrato e desprovido de corporeidade) e, dessa forma, ele deve ser responsabilizado pela resposta adequada e imediata à sua demanda. Ocorre aqui o movimento contrário, ou seja, há a coisificação (institucionalização) da pessoa do atendente a favor da relação de mediação estabelecida entre cliente e empresa.

Por sua vez, do ponto de vista do atendente, a mediação tende a ser um momento de gerir interesses nem sempre compatíveis e equilibrados, buscando cumprir as tarefas prescritas pela instituição (normalmente sem espaço para intervenção e criatividade), progredir nas suas competências, preservar sua saúde (principalmente em se tratando, muitas vezes, de atividades autômatas e fatigantes, como acontece em muitos *call centers*), além de construir sua identidade profissional, tarefa difícil uma vez que sua atuação é eminentemente mediadora.

Essa complexa e polifônica mediação põe foco fundamental na dinâmica que caracteriza o serviço de atendimento e impacta em diversos fatores, por exemplo: (1) na satisfação (ou não) do usuário; (2) na eficiência do trabalho dos atendentes; e (3) na eficácia e na qualidade do próprio serviço prestado. Assim, aferir a qualidade do serviço de atendimento ao público implica decodificar os fatores que subsidiam as diferentes e complexas lógicas envolvidas, sem perder o foco na totalidade da situação e dos processos postos em marcha. Entender que o êxito está na interação e não em um elemento isolado é o primeiro passo para o sucesso no atendimento ao público. A partir do esclarecimento acerca da complexidade das relações que estão em cena no que chamamos simplesmente de

"Serviço de Atendimento ao Cliente", fica evidente que não se trata de um procedimento simples, mas pelo contrário, de um contexto movediço e altamente influenciado pelas pessoas (e personalidades) que estão em interação. Daí a evidente necessidade de que, no que couber à organização, é fundamental a qualificação permanente do atendente (que também deve ser recrutado a partir das características essenciais para a função de interlocução com pessoas), ou seja, da pessoa que estará diante do cliente (ou outro público) como extensão orgânica da própria organização, corporificando-a. Outra condição fundamental são os mecanismos de acesso à informação que possibilitem ou a solução da demanda do cliente ou o encaminhamento adequado para a solução. O bom gerenciamento de informação é um passo essencial na montagem e na oferta de um serviço de atendimento de qualidade.

8.4. A Coerência entre Comunicação da Marca e a Comunicação do SAC

Os Serviços de Atendimento ao Consumidor - SACs, nas suas distintas nomenclaturas, Serviços de Atenção ao Cliente, Serviços de Atendimento ao Público (particularmente mais adequada), dentre outras, e veículos (telefone, correio, internet, presencial) constituem-se em mais um ponto de contato dos clientes com a marca, e é dessa maneira que os gestores devem entendê-los e gestioná-los.

Baseado no conceito de *meeting points*, de Di Nallo (1999), que caracteriza esses encontros como espaços (e tempos) criados pelos gestores para potencializar os contatos com as marcas de modo favorável e diferenciado, é que entendemos os SACs. Esses *meeting points*, além de todas as expressões publicitárias e promocionais "tradicionais", também podem ser idealizados como lojas-conceito, *flagships*, *popups store* (lojas temporárias), eventos multimidiáticos variados, promoções inusitadas integradas no espaço público das cidades, etc. Os SACs integram esse rol de interação das marcas com seus públicos, e como tais, devem expressar os mesmos valores propagados em todos os discursos marcários, reforçando e potencializando a coerência sígnica da marca.

As marcas se expressam pelo nome que têm, pelo(s) símbolo(s) vinculado(s), *slogan*, mascotes, cores, eventualmente embalagens, *jin-*

gles, personalidades, sons distintos, etc. Cada uma dessas expressões tem uma função promocional e identitária específica, e também no conjunto sígnico total, que se revela pelo reconhecimento, experiência (serviços) e interação com as pessoas (clientes), gerando a imagem da marca (posicionamento conceitual das expressões sígnicas da marca na mente das pessoas - recepção).

A reiteração e a sobreposição dessas expressões nos diferentes veículos e *meeting points* em consonância com a oferta material e intangível (serviços), também chamada de *marketing mix* (serviço, produto, preço, ponto de venda, promoção), resultam no posicionamento da marca, ou seja, na imagem que a marca (que pode ser de uma organização, portanto, marca institucional) é capaz de gerar para os diferentes públicos. Assim, a integração dos elementos expressivos de identidade de marca (*identity mix*), aliados ao *marketing mix* materializados nos diferentes pontos de contato [lojas (e seus vendedores), lojas conceitos (*Flagship*, *PopUp Store...*) supermercados, sites, blogs, serviços telefônicos, eventos e serviços de atendimento ao cliente] são capazes de construir o posicionamento da marca, qual seja, seu mix de imagem. O *identity mix* somado ao *marketing mix* se materializa em ecos de contato que variam de acordo com as especificidades de cada contexto mercadológico. Podem ser mais próximos um ponto de venda específico, como ocorre com a ampla maioria dos produtos de massa, por exemplo, os supermercados, passando por contatos mediados pela tecnologia (telefone, site, blogs, etc.) ou ainda diretos, como ocorre nas lojas próprias, lojas conceitos, *flagships*, venda direta, etc. A força e a fragilidade de cada ponto de contato é variável e deve ser administrada de acordo com as especificidades inerentes aos processos de produção-oferta-uso ou consumo. No entanto, sempre que a interação não for direta, maior deverá ser a atenção dos gestores, uma vez que implica mediação, ou seja, um terceiro "elemento" de sentido que deverá estar integrado no contexto sígnico da marca que está ali representando. Essas interações podem ser visualizadas esquematicamente na figura 8.2 a seguir:

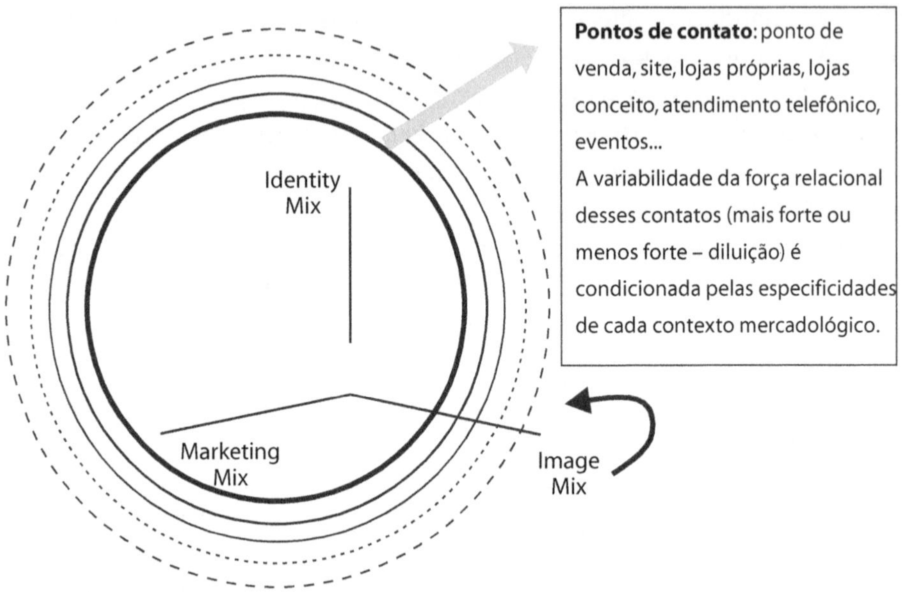

Figura 8.2.
A tríade marcaria (PEREZ, 2004; LENCASTRE, 2007) na interação com as diferentes possibilidades de contato com os públicos.

Em síntese, a comunicação dos serviços de atendimento ao consumidor (ou ao público) deve estar integrada nas diferentes expressões da marca decorrentes do encapsulamento do mix de identidade (nome, símbolo, slogan, *tagline*, mascote, *jingle*...) e do *marketing mix* (4Ps). Essa integração permitirá um discurso sígnico coerente e consistente por meio da sobreposição de expressões de valor para as pessoas (clientes, por exemplo), aumentando as possibilidades de construção e manutenção de vínculos de sentido, o que implicará maior valor para a marca.

8.5. Considerações Finais

Apesar dos avanços tecnológicos e do desenvolvimento de técnicas especializadas para o fluxo adequado das demandas comerciais para a satisfação do cliente, os resultados ainda atestam uma enorme falha: o mau atendimento (o que pode ser comprovado pelos números crescentes de atendimentos do PROCON, por exemplo). Certamente, este é um obstáculo para as empresas, pelo menos para aquelas que apostam na qualidade do que oferecem e na maneira como o fazem.

Outra constatação é o evidente despreparo para lidar com a variabilidade e a diversidade de demandas que podem surgir nos SACs. Esse despreparo pode ser observado por resultados de enquetes realizadas em *websites* que recebem e divulgam reclamações sobre atendimento. As estatísticas dão noções claras dos problemas e apenas reforçam o que, no íntimo, já é bem conhecido: a qualidade de atendimento dos SACs no Brasil ainda é precária, o que evidencia a perda de uma ótima oportunidade de comunicar os valores das marcas.

Estabelecer canais de comunicação interativa com os clientes é um passo importante para o desenvolvimento de um marketing de relacionamento eficaz, e o SAC poderá ser um deles. O SAC é um dos emblemas da via de ação dupla em que se transformou a relação com os clientes e públicos e geral. Há 30 ou 40 anos a comunicação era sempre unidirecional, das organizações (marcas) para as pessoas (seus públicos). O SAC trouxe a possibilidade de interação e, com isso, de aprendizagem. As informações do SAC, se bem gerenciadas, são uma excepcional fonte de pesquisa de hábitos, atitudes e valores das pessoas, e por isso, uma fonte privilegiadíssima de informação.

Com base no conhecimento dos consumidores, seus valores e do diálogo aberto, a empresa é capaz de desenvolver ações efetivas de acordo com as expectativas de seu público, atuando de forma a integrar suas ações no SAC às ações globais da marca, reforçando seu posicionamento.

Considerando que os consumidores estão cada vez mais abertos à interatividade e à participação, e são verdadeiros ativistas pós-modernos, as organizações e seus funcionários (suas extensões corpóreas) precisam inovar nas conexões de experiências com os clientes, integrando-as às estratégias da marca. Segundo Prahalad e Ramaswamy (2004, p. 142), este é, certamente, um grande desafio que deve acomodar a ampla variedade de vivências e experimentações nos pontos de contato em uma interação profícua com as pessoas.

Resumo

Na atualidade, mais do que em outros momentos, as empresas precisam estar atentas aos seus consumidores, uma vez que eles estão cada vez mais complexos e exigentes. O modelo de comportamento do consumidor baseado em etapas é decorrente do entendimento de que o consumo é um processo dinâmico de escolha, que pode ser entendido com uma série de passos que se iniciam com a consciência das expectativas (alguns autores identificam essa fase como reconhecimento da necessidade) e terminam com a avaliação pós-compra. Assim, o comportamento do consumidor se caracteriza como um processo que envolve diversos estágios, como a seleção, a compra, o uso do produto, ideias ou experiências para satisfazer necessidades e desejos, etc.

As necessidades dos clientes estão evoluindo, os mercados e a competição estão mudando rapidamente, trazendo novos paradigmas, e a liderança estratégica eficaz é vital para o sucesso de qualquer negócio. As empresas devem reconhecer que a compreensão das ameaças e das oportunidades decorrentes de tais desafios é um primeiro passo vital no desenvolvimento de estratégias minimamente sustentáveis. Assim, torna-se mandatória a ampliação dos pontos de contato com as pessoas, de modo a entender seus valores e transmitir o posicionamento da oferta de serviços da melhor maneira, em uma legítima expressão da troca: empresa-oferta-marca em interação com as pessoas.

Os Serviços de Atendimento ao Consumidor – SACs, nas suas distintas nomenclaturas, Serviços de Atenção ao Cliente, Serviços de Atendimento ao Público (particularmente mais adequada), etc., e veículos (telefone, correio, internet, sms, presencial) constituem-se em mais um ponto de contato dos clientes com a marca, e é dessa maneira que os gestores devem entendê-los e geri-los.

As marcas se expressam pelo nome que têm, pelo(s) símbolo(s) vinculado(s), *slogan*, mascotes, cores, eventualmente embalagens, *jingles*, personalidades, sons distintos, etc. A reiteração e a sobreposição dessas expressões nos diferentes veículos e *meeting points*, em consonância com a oferta material e intangível (serviços), também chamada de *marketing mix* (serviço, produto, preço, ponto de venda, promoção), resultam no posicionamento da marca. Em síntese, a comunicação dos serviços de atendimento ao consumidor (ou ao público) deve estar integrada nas diferentes expressões da marca decorrentes do encapsulamento do *mix* de identidade (nome, símbolo, slogan, *tagline*, mascote, *jingle*) e do *marketing mix* (4Ps), de modo a garantir um posicionamento coerente.

Questões

1. Por que os profissionais de marketing de serviços devem se preocupar com novos formatos de comunicação?
2. As empresas precisam ser ágeis na comunicação com a sociedade, com consumidores de seus produtos? Por quê?
3. Quais são as principais características dos serviços de atendimento ao cliente/público? Explique.
4. Cultura, classe social, grupos de referência e famílias poderiam influenciar no processo de relacionamento com o cliente?
5. Quais são as tensões enfrentadas pelos atendentes de SAC e como resolvê-las?

Texto para Análise e Discussão: Intermediários de Negócios (Brokers) – Mercado Livre

As operações do Mercado Livre se iniciaram na Argentina, em agosto de 1999, e posteriormente se estenderam para outros países. A tabela a seguir mostra o calendário de lançamentos do Mercado Livre em cada país:

1	Argentina	Agosto 1999
2	Brasil	Outubro 1999
3	México	Novembro 1999
4	Uruguay	Dezembro 1999
5	Colômbia	Fevereiro 2000
6	Venezuela	Março 2000
7	Chile	Março 2000
8	Equador	Dezembro 2000

9	Perú	Dezembro 2004
10	Costa Rica	Novembro 2006
11	República Dominicana	Dezembro 2006
12	Panamá	Dezembro 2006
13	Portugal	Março 2010

Fonte: www.mercadolivre.com.br

O MercadoLivre.com conta com mais de **52,9 milhões de usuários registrados confirmados** (em 31.12.2010) nos 13 países onde tem operações. Está entre os 10 maiores sites de e-commerce do mundo e, no Brasil, figura entre 10 sites mais visitados, segundo métricas fornecidas pela com Score Networks.

A **quantidade de produtos vendidos** por meio do MercadoLivre.com foi de **39,2 milhões** em 2010, o que totalizou um volume de **US$ 3,4 bilhões** no ano. As categorias mais populares são Informática e Eletrônicos. Cerca de 80% das transações realizadas pelo Mercado Livre são de produtos novos, 90% são realizadas a preço fixo e 90% dos anúncios contam com mais de uma unidade. Essa informação não inclui as transações realizadas nas categorias Imóveis, Serviços e Veículos.

O Mercado Livre é um portal de negócios que atua como canal de compra e vendas para pessoas físicas e pessoas jurídicas e, como vimos, opera em mais de oito países da América Latina, presta serviço para compradores e vendedores simultaneamente, facilitando o relacionamento e concretização do negócio.

Os vendedores podem escolher qual forma de negociar, leilão ou preço fixo, têm a possibilidade de incluir fotos, vídeos, comentários, e ainda promover seu produto. Os usuários interagem em um espaço reservado para perguntas e respostas, fóruns de discussões, verificam reputação, qualificam vendedores e compradores.

O programa Mercado Sócios tem mais de 100.000 (cem mil) sites afiliados em toda a América Latina e é uma fonte de receita alternativa para os webmasters, desenvolvedores e autores de sites e blogs.

Referência

www.mercadolivre.com.br

www.ebay.com

Questões

1. Analise o modelo de negócios, os produtos e serviços oferecidos, e o programa Mercado Sócios do portal de negócios Mercado Livre. Elabore um plano de relacionamento para seus usuários.
2. Como ocorre o processo de comunicação neste exemplo?
3. Identifique o mix de imagem e o mix de marketing no serviço apresentado.

Referências Bibliográficas

BATESON, John E. G. & HOFFMAN, Douglas. *Marketing de Serviços*. 4. ed. Porto Alegre: Bookman, 2001.

CAVALCANTI, Marcos; GOMES, Elizabeth; PEREIRA, André. *Gestão de empresas na sociedade do conhecimento: um roteiro para a ação*. Rio de Janeiro: Campus, 2001.

CORRÊA, Marcelo. In: SILVA, Ricardo Vidigal da; NEVES, Ana (orgs.). *Gestão de empresas na era do conhecimento*. São Paulo: Serinews, 2004.

DE MASI, Domenico. *O ócio criativo*. 5. ed., Rio de Janeiro: Sextante, 2000.

DI NALLO, Egéria. *Meeting points*: soluções de marketing para uma sociedade complexa. São Paulo: Cobra, 1999.

DIAS, Sergio R. *Marketing*: estratégias e valor. São Paulo: Saraiva, 2006.

FERREIRA, Mario César. Serviço de Atendimento ao Público. O que é. Como analisá-lo. Esboço de uma abordagem teórico-metodológica em ergonomia. In: *Revista Multitemas*, n. 16, maio de 2000, Campo Grande: UCDB, p. 128-144.

GIGLIO, M. Ernesto. *O comportamento do consumidor*. São Paulo: Thomson Learning, 2002.

KOTLER, Philip & KELLER, Kevin Lane. *Administração de marketing*. 12. ed. São Paulo: Pearson, 2006.

LAS CASAS, Alexandre. *Marketing*. São Paulo: Atlas, 2004.

LENCASTRE, Paulo (coord.). *O livro da marca*. Lisboa: DomQuixote, 2007.

LOVELOCK, Christopher & WIRTZ, Jochen. *Marketing de serviços*. 5. Ed. São Paulo: Pearson, 2006.

PEPPERS, Don; ROGERS, Martha. *CRM series – marketing 1 to 1*: Aumentando o valor de seus clientes com CRM. São Paulo: Peppers and Rogers Group do Brasil, 2004.

PEREZ, Clotilde. *Signos da Marca. Expressividade e sensorialidade*. São Paulo: Thomson Learning, 2004.

________. *Universo sígnico do consumo: o sentido das marcas. Tese* de livre-docência defendida junto à ECA – USP. São Paulo: USP, 2007.

PETERS, Tom. *Reimagine! Excelência nos negócios numa era de desordem*. São Paulo: Futura, 2006.

PRAHALAD, C. K. *A riqueza na base da pirâmide*. Porto Alegre: Bookman, 2005.

SENGE, Peter M. *A quinta disciplina*: arte e prática da organização que aprende. São Paulo: Best Seller, 1998.

Documento: Código de Proteção e Defesa do Consumidor. Lei n. 8.070 de 11 de setembro de1990. PROCON/DF, 2. edição.

Anexo 1

Lei 8.078 de 11 de setembro de 1990 e Decreto 6.523 de 31 de julho de 2008 – SAC

Decreto n. 6.523, de 31 de julho de 2008

Regulamenta a Lei n. 8.078, de 11 de setembro de 1990, para fixar normas gerais sobre o Serviço de Atendimento ao Consumidor – SAC.

O Presidente da República, no uso da atribuição que lhe confere o art. 84, inciso IV, da Constituição, e tendo em vista o disposto na Lei n. 8.078, de 11 de setembro de 1990,

Decreta:

Art. 1º Este Decreto regulamenta a Lei n. 8.078, de 11 de setembro de 1990, e fixa normas gerais sobre o Serviço de Atendimento ao Consumidor – SAC por telefone, no âmbito dos fornecedores de serviços regulados pelo Poder Público federal, com vistas à observância dos direitos básicos do consumidor de obter informação adequada e clara sobre os serviços que contratar e de manter-se protegido contra práticas abusivas ou ilegais impostas no fornecimento desses serviços.

obs.dji.grau.1: Código de Defesa do Consumidor - CDC - L-008.078-1990.

Capítulo I

Do Âmbito da Aplicação

Art. 2º Para os fins deste Decreto, compreende-se por SAC o serviço de atendimento telefônico das prestadoras de serviços regulados que tenham como finalidade resolver as demandas dos consumidores sobre informação, dúvida, reclamação, suspensão ou cancelamento de contratos e de serviços.

Parágrafo único. Excluem-se do âmbito de aplicação deste Decreto a oferta e a contratação de produtos e serviços realizadas por telefone.

Capítulo II

Da Acessibilidade do Serviço

Art. 3º As ligações para o SAC serão gratuitas e o atendimento das solicitações e demandas previsto neste Decreto não deverá resultar em qualquer ônus para o consumidor.

Art. 4º O SAC garantirá ao consumidor, no primeiro menu eletrônico, as opções de contato com o atendente, de reclamação e de cancelamento de contratos e serviços.

§ 1º A opção de contatar o atendimento pessoal constará de todas as subdivisões do menu eletrônico.

§ 2º O consumidor não terá a sua ligação finalizada pelo fornecedor antes da conclusão do atendimento.

§ 3º O acesso inicial ao atendente não será condicionado ao prévio fornecimento de dados pelo consumidor.

§ 4º Regulamentação específica tratará do tempo máximo necessário para o contato direto com o atendente, quando essa opção for selecionada.

Art. 5º O SAC estará disponível, ininterruptamente, durante vinte e quatro horas por dia e sete dias por semana, ressalvado o disposto em normas específicas.

Art. 6º O acesso das pessoas com deficiência auditiva ou de fala será garantido pelo SAC, em caráter preferencial, facultado à empresa atribuir número telefônico específico para este fim.

Art. 7º O número do SAC constará de forma clara e objetiva em todos os documentos e materiais impressos entregues ao consumidor no momento da contratação do serviço e durante o seu fornecimento, bem como na página eletrônica da empresa na internet.

Capítulo 9

Filas e Reclamações

9.1. Introdução

Na vida cotidiana, se presenciam diferentes situações em que se tem de esperar e fazer filas para conseguir um serviço. No caso das filas ou uma linha de espera, na maioria das vezes essas situações são incômodas e incluem perda de tempo. Ainda assim, elas acontecem em múltiplas situações reais onde se deve encontrar um equilíbrio custo/benefício para elas.

"As situações onde se presenciam filas são quando algum item precisa de algum serviço para ser processado. Em outras palavras, uma fila ocorre quando pessoas, pacientes, peças, máquinas, pedidos, pagamentos entre outras muitas coisas passam por 'estações de serviço' para ser atendidas, reparadas, examinadas ou respondidas." (CORDOBA, 2002, p. 2)

Os sistemas de filas podem ser resumidos da seguinte maneira: clientes chegando, clientes esperando (se não são atendidos de forma imediata) e clientes saindo do sistema depois de ser atendidos (MOSKOWITZ & WRIT, 1991). Devido a perdas de tempo causadas por esperar em uma fila, estudos científicos com rigor matemático são feitos para descrever suas características e dar noções para uma boa tomada de decisões. Essa problemática é de muita importância também para atingir excelência no atendimento de serviços. Quanto menos tempo os clientes permanecerem na fila de espera, melhor será sua satisfação.

9.2. Situações em que se Presenciam Filas (Linhas de Espera)

As filas são linhas de espera e acontecem em múltiplas situações. A seguir se descreve cada uma delas.

9.2.1. Comércio

O comércio é a atividade de intercâmbio de materiais livres no mercado de compra e venda de bens ou serviços. Supermercados, mercados municipais ou lojas são os lugares dentro do comércio em que as filas acontecem. Observa-se que as filas nesses lugares são de clientes desejando pagar por seus produtos. Os caixas, ou POS (por sua sigla em inglês *Point of Sale*), servem a esses clientes na medida em que vão chegando. Esse tipo de norma de atendimento é conhecido como PEPS (FCFS – *first call first service*, em inglês), primeiros a entrar, primeiros a servir (HILLIER & LIEBERMAN, 1997). Para facilitar os atendimentos, na atualidade existem códigos de barras que identificam com facilidade os artigos e seus preços. Em outro tipo de intercâmbio de bens que usa a teoria de filas, são os caminhões que descarregam os produtos quando entregam para um cliente. Os tempos de espera para distribuir produtos são muito importantes dentro da indústria e representam custos de logística (CORDOBA, 2002).

9.2.2. Serviços financeiros

Os serviços financeiros são de muita importância e compreendem os bancos, instituições financeiras, companhias de seguros, administradoras de fundos monetários e o mercado de valores. Um exemplo clássico que produz muito desconforto para os clientes são as filas de atendimento dentro dos bancos, frente a um caixa eletrônico ou em um mecanismo de consulta. Algumas novas tecnologias auxiliam os clientes, como o atendimento via telefone, caixas eletrônicos ou internet *banking* (HORNENGREN, 2000).

9.2.3. Instituições de serviços de saúde

As intuições de serviços de saúde são os hospitais, clínicas, postos de saúde e consultórios médicos. Neste caso, os clientes são os pacientes que devem esperar para ser atendidos (CORDOBA, 2002). As filas relacionadas com saúde são de muita importância devido à urgência e ao perigo contra a saúde que pode causar a espera de um serviço. Os hospitais priorizam seus pacientes na maioria de seus setores (salas de operações, salas de emergência, pronto-socorro, etc.). No caso dos laboratórios clínicos, estes têm muitas filas de espera, que vão desde a espera para fazer um exame até a entrega final do resultado de análise (BOSE 2002).

9.2.4. Indústria

Dentro da indústria, as filas existem no processo de produção de produtos. Os objetivos da engenharia de produção é ter balanços perfeitos na linha de produção, minimizando os tempos e as filas de produto em processo. Ainda assim, em geral, sempre há alguma etapa do processo em que a fila é mais longa e o tempo de processamento mais prolongado. Esta estação é chamada "recurso restritivo", ou "gargalo do sistema" de uma linha de produção, o qual se caracteriza pela lentidão no processo de produção. Outras situações dentro de fábricas de produção em que filas acontecem são: máquinas esperando por reparos, carga e descarga de matérias ou produtos, pedidos de clientes, etc. (CORDOBA, 2002).

9.2.5. Processos administrativos

Os processos administrativos estão presentes na maioria das organizações e eles apresentam fenômenos de espera. Quando olhamos a área de finanças, por exemplo, temos as contas por pagar e as contas por receber. Na atualidade, a tecnologia tem ajudado muito para facilitar essas filas e atendimento de documentação. Os ERP (*Enterprise Resource Planning*, em inglês) são sistemas operativos que funcionam para planejar os recursos empresariais, trazendo tempos de serviço mais rápidos e melhorando o processamento de funções operativas (HORNENGREN, 2000).

9.3. Estrutura Geral dos Sistemas de Filas

Um sistema de filas é dividido em dois subsistemas: o subsistema de chegadas, que tem uma ou mais fontes potencias de clientes, e os subsistemas de serviços, que são compostos pela linha de espera de clientes e pelas estações de serviços (MOSKOWITZ & WRIT, 1991). Clientes em filas podem ser como uma pessoa, artigo, peça, equipe, documento, transação, etc.

9.3.1. Subsistemas de chegadas

O subsistema de chegadas tem uma população com um mecanismo para liberar clientes no tempo seguindo uma taxa de chegadas. Os clientes chegam normalmente e solicitam serviços com tempos diferentes entre um e outro, seguindo um comportamento aleatório. Esse comportamento aleatório se pode expressar numericamente usando uma distribuição de probabilidade de chegadas *Poisson*. Em estatística, uma distribuição de *Poisson* expressa, em termos matemáticos de probabilidade, quando uma série de eventos ocorre em certo período de tempo, sendo o atual evento independente de quando ocorreu o evento anterior (BUSSAB & MORRETIN, 2002).

As unidades utilizadas no subsistema de chegadas são as seguintes:

- Poisson: É o número médio de chegadas por unidade de tempo. Por exemplo, chegam λ =12 clientes / hora.
- Exponencial: Tempo médio entre chegadas. Por exemplo, suponhamos que sejam atendidos 12 clientes por hora. Isso matematicamente é $1/\lambda$, que é 60 minutos/12 clientes, que são 5 minutos.

A população, por seu lado, pode ser de tamanho ilimitado (infinito), como os clientes de um supermercado, ou limitado (finito), como as equipes dentro de uma planta de produção (MOSKOWITZ & WRIT, 1991).

9.3.2. Subsistemas de serviços

Esses subsistemas têm os seguintes elementos:

- Estações de serviços que podem funcionar de forma independente (em paralelo) ou em série, isto é, um cliente vai de uma estação à seguinte em sequência para sair do sistema;

- Disciplina da fila e a forma como os clientes ocupam um espaço na fila. Normalmente funciona da forma FCFS, quem é o primeiro a chegar é o primeiro a ser servido. Ainda assim, existem prioridades de serviços para atender clientes como nas emergências de um hospital;
- Capacidade da fila pode ser vista como limitada ou ilimitada. No caso da fila limitada, um cliente que vê o sistema cheio pode não solicitar o serviço;
- Taxa de serviço e tempo de serviço tenderão a um comportamento aleatório e se expressa em cifras médias Poisson ou Exponencial. Em termos de unidades, temos o seguinte exemplo: atende-se um cliente a cada 6 minutos, então serão atendidos 10 clientes por hora (60min/6min por cliente = 10 clientes atendidos).
- Em unidades Poisson isso significa: número médio de serviços que presta a estação de serviço μ =10 serviços/hora.
- Em unidades exponenciais: tempo médio do serviço

[1] $$1/\mu = \frac{1}{(10\ serviços/hora)} \times \frac{60\min}{1hora} = 6\min/serviço$$

9.3.3. Aspectos controláveis da fila

Nem todos os aspectos são controláveis dentro de um sistema de filas, já que estes podem depender de fatores externos ou dos concorrentes. Ainda assim, existem elementos possíveis de controlar de forma total ou parcial (MOSKOWITZ & WRIT, 1991). Estes aspectos são:

- Número de estações de serviço: isto significa, por exemplo, quantos servidores, caixas eletrônicos, médicos na unidade de pronto-socorro, entre muitas outras coisas, estão à disposição para servir um cliente.
- Taxas de chegada: isto pode ser controlado liberando os clientes que solicitam um serviço. Por exemplo, dia e horários de entrega de documentos para algum processamento para controlar quantos serviços tem de ser atendidos.

- Tempo de serviços: as organizações podem controlar de forma total ou parcial o tempo que demoram atendendo um cliente. Por exemplo, em uma linha de produção, uma máquina pode ter um tempo muito exato para o processamento de um produto.
- Capacidade do sistema em ter clientes em espera: exemplifica-se com a agenda de um médico. Por dia, ele, em seu consultório, pode atender 10 pacientes para ter sua agenda cheia. Esta seria sua capacidade em ter clientes em sua fila de espera. No caso dos pacientes, se há muita demora, estes podem desistir e procurar outro médico.
- Disciplina da fila e controle de prioridades: a maioria das filas tem um comportamento FCFS (PEPS, primeiro a entrar, primeiro a sair), mas existem outros tipos de disciplina da fila que uma organização pode utilizar, como o LCFS (*Last Come, First Served*), último a chegar, primeiro a ser atendido, ou onde os clientes com maior prioridade têm preferência no atendimento, como é o caso de pronto-socorro em um hospital (HORNENGREN, 2000).

9.4. Custos nos Sistemas de Filas

A maioria das pessoas acredita que se pode evitar as filas e o tempo de espera dos clientes tendo uma maior quantidade de estações de serviço comparadas com a quantidade de clientes que chegam a requerer o serviço. Ainda assim, essa situação em que as estações de serviço são em maior quantidade do que o número de clientes não é a ideal, porque o custo de um sistema assim é elevado. O problema então está em obter um equilíbrio e minimizar os custos de serviço e de espera do sistema. Os modelos de filas dão uma guia para tomar decisões acertadas e obter uma resposta "ótima". Para isto, normalmente se deve fazer uma tabulação das alternativas. De maneira geral, para reduzir os custos de serviços se baixa o nível de serviço, e para reduzir o tempo de espera, há que se ter uma alta capacidade de serviço (CORDOBA, 2002).

9.4.1. Custos de serviços

O cálculo dos custos de serviços é relativamente fácil. Geralmente são custos fixos por estação do servidor. Por exemplo, o custo de compra e instalação de caixas eletrônicos, contratação de funcionários que atendam em um banco, etc.

9.4.2. Custos de espera

Esses custos são difíceis de calcular, já que representam "custos de oportunidade". Não significa que se pague dinheiro para que os clientes esperem dentro de uma fila, ao contrário, o tempo de espera pode deixar os clientes insatisfeitos, trazendo um típico custo de oportunidade: cliente perdido é uma venda perdida. Esse custo é muito difícil de medir, já que não sabemos quanto custa a impaciência de um cliente ou a partir de que momento um cliente considera a espera intolerável. Outro caso de custo de espera é ter um recurso parado esperando um serviço. Por exemplo, um avião em manutenção deixa de transportar clientes por estar parado.

9.4.3. Níveis de serviço

O nível de serviço combina o tempo investido em cada estação com o número de servidores. Para melhorar o nível de serviço, se pode fazer as seguintes melhorias:

- Diminuir o tempo médio de cada estação usando equipes e tecnologias (códigos de barras, sistemas análises de informação, etc.);
- Aumentar o número de estações ou servidores;
- Uma combinação de melhores métodos de atendimento e mais servidores;
- Diminuir a variabilidade das chegadas dos clientes;
- Diminuir a variabilidade dos tempos de serviços.

9.4.4. *Expressões matemáticas dos custos*

De maneira matemática, podemos encontrar uma forma de expressar como minimizar os custos de uma fila. Para isto, se fará a seguinte análise:

[2] E(CS) = Custo esperado do serviço

[3] E(CW) = Custo da espera

[4] E(CT) = Custo esperado total = E(CS) + E(CW)

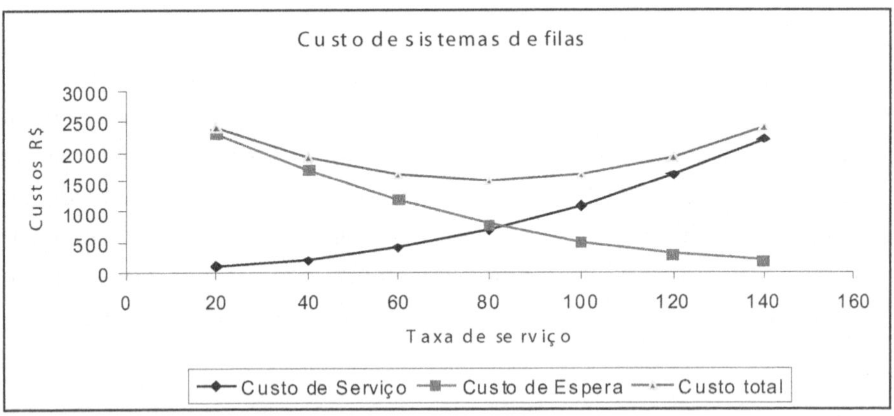

Gráfico 9.1
Custo de sistema de filas. Fonte: As Autoras, 2010.

Conforme o gráfico 1, o ponto de equilíbrio entre os custos de serviço e os custos de espera é uma taxa de serviço perto de 80 e um custo de R$ 1.800. Assim como em economia, esse tipo de análise pode ter muitas variáveis que podem alterar o gráfico, mas ainda assim a interpretação do gráfico nos dá uma ideia geral de onde encontrar equilíbrio entre os dois custos.

9.5. Modelos das Filas: Soluções para Problema de Filas

Existem muitas situações de fenômenos de linhas de espera que se pode analisar com ferramentas matemáticas e estatísticas devido a suas características em comum. Os modelos de filas não trazem uma solução para esses problemas. Eles só determinam as características essenciais para os sistemas e, a partir disso, os gestores podem tomar decisões acertadas sobre o que é o mais conveniente para sua organização.

Neste capítulo, se dará uma explicação breve do modelo de uma só fila e uma estação de serviço. Esta é a mais comum e a mais simples em termos matemáticos. Os cálculos exigidos pelos outros modelos podem ser complexos, exigindo *softwares* específicos. Os tipos de modelos existentes são:

- Modelos de uma só fila e uma estação de serviço: as chegadas e os serviços seguem uma distribuição de Poisson, e os tempos entre chegadas e o tempo entre serviços, uma distribuição Exponencial, em que a fonte de clientes é ilimitada. Por exemplo, uma loja que tem um caixa e uma única fila para os pagamentos (CORDOBA, 2002).
- Modelos de uma só fila e várias estações de serviço (multicanal): com características similares ao modelo de uma só fila e uma estação de serviço, este modelo tem várias estações de serviço idênticas para fazer um atendimento. Neste caso, seria uma loja que têm dois ou mais caixas e uma única fila onde os clientes esperam para fazer os pagamentos (CORDOBA, 2002).
- Modelos de fila finita: este modelo tem um sistema (fila mais estação de serviço) com capacidade de albergar uma quantidade de clientes finita. Por exemplo, um médico (que seria o servidor) pode atender uma quantidade limitada de pacientes em um dia (CORDOBA, 2002).
- Modelos de povoação finita: a característica deste modelo é que se tem uma fila só e uma ou mais estações de serviço que têm um comportamento segundo uma distribuição Poisson e um tempo de serviço exponencial. Este modelo normalmente é utilizado no atendimento e reparação de maquinaria devido ao fato de que a povoação de maquinarias no geral é finita (CORDOBA, 2002).

- Modelos com tempos de serviço Erlang: os modelos anteriores assumem que os tempos seguem uma distribuição de probabilidade exponencial. Neste caso, os tempos de serviço Erlang são os modelos utilizados para a administração do tráfego das complexas redes telefônicas (BROKEMEYER, 1948).
- Modelos com prioridades sem interrupção: este é um caso típico presente em serviços de urgência de hospitais. Os pacientes são priorizados dependendo da gravidade da situação. Também, algumas empresas usam estes modelos para reparação urgente de maquinaria ou para atendimento prioritário de um serviço (CORDOBA, 2002).
- Modelos de autosserviço: este modelo ocorre quando o próprio cliente atende a si mesmo. É o caso de restaurantes chamados "self-service". O objetivo é que o cliente sirva-se sem enfrentar filas (CORDOBA, 2002).

9.5.1. Modelos de uma só fila e uma estação de serviço (em uma população infinita)

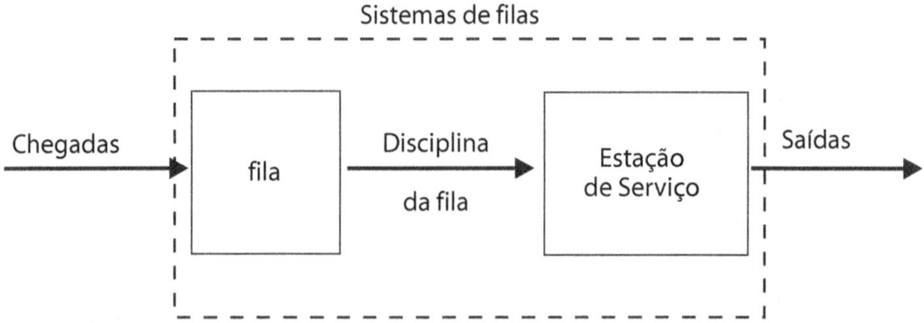

Diagrama 9.1
Modelo de uma só fila e uma estação de serviço. Fonte: As Autoras, 2010.

Matematicamente é o modelo mais simples, conforme mencionado. Será usado um caso como exemplo para facilitar o seu entendimento.

Uma fazenda produtora de laranjas passa por situações de transporte de seus produtos. Vamos supor que eles precisem entregar para seu centro de distribuição na cidade dez caminhões de laranjas. O centro de distribuição pode dar atendimento a oito veículos por hora, seguindo aproximadamente uma distribuição de Poisson (as chegadas são independentes umas das outras).

O tempo de descarga dos veículos tem uma distribuição exponencial com média de cinco minutos por caminhão. Inicialmente deseja-se saber quantos veículos devem esperar e quais seus tempos médios de espera.

As chegadas, neste modelo, têm uma distribuição de Poisson λ, e o tempo de chegadas tem distribuição Exponencial 1/ λ. Os serviços se prestam com uma distribuição de Poisson a uma taxa μ, e o tempo de serviço segue uma distribuição exponencial com média igual a 1/μ (como foi explicado nos itens 9.3.1 e 9.3.2).

Os caminhões são atendidos de forma FCFS, e o número de clientes "n" é igual ao número de clientes na fila mais o cliente que está na estação de serviço. Com isto, tem-se as seguintes fórmulas matemáticas e os seguintes cálculos:

- A taxa de chegada λ = 8 caminhões/hora (quantidade de caminhões que o centro de distribuição recebe por hora).
- A taxa de serviço μ= (60 minutos/5 minutos) = 12 caminhões/hora (quantidade de caminhões que o centro de distribuição pode dar descarga por hora).
- Probabilidade do sistema vazio sem clientes (nenhum caminhão disponível para descarga).

[5] $$P_0 = 1 - \frac{\lambda}{\mu} = 1 - \frac{8}{12} = 33,34\%$$

- Probabilidade de "n" clientes no sistema: neste caso, queremos saber, por exemplo, qual é a probabilidade de que 3 caminhões (n = 3) estejam no sistema (fila de espera e fila de serviço):

[6] $$P_n = \left(\frac{\lambda}{\mu}\right)^n \left(1 - \frac{\lambda}{\mu}\right) = \left(\frac{8}{12}\right)^3 \left(1 - \frac{8}{12}\right) = 0,0987 = 9,87\%$$

- Número de clientes esperando na fila: neste caso, isto significa quantos caminhões estão esperando na fila quando outro caminhão está no serviço de descarga:

[7] $$Lq = \frac{\lambda^2}{\mu(\mu - \lambda)} = \frac{8^2}{12(12-8)} = 1,334$$

- Número de clientes esperando no sistema: isto é, a quantidade de caminhões esperando no sistema. O sistema é a fila de espera e o serviço de descarga:

[8] $$Ls = \frac{\lambda}{(\mu - \lambda)} = \frac{8}{(12-8)} = 2$$

Tempo médio na fila ou tempo médio que o caminhão fica na fila de espera:

[9] $$Wq = \frac{\lambda}{\mu(\mu - \lambda)} = \frac{8}{12(12-8)} = \frac{8}{48} = 0,166 \ horas = 10 \min$$

Tempo médio no sistema ou quanto tempo fica na fila de espera mais o tempo de descarga.

[10] $$W = \frac{1}{(\mu - \lambda)} = \frac{1}{(12-8)} = 0,25 \ horas = 15 \min$$

Com a análise destes dados é possível verificar o tempo que está sendo gasto nas filas e melhorar o desempenho para reduzi-lo. Por exemplo, se a empresas identifica que há possibilidade de dinamizar certas etapas do processo, deve procurar atingir esses objetivos. Geralmente a empresa estipula qual o tempo médio que os clientes podem e devem esperar em filas para o atendimento e procuram organizar-se para cumprir com o tempo programado. As empresas que objetivam prestar serviços com excelência devem monitorar seu sistema de atendimento para aperfeiçoá-

-lo. A redução do tempo gasto na fila de espera, quando este for o caso, proporciona satisfação. Mesmo que seja feito um esforço no sentindo de reduzir o tempo, os prestadores de serviços devem estar igualmente preparados para lidar com as reclamações.

9.6. Reclamações

9.6.1. Fundamentos da reclamação

A priori, enxergamos a reclamação como a insatisfação a algo, quando os resultados não igualam as expectativas. Essas expectativas são criadas por uma série de fatores, entre eles a comunicação da empresa, os comentários de amigos e pessoas de um grupo social, as promessas implícitas e explícitas na transação comercial, entre outras.

Para que esse relacionamento mantenha-se ao longo do tempo, é preciso entender a necessidade da existência de qualidade e satisfação permanente dos clientes. O foco na qualidade, do ponto de vista do cliente, e sua satisfação são fundamentais para o sucesso do processo de compra (LOVELOCK; WIGHT, 2001).

As filas citadas anteriormente podem gerar ao processo gargalos antes não existentes, fazendo com que os clientes reajam demonstrando insatisfação, tendências a atitudes em relação ao produto ou serviço e também à avaliação.

Essa reação, a insatisfação, pode gerar três pontos:

1. Diretamente ao fornecedor do produto e/ ou serviço.
2. O boca a boca, passando para terceiros sua experiência em relação a determinando produto ou serviço;
3. Partindo para procedimentos legais, as vias de fato, onde o fornecedor daquele produto e/ou serviço terá de responder legalmente pelo não atendimento antes prometido ao cliente.

Em suma, a insatisfação do cliente parte da experiência do mesmo ou de terceiros em relação ao recebimento dos bens ou serviços, pois muitas vezes o que é desejado não condiz com o que é recebido ou oferecido ao cliente. Por essa razão, as organizações primam pela qualidade nos bens e/ou serviços oferecidos, consequentemente se segregam para a sobrevivência delas, optam por se adequar a padrões ao uso.

Um dos pontos de inovação sobre satisfação do cliente é o estabelecimento, por meio da ISO 9000:2000, o requisito de medir e monitorar a satisfação do cliente, e posteriormente utilizar-se dessas informações para melhoramento contínuo, fazendo com que a organização continue competitiva, atendendo às necessidades que constantemente estão em mutação.

As reclamações são informações revelantes do que precisa ser melhorado, buscando, assim, realizar ações corretivas, com o foco da análise em identificar problemas recorrentes ou que podem ter potencial para declínio da organização. Sem uma boa análise das reclamações, a empresa pode estar perdendo clientes sem ao menos identificar onde está a deficiência. As reclamações são informações da insatisfação do cliente com o produto ou com o serviço, e sempre devem ser vistas como uma crítica para a melhoria. As ações corretivas influenciam positivamente nas intenções, atitudes e comportamento de consumo.

Os clientes com uma insatisfação durante ou depois do uso do produto ou serviço podem ser separados em três grupos. O primeiro é de clientes ou consumidores que têm alguma insatisfação, mas não fazem nenhuma manifestação de seu desconforto. Com este grupo, é difícil o problema do que possa estar errado. Outro grupo é de consumidores que mudam para outro fornecedor esperando evitar deficiências futuras. A empresa que perdeu o cliente vai identificar isto na perda de seu market share sem identificar com exatidão qual foi o motivo da insatisfação. Por último, existem os que formalizam a informação da reclamação, com isso sendo mensurado e tendo dados para realizar ações corretivas.

As reclamações são transmitidas, armazenadas e processadas, gerando parâmetros para tomada de decisão, sendo uma solução da insatisfação do cliente e para sobrevivência da organização. Estas informações são fator primordial para ponte do que se é exigido ou esperado.

Podemos notar que toda a lógica deste capítulo é a preocupação em atender o cliente, buscando a viabilidade do negócio, assim como o marketing, qualidade, administração em serviços e operações

Como ponto para nosso trabalho, podemos citar também o marketing de relacionamento, orientado para ações que a empresa e os funcionários fazem como programas de fidelização, que buscam a permanência do cliente na utilização dos produtos ou serviços.

9.6.2. Composto de marketing: relevante para as reclamações

É relevante assinalar os 4Ps para estudo da reclamação, por serem considerados por meio do composto de marketing.

9.6.2.1. Produto

"Produto é algo que pode ser oferecido a um mercado para satisfazer uma necessidade ou desejo" (KOTLER, 2000, p. 416). Podem ser tangíveis (físicos, podem ser tocados) e intangíveis (são os serviços, não podem ser tocados) para organizações e para consumidores.

Aqui não se inclui somente o produto em si, nem só bens ou serviços, mas também marcas, embalagens, serviços aos clientes e outras características.

Ligando com o termo *reclamações*, um exemplo claro é um produto que não está na prateleira, ou mesmo um que quebre no primeiro uso (não conformidade), manual de instruções de difícil entendimento, sendo assim geradora de insatisfação, influenciando no fator experiência de consumo.

9.6.2.2. Preço

É o valor monetário de um produto ou serviço que a empresa pede ao consumidor, assim viabilizando-o para sobrevivência e atendimento, tanto para a organização quanto para o cliente. O chamado custo-benefício.

Quantos de nós pagamos por serviços ou produtos e depois nos arrependemos por visualizar que eles não nos atendem, e seu custo acabou sendo maior que os benefícios oferecidos? Como consequência dessa insatisfação, temos a reclamação debatida neste tópico.

Exemplo claro é um jantar em um dos melhores restaurante da cidade, em que pela fila de espera, ou mesmo pela refeição, não é como o esperado, é gerado mal-estar por sentir-se lesado e por ter consumido o tal, ser obrigado a pagar.

9.6.2.3. Praça (ponto de venda)

É o acesso ao produto ou serviço. Depois de produzidos, precisam chegar ao consumidor, fazendo a ligação unidade produtora e cliente final.

Onde se encontra determinada unidade geradora é de primordial importância, pois como atender inicialmente as necessidades se não se sabe onde se encontra determinado produto ou serviço?

Quando vamos a um posto de saúde à procura de determinado tipo de atendimento, e o mesmo não o possui, tem-se de buscar outro posto de atendimento, ficando irritado por ter de se deslocar, por não ter encontrado o tipo de serviço procurado, pela perda de tempo – tudo isso gera a reclamação.

9.6.2.4. Promoção

É a comunicação entre quem vende e quem compra, não somente entre dois pontos, mas uma cadeia como um todo, fornecedores, meios de comunicação para se adquirir o produto, satisfazendo as necessidades, e maximizar os lucros para a empresa.

As ferramentas da promoção são: propaganda, promoção de vendas, relações públicas e publicidade, força de venda e marketing direto.

O número de informações que recebemos sobre produtos que aparentemente não atendem nosso perfil, os quais compramos pelo excesso de propagandas que nos chegam, mas que depois posterior à aquisição há um arrependimento pela não necessidade ou não atende realmente o perfil.

9.7. Considerações Finais

O capítulo foca as filas e reclamações como ponto de discussão, se levarmos em conta a satisfação do cliente e a percepção no que diz respeito ao uso de produtos ou serviços.

No mundo globalizado, onde o nível de informação é mais massificado, consequência do aumento do grau de exigência. Esta exigência ultrapassa o papel real da necessidade e se instala nas expectativas.

O atendimento destas expectativas garante a permanência no mercado. As empresas devem prestar serviços e oferecer produtos da melhor qualidade possível a um preço competitivo. As filas e as reclamações são revelantes para a análise de atendimento como geração de resultados. Existem muitos casos onde a filas não podem ser evitadas em sua totalidade, mas as empresas devem evitar as insatisfações do cliente e consequentemente o surgimento das reclamações.

9.8. Aplicação Prática

Uma empresa de sucata vende seu produto como matéria-prima para a produção de aço em siderúrgicas. A empresa deve entregar nos pátios das usinas a sucata de forma regular para a produção contínua do aço. Sem uma logística adequada, usinas semi-integradas não terão seu insumo principal para a produção. A sucata é fundida em um processo para fazer tarugos de aço para logo serem laminados em produtos para a construção civil e a construção mecânica. Para este caso, a empresa de sucata precisa fazer a entrega de 10 caminhões. A usina, que tem uma programação específica para o recebimento da sucata, pode receber sete veículos por hora de forma aleatória (seguindo uma distribuição de Poisson).

O tempo de descarga dos veículos tem uma distribuição exponencial com média de 6 minutos por caminhão. Inicialmente se precisa saber quantos veículos devem esperar e seu tempo de espera. Desta maneira se quer ter o melhor serviço de entrega tendo maior custo/benefício. Para isso, se calcula que o custo de espera por hora é de R$ 50 (cinquenta) para cada. Deve-se fazer uma análise de sensibilidade para essa situação.

- A taxa de chegada $\lambda = 7$ caminhões/hora;
- A taxa de serviço $\mu = (60 \text{ minutos}/6 \text{ minutos}) = 10$ caminhões/hora;
- A Probabilidade sistema vazio = $P_0 = 1 - \frac{\lambda}{\mu} = 1 - \frac{8}{12} = 33,34\%$

- Numero de caminhões esperados na fila:

$$Lq = \frac{\lambda^2}{\mu(\mu-\lambda)} = \frac{8^2}{12(12-8)} = 1{,}334$$

- Numero de clientes esperados no sistema:

$$Ls = \frac{\lambda}{(\mu-\lambda)} = \frac{8}{(12-8)} = 2$$

- Tempo médio do caminhão na fila de espera:

$$Wq = \frac{\lambda}{\mu(\mu-\lambda)} = \frac{8}{12(12-8)} = \frac{8}{48} = 0{,}166\ horas = 10\min$$

- Tempo médio de caminhão no sistema:

$$W = \frac{1}{(\mu-\lambda)} = \frac{1}{(12-8)} = 0{,}25\ horas = 15\min$$

Se incluirmos os custos em nossa análise, devemos entender que o tempo médio de espera é de 14 minutos dentro da fila, mais 6 minutos no atendimento, que dão 20 minutos no sistema; se temos que o tempo de espera por caminhão dentro do sistema custa R$ 50 e temos três caminhões esperando, temos a seguinte análise:

$$E(CW) = 20\min x \frac{1hora}{60\min} x \frac{R\$50}{hora} x3caminhões = R\$\,50/caminhão$$

Como o serviço de entrega é de dez caminhões, tem-se, então, que o custo de espera desse serviço foi de R$ 50.

Resumo

As filas são situações incômodas que incluem clientes esperando em uma linha. O momento da espera causa expectativas, pois a lacuna entre o esperado e o desejado não se realiza ou demora, causa desconforto e, posteriormente, reclamações. Há múltiplas situações na vida real onde isso acontece. Por exemplo, no comércio, nos serviços financeiros, nas instituições de saúde, na indústria e nos processos administrativos de uma empresa. Os sistemas de filas são compostos por dois subsistemas: o subsistema de chegadas de clientes e os subsistemas de serviços. Com as reclamações, esses subsistemas auxiliam a avaliação de desempenho, para melhoria contínua com o propósito de diminuição de falhas. Cada um desses subsistemas tem suas características ou de chegada ou de atendimento com aspetos controláveis, como o número de estações de serviço, a taxa de chegada dos clientes, os tempos de serviço e o controle da prioridade de atendimento. Outra característica importante nos sistemas de filas são os custos que elas podem ter. Por exemplo, temos os custos fixos por estação de serviço, os custos de oportunidade que podem causar a perda de um cliente potencial, e os níveis de serviço que são os tempos investidos em cada estação com certo número de servidores disponíveis. Como em economia, deve-se ter um equilíbrio entre os custos de serviço e os custos de espera dos clientes para se ter o custo geral do sistema mais baixo possível. Na atualidade, existem modelos matemáticos que podem definir as características de um sistema de fila. Esses modelos ajudam os gestores a tomar decisões adequadas para resolver problemas relacionados às filas de espera. Existem vários modelos que podem descrever as características das filas e, assim, ajudar os gestores a tomar suas decisões. Neste capítulo, só um modelo, o de uma estação de serviço e uma única fila de espera, é abordado, devido ao fato de ser o mais comum e mais fácil de analisar, modelo esse, com o objetivo de ajustar a organização perante a prestação de serviços, valor de tempo no atendimento ao cliente.

Questões

1. Qual o comportamento de uma pessoa quando está em uma fila?
2. Mencione as situações em que se formam filas. O que as empresas devem fazer para reduzi-las?
3. Quais as origens da reclamação em uma empresa? Como se pode lidar com as reclamações dos clientes?
4. Quais custos estão relacionados à formação de filas? Discuta.
5. Quais as soluções para o problema das filas? Que modelos foram propostos no capítulo? Exemplifique.

Texto para Discussão e Análise – Como anda: espera em fila de banco ainda supera tempo determinado

A internet se tornou, no ano passado, o canal de atendimento bancário mais usado pelos brasileiros. Mas mesmo com tanta gente deixando de ir às agências, pagar uma conta ou fazer uma transação bancária na boca do caixa continua sendo muitas vezes um tormento, sendo que clientes chegam a passar mais de 40 minutos à espera de atendimento.

Desde o início deste ano, os grandes bancos brasileiros se comprometeram a reduzir o tempo de espera nas filas a até 20 minutos nos dias normais, e até 30 minutos em dias de pico, como dias de pagamento.

O compromisso dos bancos foi assumido junto à própria Federação dos Bancos Brasileiros (Febraban) em 2009. No ano passado, o tempo de espera era de até 30 minutos em dias normais e 40 em dias de pico. O compromisso previa a redução do tempo para 20 minutos em dias normais e 30 em dias de pico a partir de 2010.

Locais

Em muitas cidades, leis municipais determinam que esse tempo seja ainda menor. Em Porto Alegre, por exemplo, a espera máxima estabelecida em lei é de 15 minutos.

Os mesmos 15 minutos são o tempo determinado por lei municipal em Salvador. O descumprimento da lei levou inclusive, na última semana, à interdição de uma agência bancária na capital baiana.

Em São Paulo, a lei municipal de 2005 que limitava a 15 minutos o tempo de espera do cliente na fila do banco deixou de valer ainda em 2007, por decisão do Superior Tribunal de Justiça.

Teste

Em Brasília, onde o tempo máximo de espera estipulado em lei é de 20 minutos, a reportagem do **G1** pegou a fila para ver se a determinação está sendo cumprida. Foram feitas visitas às quatro maiores instituições financeiras do país, sendo dois bancos privados e dois públicos. Na maior parte dos casos, a fila não estava muito grande e o tempo de atendimento ficou abaixo do previsto. Em uma instituição financeira, porém, chegou a 40 minutos.

Fila em agência bancária do DF

A percepção dos clientes, entretanto, é de que o prazo nem sempre é cumprido. Segundo Edivaldo Santos da Conceição, cozinheiro de 26 anos, os bancos não estão cumprindo o prazo. "Tentei dar baixa em uns cheques hoje na hora do almoço e isso demorou mais de 40 minutos. Vou voltar atrasado para o serviço", disse ele.

Clarisse Maciel, administradora de empresas de 19 anos, concorda com esse ponto de vista. "Não estão cumprindo o prazo. Se estivessem, não tinha uma fila deste tamanho. Tinha que colocar mais caixas para atender mais rápido. Muita gente perde tempo nas filas", disse ela.

Vanderson Silva, militar de 20 anos, diz que os bancos não cumprem sempre o prazo. "Tem vezes que dá mais de 20 minutos, tem vezes que dá menos", afirmou ele.

"O que se tem observado é que tem havido descumprimento. O consumidor ainda continua esperando na fila, não existe mecanismo mais ágil pra que seja atendido dentro do tempo", diz Maria Inês Dolci, presidente da Proteste, entidade de defesa dos direitos do consumidor.

Segundo Maria Inês, os bancos não ampliaram o número de funcionários para atendimento: "houve redução de funcionários em função da automatização, mas a fila se mantém principalmente nos dias de maior pico, como dias de pagamento. Não adianta ter vários caixas [automáticos] se tem só um funcionário para direcionar pros caixas. As máquinas não respondem às perguntas necessárias", diz ela.

Febraban

Procurada pelo **G1**, a Febraban informou que duas pesquisas, realizadas em 2006 e 2009 em oito capitais, mostraram que o tempo de espera nas agências vem diminuindo.

"Para 100% dos clientes que realizaram algum tipo de transação no caixa das agências - a utilização do caixa era condição para que o consumidor fizesse parte da amostra -, o percentual que levou até 15 minutos para ser atendido aumentou de 55% em 2006 para 63% em 2009. E a participação do número de clientes que levou mais de 40 minutos para ser atendido diminuiu de 18% (2006) para 15% (2009)", diz a entidade em nota.

Fonte. Disponivel em < E:\Livro Serviços Atendimento\G1 - Como anda espera em fila de banco ainda supera tempo determinado - notícias em Economia e Negócios.mht>. Acesso em 13 junho 2011

Questões

1. Comente o texto em relação aos conceitos apresentados no capítulo.
2. Como os bancos podem melhorar o desempenho em relação à formação de filas?
3. Avalie a situação de uma empresa (de preferência alguma que tenha contato) que faça atendimento no ponto de venda. O que você observa quanto à formação de filas?

Referências Bibliográficas

BOSE S. J., Chapter 1 - An Introduction to Queueing Systems, Kluwer/Plenum Publishers, 2002.

CORDOBA, German. *Teoria de colas o líneas de espera.* Cali: Numero de línea 21. 2000.

HILLIER, F. S & LIEBERMAN, G. J. *Introdução a pesquisa de operações.* 6. ed. Mc Graw Hill, 1997.

HORNGREN, Charles T. *Contabilidade de custos.* 9. ed. Rio de Janeiro: LTC, 2000.

KOTLER, Philip & KELLER, Kevin L. *Administração de marketing*. São Paulo: Pearson Prentice Hall, 2006.

LOVELOCK, C. & WRIGHT, L. *Serviços*: marketing e gestão. São Paulo: Saraiva, 2001.

MOSKOWITZ, H. & WRIGHT, G. P. *Investigación de operaciones*. Prentice Hall Hispanoamericana S.A., 1991.

Capítulo 10

Avaliação dos Níveis de Satisfação dos Clientes

Atualmente vivemos na sociedade da informação, a qual exige das pessoas maior conhecimento sobre todas as coisas, pois se apresentam em uma velocidade surpreendente fatos e informações que acarretam uma série de comportamentos e atitudes de compra e de satisfação. Pessoas conectadas, empresas virtuais e exercícios de criatividade para vender e comprar são fatores comumente utilizados para compor os elementos nesse circuito tão dinâmico e interativo.

São inúmeras as vantagens que essa "Era" traz para empresas e consumidores, tais como mais facilidade para disponibilizar e divulgar produtos, obter conhecimento sobre as necessidades do público-alvo. Por outro lado, os consumidores também têm suas vantagens, como obter mais facilmente o objeto de suas satisfações, negociar preços e prazos de entrega, devolver produtos defeituosos, entre outros. Além de tudo isso, algumas desvantagens que as informações tão rapidamente trazem para as empresas envolvem consumidores bem informados que acabam por se tornar mais exigentes, sendo a seleção de marcas e produtos feita com maior rigor nas compras mais frequentes.

Já os consumidores, só têm a ganhar, pois enquanto anteriormente comprava-se nos diversos pontos de vendas, em catálogos e pela televisão, hoje as compras virtuais são muito frequentes, facilitando para as pessoas mais ocupadas realizarem suas compras à noite e aos finais de semana.

Pelo fato de os clientes serem muito mais do que perfis de consumo, as empresas procuram enviar seu principal foco de atuação para alcançar os seus mais altos graus de satisfação.

Hoje todos entendem que essa nova sociedade é gerada pelo consumidor, sendo necessário criar uma sintonia com ele para que as empresas saiam satisfeitas, ou seja, vendam, lucrem e garantam satisfação. Pesquisas anteriormente realizadas indicam que clientes satisfeitos divulgam suas satisfações para apenas três pessoas, ao passo que os insatisfeitos divulgam para três mil pessoas.[1]

As empresas, preocupadas com esse fato, procuram, além de oferecer produtos tangíveis a seus mercados, criar canais de comunicação diversos que melhorem seus níveis de atendimento e prestação de serviços. Todos sabem que antes da Revolução Industrial, a encomenda era produzida e ninguém se preocupava com o atendimento a seus clientes, afinal, a demanda era muito maior do que a oferta. Depois vieram as indústrias, que acabaram com os artesãos, mas que também não se preocupavam em saber até que ponto o consumidor estava satisfeito e se era bem atendido. Esse novo tipo de empresa não sabia como construir novas relações com os mercados, porém hoje sabemos que atender bem, ouvir as pessoas e criar canais de comunicação com os diversos mercados, podem garantir a tão almejada fidelização.

Entretanto, criar canais de comunicação não é tão fácil e, por esse motivo, muitas empresas ainda engatinham no processo de simplesmente ouvir. A voz do cliente pode trazer inúmeros benefícios para a empresa que quer e sabe como ouvi-lo, pois apenas atender já não basta, é necessário atender bem e saber avaliar o atendimento prestado tanto no momento da venda como na pós-venda.

Sabemos que uma grande quantidade de benefícios pode surgir ao se avaliar a satisfação do cliente, como, por exemplo, as empresas estarão mais confiantes no momento da tomada de decisões, terão mais facilidade em manter os clientes atuais e em captar clientes potenciais, enfim,

---

[1] BLACKSHAW, P. *O cliente é quem manda.*

estarão sempre em sintonia com seus mercados se souberem avaliar as ferramentas utilizadas para criar um bom atendimento.

Além do atendimento prestado, a melhoria contínua dos processos desenvolvidos pela empresa também poderá sempre ser avaliada se analisarmos os níveis de satisfação dos clientes, e existem inúmeros instrumentos de avaliação que irão auxiliar a empresa a melhor compreender seus mercados a ponto de realizar previsões sobre comportamentos futuros.

O importante é ter compreensão sobre a importância da gestão das informações obtidas através de técnicas de avaliações sobre o atendimento que se está prestando aos clientes.

Mas o que é cliente? Quem são nossos clientes?

Sabemos que "cliente" é um termo utilizado para designar pessoas que compram e consomem produtos e serviços, e que essas pessoas criam expectativas voltadas para a atuação do que vão adquirir no mercado. Sabemos também que as pessoas buscam alvos no mercado com objetivo de satisfazer necessidades e desejos.

As empresas, por seu lado, sabem que não adianta ter o melhor produto e nem a melhor prestação de serviços se não conseguirem atender da forma como o mercado gostaria de ser atendido. Então as empresas procuram colocar a maior qualidade possível nesses atendimentos, sendo que esta deve ser percebida pelos clientes.

Com essa atitude empresarial, muitas pessoas se tornarão clientes da empresa que sabe prestar um atendimento de qualidade.

De acordo com o nível de percepção dos consumidores em relação à qualidade, surge o valor do produto, ou seja, esse mesmo produto passa a ser valorizado pelo consumidor-alvo, o que irá gerar uma satisfação global, entenda-se: clientes satisfeitos, empresa satisfeita. Até este momento, surgiram apenas as vendas, porém a empresa quer mais do que simplesmente vender. Ela sempre irá almejar a fidelização, o que poderá ou não ocorrer em um determinado período de tempo.

Nesse contexto podem surgir alguns fatores capazes de atrapalhar o processo de fidelização, de criação de tão esperada lealdade do cliente pela marca, e um desses fatores que muitas vezes não é bem visto pelas empresas, principalmente pelas mais despreparadas, são as reclamações.

Reclamações devem ser compreendidas como a voz do consumidor alertando para o que está errado na relação empresa-mercado, e devem ser monitoradas pelas ferramentas criadas por profissionais para fazer com que entrem na empresa ao invés de se perderem no mercado. Sabemos a força que existe nas palavras de um cliente insatisfeito, e não queremos que isso traga consequências catastróficas para a organização.

Assim, as empresas que têm o foco de fora para dentro irão criar os Serviços de Atendimento ao Consumidor (SAC), os telefones gratuitos para que o consumidor possa falar e ser ouvido, os e-mails e outras ferramentas com metodologias específicas para avaliar como está sendo visualizada pelo mercado sua atuação no atendimento ao cliente.

Para esse tipo de empresa, as reclamações são bem-vindas, pois se apresentam como mensagens do mercado que acenam para construir futuros promissores. Também são consideradas como matéria-prima para a criação de produtos de maior qualidade e de melhoria contínua nas tarefas de atendimento ao consumidor.

Podemos observar que reclamações e fidelização são apenas consequências das expectativas e satisfação das pessoas que compram os produtos e serviços das empresas, e que quanto maior for a satisfação, menores serão as reclamações, o que trará com mais facilidade a fidelização. Na verdade, esta sempre foi uma grande preocupação de empresários e profissionais ligados ao atendimento de seus clientes.

No final do século passado, novos estudos trouxeram a certeza da necessidade de gerar vantagens competitivas para não apenas se manter no mercado, mas também adquirir uma posição confortável frente à concorrência. Mais uma vez surge a necessidade de se ouvir os consumidores e a pesquisa de satisfação de clientes toma grandes proporções.

Isso é explicado pelo fato de os consumidores determinarem quais tipos de produtos e serviços devem ser oferecidos, quais devem permanecer no mercado, quais devem ser retirados e, de acordo com antiga lei econômica da "oferta e procura", quais preços devem ser praticados.

Isso nos traz a importância de conhecer detalhadamente o que pensa e quais são as expectativas do consumidor. Expectativas aparecem antes da compra, e se forem atendidas, gerarão satisfação; se forem excedidas, trarão o encantamento; porém se não forem alcançadas, implicarão a insatisfação, mostrando que as expectativas das pessoas têm uma relação direta com a satisfação.

Daí o fato de que a satisfação e a insatisfação, assim como as expectativas, devem ser constantemente avaliadas, para que a empresa sempre possa conhecer a opinião dos clientes sobre sua atuação, procurando, assim, realimentar suas ações gerenciais e garantir sucesso duradouro.

10.1. Avaliação *versus* Conhecimento

Avaliação e conhecimento andam de mãos dadas em um processo de buscar informações que trarão base para ações empresariais.

Conhecimento é o principal fator operante que faz com que as empresas se mantenham em seus mercados. Muito se fala de sua importância e, atualmente, as empresas buscam aumentar muito seu nível de conhecimento para conquistarem diferenciais competitivos. Podemos defini-lo como uma relação estabelecida entre o que se conhece e o que se deseja conhecer, e a compreensão de suas teorias irá estabelecer parâmetros para se avaliar. Ter conhecimento não é simplesmente obter a compreensão da realidade, armazenando informações, mas saber utilizar essas informações para criar inovações.

As empresas estão sempre em busca de um maior conhecimento, e não existe conhecimento extenso sem que existam análises e avaliações. Análises de mercados, de concorrentes, de consumidores, entre outras, e avaliações de níveis de vendas, de produção, de satisfação de clientes internos e externos. Iremos aqui nos preocupar apenas com uma face das avaliações – a do nível de satisfação de clientes.

Mas antes de falarmos sobre as avaliações de satisfação de clientes, vamos entender o que significa a palavra avaliação. Se procurarmos em um dicionário, veremos que avaliar é determinar valor, é reconhecer a grandeza, a intensidade, a força de alguma coisa. Avaliar significa obter conhecimento sobre o que se pretende analisar ou aplicar.

Com base nessas definições, podemos afirmar que a empresa que avalia está sendo detentora de maior conhecimento do que aquela que não o faz. Também podemos observar que a avaliação é uma forma de pesquisa aplicada que será realizada para se obter a intensidade, a força e o valor do que está sendo avaliado.

Ao avaliar, estaremos utilizando um procedimento sistemático para obter conhecimento e realizar julgamentos com base em procedimentos metodológicos, procurando, com isso, desenvolver melhores ações e relações, visando reduzir incertezas, o que acarretará em consequências satisfatórias.

Voltemos a nosso universo e apliquemos essas conceituações no mundo empresarial. Podemos afirmar que as empresas que realizam avaliações periódicas estão mais próximas da tomada de decisões adequadas do que as que não se preocupam com esse fator.

Durante a década de 80, o conhecimento aumentado de americanos e japoneses sobre a qualidade de produtos e serviços criou as normatizações, ou seja, as ISOs, e uma das ações que deveria ser utilizada (e o é até hoje) era a avaliação de satisfação dos clientes. Com esse processo, foram aliados fortemente os dois conceitos, o do conhecimento e o da avaliação.

Hoje a maioria das empresas aplica as ferramentas para avaliar o nível de satisfação dos clientes, não apenas por causa de um processo de normatização, mas porque aprenderam, ao longo de suas histórias, que o cliente tem de ser considerado a razão de ser das empresas e, apesar desse conceito já estar muito banalizado, ainda é o único que pode fazer com que as empresas alcancem seus objetivos de mercado e de lucratividade.

Então é importante medir a satisfação dos clientes e métodos devem ser criados para que essas avaliações sejam implementadas. Para definir um método de avaliação, será necessário primeiro saber o que se está medindo, depois permitir que os próprios clientes informem os resultados finais a medir, perguntar sempre como está seu desempenho (e também o da concorrência), acompanhar constantemente os procedimentos internos que devem estar condizentes com o que o mercado espera e, finalmente, apresentar ao público interno todos os resultados alcançados.

Quando existe um método de avaliação adequado, a organização tem diversos benefícios, tais como ao se conhecer os desejos e necessidades dos clientes, e ao saber se estão e em que grau estão sendo satisfeitos, será possível já começar a pensar nos fatores críticos de sucesso que se pretende alcançar e em como chegar até esse alcance. Também quando se tem informações confiáveis sobre o certo e o inadequado na empresa, as pessoas que lá trabalham podem melhorar seus desempenhos.

Um bom sistema de avaliação irá informar precisamente o que está sendo realizado pela equipe e o que acarretará maiores oportunidades de discussões internas em benefício das ações externas. Finalmente, é comum as pessoas sentirem-se realizadas quando atingem ou excedem suas metas.

Um bom sistema de avaliação servirá como base para reconhecer os desempenhos dos funcionários, tanto dos que excedem suas metas como dos que não as conseguem alcançar.

10.2. Sistemas de Avaliação de Clientes

A satisfação dos clientes é uma equação que envolve níveis de percepções e expectativas alcançadas ou não. O cliente que está satisfeito percebe que o atendimento de suas necessidades não fugiu do que ele esperava. As empresas precisam reconhecer, além das necessidades, que têm de satisfazer as percepções que seus clientes têm das ações da empresa em relação às suas expectativas.

Sabemos que as necessidades humanas são dinâmicas e sempre se alteram, formando novas percepções e novas expectativas. Isso acaba por dificultar a análise de cada uma delas, o que significa que ao realizarmos uma pesquisa de satisfação, iremos simplesmente tirar uma fotografia de um determinado momento, mas essa foto tem prazo de validade, portanto as pesquisas devem ser realizadas com determinada periodicidade para que os resultados sejam realmente alcançados.

Sabemos também que para compreender as atitudes e comportamentos de uma população de compradores, é necessário gerar uma sintonia com ela, a fim de obter conhecimento da satisfação e insatisfação que as ações da empresa geram no mercado.

Os clientes sempre têm coisas importantes para dizer, porém é sabido que de cada 100 compradores insatisfeitos, apenas um pequeno percentual se propõe a realizar uma reclamação.[2]

Talvez pelo fato de não criarmos canais de comunicação que facilitem o processo de "conversa" com nossos consumidores, dificultamos o tão esperado *feedback* que nos trará novas formas de melhor atender e produzir.

Na verdade, as Organizações são as grandes culpadas do não conhecimento adequado sobre o que as pessoas pensam ou sentem em relação às suas atuações no mercado.

Pete Blackshaw afirma em sua obra que somente um a cada 25 consumidores tende a opinar sobre sua satisfação, e isso ocorre por motivos básicos, os quais seria interessante a empresa considerar, tais como a falta de tempo para procurar um canal de comunicação disponível ou, ainda, por não acreditarem que suas opiniões irão criar algum tipo de ação da empresa em seu benefício.

Isso indica que as empresas precisam ser mais atuantes nesse fator, e devem criar canais que tragam facilidade para os consumidores reclamarem, sugerirem, opinarem. Só assim terão um *feedback* adequado do que se passa na cabeça de seus clientes. Então deverão realizar pesquisas com o objetivo de entender melhor o modo como estão gerando satisfação para depois trabalhar essas informações em prol de melhorias para seus clientes.

Em um primeiro momento a empresa deve definir qual é o cliente que deverá ser pesquisado: os internos ou externos, os atuais ou potenciais, os que já foram nossos clientes e hoje não são mais, enfim, qual vai ser o alvo de nossa pesquisa.

A resposta para a indagação dependerá do que a empresa espera fazer com os resultados dessa avaliação, ou seja, se ela pretende lançar um novo produto ou se só quer conhecer como os clientes veem sua empresa, ou ainda se o atendimento prestado para eles é o adequado. Ao se definir

---

[2] BLACKSHAW, P. *O cliente é quem manda*. p. 47.

qual cliente deverá ser pesquisado, o próximo passo será a definição metodológica do trabalho.

Existem diversas formas de se mensurar os níveis de satisfação que as empresas utilizam para conhecer com detalhes o que seus consumidores estão pensando. As pesquisas praticadas desenvolvem metodologias específicas de acordo com a empresa, com o mercado e com os objetivos a serem alcançados. Em um primeiro momento é estabelecido se a mensuração realizada será por meios quantitativos ou qualitativos, e o pesquisador se voltará para a busca de respostas definindo por uma ou pela outra, de acordo com a informação que deseja obter.

As pesquisas qualitativas são aquelas que procuram descobrir o que o consumidor está pensando e ajudar o avaliador a identificar um pouco sobre as expectativas e satisfações das pessoas. Geralmente esse tipo de pesquisa vai ajudar o pesquisador a conhecer melhor tudo aquilo que não se pode mensurar diretamente, tais como sentimentos, pensamentos, intenções e comportamentos passados.[3]

Muitas vezes o problema da pesquisa não está bem definido e a pesquisa de dados qualitativos poderá trazer uma melhor definição desse problema, direcionando melhor o trabalho a ser realizado.

Mas quando poderemos utilizar esse tipo de pesquisa?

Geralmente o utilizamos em algumas situações diversificadas em que dados mais detalhados são necessários para trazer ideias iniciais, pois se não conhecemos detalhes sobre o assunto, poderemos iniciar com uma pesquisa exploratória que envolve dados qualitativos e que trarão uma visão mais adequada da situação, como, por exemplo, ler material bibliográfico para conhecer maiores detalhes sobre os comportamentos do público-alvo. Após esse momento, surgirá um maior conhecimento para a preparação e a organização de uma verdadeira e correta mensuração do grau de satisfação desse mesmo público.

Também poderemos utilizá-la como uma forma de orientação às ações determinadas posteriormente. Finalmente, ela poderá trazer infor-

---

[3] AAKER, D. A., KUMAR, V. & DAY, G. S. *Pesquisa de marketing*. 2. ed., p. 206.

mações precisas que não poderiam ser conseguidas se fossem utilizados outros métodos de pesquisa.

Muitas empresas utilizam as pesquisas qualitativas para levantar dados em conversas com seus clientes. Formam então os grupos de enfoque, que são entrevistas em grupos de algumas pessoas, número não superior a dez por grupo, que participarão de uma reunião com um mediador e realizarão uma conversação relacionada às expectativas e percepções sobre determinado produto ou serviço. Geralmente há um fator motivador para que haja a participação dessas pessoas, ou elas recebem uma ajuda de custo ou brindes que serão entregues ao término da reunião. O moderador desempenhará o papel central da avaliação, procurando fazer com que as pessoas revelem seus reais sentimentos e reflexões sobre o que se está discutindo.[4]

Na verdade, o objetivo sempre é o de mensurar a satisfação real de cada pessoa que participa do grupo, e então os comentários são gravados ou anotados para uma posterior análise.

Essa técnica de pesquisa é bem utilizada, principalmente quando os avaliadores querem obter um maior aprofundamento sobre o que estão avaliando, então após a aplicação de um questionário, pode ser retirada uma pequena amostra dos respondentes e estes serão convidados para a conversa em uma reunião desse tipo. Porém uma grande desvantagem pode obscurecer os resultados dessa técnica, pois como há o direcionamento de um mediador, este, se não for muito bem treinado, poderá manipular, até inconscientemente, seus resultados.

Outra técnica de pesquisa qualitativa são as *Entrevistas Individuais em Profundidade*, que serão realizadas face a face com o avaliado, sendo que existe um processo de exploração dos detalhes para se obter um maior conhecimento sobre suas convicções. Elas são utilizadas para identificar graus de satisfação e criar indícios de utilização de estratégias mais criativas que alcancem o público-alvo e garantam maior satisfação.

---

[4] KOTLER, P. & ARMSTRONG, G. *Introdução ao marketing*. 4. ed., p.67.

Uma ramificação dessa entrevista é a *Entrevista não Diretiva*[5], que traz ao avaliado uma maior liberdade de resposta, pois ela pode ser definida como uma conversa orientada para o objetivo definido pelo avaliador.

As Entrevistas Individuais em Profundidade podem apresentar uma grande quantidade de informações que serão obtidas em uma seção com o entrevistador; leva tempo para coletar e analisar os resultados, acarreta custos mais elevados e demanda maior de tempo para aplicação e análise final. Todavia, uma grande quantidade de material motivacional pode surgir nessas conversas, que irão, mais tarde, auxiliar a organização no conhecimento mais detalhado dos padrões de satisfações que seus clientes apresentam.

Os métodos qualitativos apresentam algumas limitações, principalmente porque, na maioria das vezes, são utilizados de forma inadequada. Muitos pesquisadores aceitam seus resultados, mesmo que exploratórios, como se fossem os únicos comprobatórios de acertos finais. Não podemos esquecer que por ser este um método de avaliação mais flexível, um avaliador pode interpretar os resultados de acordo com sua linha de pensamento, fugindo da realidade dos pesquisados. Na verdade, as pesquisas qualitativas poderão apresentar excelentes resultados se forem utilizadas inicialmente, em caráter exploratório, ou se forem utilizadas para complementar uma pesquisa quantitativa anteriormente aplicada e que necessitou de um maior aprofundamento de resultados.

As pesquisas quantitativas são aquelas de caráter menos aprofundado, onde são aplicados questionários ou formulários diversos, se traduzem em números as opiniões e informações e seus resultados são definidos através de análises estatísticas. São essas pesquisas que se aplicam nas ruas, em shoppings ou mesmo enviando um questionário para a casa ou endereço eletrônico das pessoas.

Os métodos utilizados por este tipo de pesquisa são os de Observação, os Levantamentos e as Experimentações.

As Observações são realizadas sem a utilização da palavra, mas sim da observação direta de atitudes e comportamentos no momento da compra. Atualmente é comum observarmos, principalmente em proximidades

---

[5]AAKER, D. A., KUMAR, V. & DAY, G. S. *Pesquisa de marketing*. 2. ed., p. 209.

de lojas em shopping centers, um pesquisador postado em determinado local estratégico, com uma máquina na mão e realizando anotações após as pessoas solicitarem seus pedidos ou ainda, ao terminarem de degustar o alimento que foi comprado.

O papel desse método na avaliação de satisfação nada mais é do que exploratório, pois ao se obter um determinado grau de conhecimento inicial, a empresa utilizará outro método, provavelmente um levantamento onde poderá "conversar" com o cliente, para obter informações mais detalhadas e chegar a algumas conclusões.

Os experimentos são muito utilizados em degustações de produtos alimentícios ou em testes de automóveis, brinquedos ou eletrodomésticos. Eles podem trazer uma ideia inicial da aprovação de um produto novo introduzido no mercado avaliando inicialmente a satisfação quanto ao sabor, textura, aroma ou desempenho do produto, porém não são utilizados para a mensuração de níveis de satisfações mais aprofundados.

Os levantamentos são os mais indicados para as pesquisas que irão avaliar as satisfações das pessoas frente aos produtos e serviços consumidos no mercado.

Na verdade um dos métodos mais utilizados para a aplicação da pesquisa quantitativa sugere a abordagem *survey*, que pode ser definida como

> "... interrogação direta das pessoas, cujo comportamento se deseja conhecer. Basicamente, procede-se a solicitação de informações a um grupo significativo de pessoas acerca do problema estudado para em seguida, mediante análise quantitativa, obter as conclusões correspondentes aos dados coletados." [6]

Isso significa que as *Surveys* nada mais são do que levantamentos amostrais muito utilizados por avaliadores e pesquisadores. Na verdade, a técnica é considerada excelente para coletar dados que envolvam ideias, sentimentos, planos, crenças, entre outros fatores, e que são primordiais quando se referem à busca de informações sobre níveis de satisfação em relação a produtos e serviços.[7]

---

[6] GIL, A. C. Métodos e técnicas de pesquisa social. 5. ed., p. 35.

[7] FINK & KOSECOFF *apud* GÜNTHER, H. *Como elaborar um questionário.*

Por esse motivo, sua utilização é muito grande, porque a grande maioria das avaliações desse tipo é realizada em amostras de clientes.

10.3. Pesquisa Amostral ou Pesquisa Censitária

População de pesquisa pode ser definida como um conjunto de pessoas que possuem as mesmas características em relação ao problema que está sendo pesquisado. Ao realizar uma pesquisa em uma população, o pesquisador aplicará seus questionários a todos os elementos que compõem essa população. Essa pesquisa é chamada de *Censo*, e é dela que vem o nome de Censo Demográfico ou Recenseamento, os quais estamos acostumados a ouvir e sabemos que quem os realiza é o IBGE.[8]

Essas pesquisas são as ideais, pois conversam com todas as pessoas de interesse da pesquisa e as respostas encontradas trazem informações muito próximas da realidade, desde que todos sejam pesquisados. A proporção de pessoas pesquisadas em um censo recebe o nome de *parâmetro*.

Quando o número de pessoas que compõem a população de pesquisa é muito grande, os avaliadores procuram buscar uma amostra dessa população.

Amostra é uma parcela da população que tem as suas características. Desse modo, ao se avaliar um número menor de pessoas, a pesquisa acaba sendo mais rápida e menos custosa e, se a amostra é bem significativa, seus resultados aproximam-se da população de maneira muito significativa.

Ao utilizar uma amostra, os pesquisadores trabalham com a *inferência* relacionada com o parâmetro da população.[9] Isto é, descrevemos o todo, estudando apenas a parte, e isso requer um cuidado especial, pois iremos afirmar que o que vimos na parte (amostra) vale para o todo (população). Temos que ter muito cuidado ao inferir; não podemos afirmar que os resultados são totalmente verdadeiros se não tivermos definido um nível de confiança e uma margem de erro para nossa pesquisa. E a amostra deve ser totalmente representativa da população.

---

[8] Instituto Brasileiro de Geografia e Estatística.

[9] AAKER, D. A., KUMAR, V. & DAY, G. S. Pesquisa de marketing. 2. ed., p. 377.

Para definir a amostra, devem-se utilizar os procedimentos da Amostragem, que nada mais são do que procedimentos estatísticos que calculam inclusive as margens de erro e os níveis de confiança que a pesquisa irá nos proporcionar.

Existem formas diversas que a amostragem pode assumir na definição dos elementos que serão buscados na população para mensuração de sua satisfação. Elas podem ser de dois tipos:

a) Amostragem Probabilística – é aquela em que todos os elementos da população têm a mesma probabilidade de serem selecionados, e que permite compensar erros amostrais, o que traz uma margem de confiança mais segura nas respostas.

b) Amostragem não Probabilística – é aquela que não utiliza formas aleatórias de seleção aos elementos que devem participar da amostra, não sendo possível calcular os erros amostrais e, muitas vezes, nem realizar cálculos estatísticos.[10]

As amostragens não probabilísticas podem ser utilizadas na aplicação de um pré-teste para avaliação do questionário que deverá ser utilizado em uma pesquisa maior, também quando a população é comprovadamente homogênea, ou quando o pesquisador não tem conhecimento sobre estatística ou, ainda, quando a facilidade de operacionalizar a coleta é um objetivo a ser alcançado.

Já as amostragens probabilísticas são as mais utilizadas em avaliações de satisfação e podem assumir diversos tipos, tais como a *Aleatória Simples*, em que a seleção de um participante para ser pesquisado ocorre de forma aleatória, onde todos têm a mesma probabilidade de serem selecionados. Esse tipo de amostragem elimina a escolha ao acaso, pois obedece as regras da *Amostragem Aleatória Simples*, onde deve haver um sorteio das unidades selecionadas. Os sorteios da Sena e Mega-sena são realizados por meio de números sorteados aleatoriamente. Para facilitar o trabalho, utilizar uma tabela de números aleatórios ajuda na construção das amostras.

---

[10] MARKONI & LAKATOS. *Técnicas de pesquisa*, p. 47.

A tabela de números aleatórios é uma longa lista de números, cada qual gerado aleatoriamente por um computador, com uma combinação de 0 a 9. Ela possui a propriedade de que o conhecimento de uma sequência de 10 números não seja informação suficiente para se conhecer o décimo primeiro número.[11]

Muitos livros de pesquisa ou de estatística apresentam essa tabela para facilitar a vida de pesquisadores, sendo que não é difícil buscar os números que se deseja em uma tabela como essa.

Apresentamos a seguir esses números em uma tabela que irá facilitar o trabalho dos que pretendem realizar avaliações e precisam construir suas amostras utilizando a amostragem probabilística aleatória simples.[12]

Tabela de Números Aleatórios

55	38	32	99	55	62	70	92	44	32
87	63	93	95	17	81	83	83	04	49
11	59	44	39	58	81	09	62	08	66
82	93	67	50	45	60	33	01	07	98
31	40	45	33	12	36	23	47	11	85
24	38	77	63	99	89	85	29	53	93
57	68	48	78	37	87	06	43	97	48
44	84	11	59	73	56	45	65	99	24
65	60	52	59	06	03	04	79	88	44
98	24	05	10	07	88	81	76	22	71
59	67	80	91	41	63	18	63	13	34
76	59	07	83	47	10	37	49	54	91
77	41	29	60	00	16	93	47	54	91
28	04	61	59	37	31	66	59	97	38

Fonte: AAKER, D. A., KUMAR, V. & DAY, G. S.

[11] AAKER, D. A., KUMAR, V. & DAY, G. S. Pesquisa de Marketing. 2. ed., p. .385.
[12] Idem, p. 386.

Inicia-se o processo escolhendo aleatoriamente a linha e a coluna que irá dar início às próximas escolhas e, a partir desse momento, os outros números serão selecionados de acordo com o critério proposto.

Vamos exemplificar uma análise realizada em um relatório de SAC onde existem 2.580 reclamações (contatar todas essas pessoas poderia ser inviável para uma pesquisa de aprofundamento, então torna-se necessário criar uma amostra para realizar a tal pesquisa). Os pesquisadores utilizam uma tabela de números aleatórios para definição da amostra e encontram os seguintes números: 4484, 1159, 7356, 4565, 9924, 6560, 5259, 0603, 0479, 8844, 9824, 0510, 0788, 8176, 2271, 5967, 8091, 4163, 1863, 1334.

Esses números foram encontrados definindo-se as linhas 8, 9, 10 e 11. A partir dessa primeira definição, foram unidos os números de duas em duas colunas para formar um número da classe de milhar, já que estávamos com 2.580 reclamações.

Desses vinte números, só serão utilizados os que estejam contidos na quantidade de reclamações, ou seja, em 2580. Então, farão parte da minha amostra as reclamações de número 1159, 0603, 0479, 0510, 0788, 2271, 1863, 1334; os números maiores que 2580 serão desprezados.

O pesquisador irá compor quantos números achar necessário para a elaboração da amostra ideal.

Um segundo tipo de amostragem é a *Sistemática*, que pode ser considerada como uma variação da anterior, com a diferença que todos os elementos devem estar organizados de forma que possam ser identificados dentro do processo organizado. Selecionar pessoas que constem de uma lista de ligações ao SAC da empresa é uma das formas, ou da relação de telefonemas de pessoas que fizeram reclamações, ou ainda da relação de e-mails enviados para a empresa para solicitar informações sobre produtos. Se tivermos uma amostra definida a partir de uma lista de onde é selecionado um elemento inicial, os outros deverão ser selecionados a partir de um intervalo definido pela divisão da população pelo número da amostra, ou seja:

I = N/n onde,

I = Intervalo a ser definido;

N = População em estudo;

n = Amostra

Se a população for de 100 pessoas e a amostra de 10 pessoas, o intervalo a ser utilizado será de I = 100/10, ou seja, de 10 em 10 pessoas. O primeiro questionário será aplicado na primeira pessoa, o segundo na 11ª, o seguinte na 21ª, e assim por diante, até completar as 10 pessoas que comporão a amostra.

Temos também a *Estratificada*, que vai selecionar na população estratos, ou seja, diferentes grupos. Esses estratos podem apresentar variáveis diversas, tais como idade, renda, local de moradia, instrução, número de vezes que entrou em contato com a empresa para reclamar, solicitar informações ou, ainda, elogiar ou apresentar sugestões.

Importante ressaltar que ao serem definidos os estratos, todos os elementos da população devem estar devidamente estratificados, ou seja, pertencer a um dos estratos e ninguém deve ser colocado em mais de um estrato de acordo com o atributo. Também esses estratos devem apresentar uma homogeneidade adequada, pois já existe uma heterogeneidade de uns estratos em relação aos outros. Para compor a amostra, devem ser retirados de cada estrato elementos que formem amostras iguais, e o primeiro elemento deverá ser retirado aleatoriamente.

Quando as amostras retiradas dos estratos têm a mesma quantidade de elementos, chamamos o processo de amostragem estratificada não proporcional. O que não acontece quando retiramos amostras proporcionais à população em estudo? Oberve o exemplo a seguir em que uma pesquisa foi realizada em diferentes escolas de ensino médio da região do Alto Tietê para detectar o grau de satisfação e insatisfação quanto ao padrão de ensino e o procedimento de professores e pessoal técnico das escolas. Foram avaliados alunos dos terceiros anos. O pesquisador levantou o número de escolas da região e o número de alunos do terceiro ano de cada escola. Em seguida encontrou o percentual de alunos de terceiro ano de cada escola. Finalmente, selecionou a quantidade de alunos das escolas de acordo com o percentual de cada uma.

Utilizou a amostragem estratificada proporcional definindo dois estratos com a utilização da variável sexo. Foram retirados, então, no estrato um, estudantes do sexo masculino, e no estrato dois, estudantes do sexo feminino.

Com essa técnica, os avaliadores puderam observar não apenas as opiniões dos alunos como um todo, mas também as diferenças que são comuns aos dois sexos no tocante às suas aspirações frente ao sistema de ensino que está sendo aplicado, os comportamentos relacionados às suas escolas, de acordo com cada um dos sexos em estudo e o grau de satisfação totalmente diferenciado em determinados pontos apontados no processo da pesquisa.

Observem o quadro demonstrativo do exemplo, isto é, os estudantes que foram selecionados de acordo com cada uma das variáveis definidas para o estudo.

Cada escola possui uma quantidade diferenciada de alunos, sendo que de cada uma delas será retirada uma quantidade de pessoas de acordo com os percentuais definidos pela quantidade de alunos do sexo masculino ou feminino de cada escola.

Estrato 1: Estudantes do sexo masculino

ESCOLA	Número de alunos no 3º ano	% de cada[13] estrato	Número de elementos da amostra
A	200	48%	96
B	58	14%	8
C	100	24%	24
D	60	14%	8
Total	418	100%	136

O quadro acima apresenta que de 418 alunos do sexo masculino que estudam na região, foram retirados 136 alunos para compor a amostra, sendo que foram respeitados os percentuais de alunos que cada escola apresenta em relação ao total de alunos do sexo masculino de toda a região.

[13] Para efeito de cálculo, os valores foram arredondados para inteiro, seguindo as regras de arredondamento.

Estrato 2: Estudantes do sexo feminino[14]

ESCOLA	Número de alunas no 3º ano	% de cada[14] estrato	Número de elementos da amostra
A	250	47,4%	118
B	80	15,2%	12
C	125	23,7%	30
D	72	13,7%	10
Total	527	100%	170

Neste estrato, observamos que das 527 meninas que estudam nessas escolas, 170 delas foram selecionadas para compor a segunda amostra do estudo.

Definidos os estratos, inicia-se o processo de pesquisar, ou seja, chega o momento de aplicar questionários e descobrir o que esses consumidores estão sentindo e pensando.

Existem outros tipos de amostragem, porém definimos aqui os que mais são utilizados em uma pesquisa de satisfação de clientes, pois são os que maiores vantagens apresentam com sua utilização em relação à segurança de representatividade, simplificando a definição de pessoas que comporão uma amostra ideal.

Uma delas, muito utilizada, é a amostragem em shopping centers, pois nesses locais existe uma grande demanda de frequentadores oriundos de locais diversificados, o que traria uma característica mais adequada à amostra sem a locomoção do pesquisador a diversos locais.

Geralmente, nesse caso, os pesquisadores buscam coletar dados definindo as entradas que são mais próximas das lojas que precisam ser pesquisadas. Isto é, se o trabalho é a avaliação dos níveis de satisfação em relação a cinemas, o pesquisador se posicionará na entrada do shopping,

[14] Para efeito de cálculo, os valores foram arredondados para inteiro, seguindo as regras de arredondamento.

próximo aos cinemas, ficando assim mais fácil o trabalho de coletar dados sobre o que se precisa pesquisar.

As amostras facilitam o trabalho de coleta de dados e garantem o nível de confiança da pesquisa, desde que sejam rigorosamente definidas de acordo com as características da população.

Mas será que as pessoas que comporão a amostra são exatamente iguais à população em estudo?

Sabemos que são definidas algumas variáveis da população para a composição da amostra, porém a população pode ter outras variáveis que não foram definidas por serem muito difíceis de se observar ou por deixarem a amostra específica demais. Nesse caso trabalhamos com os *erros amostrais*, ou seja, colocaremos no estudo uma margem de erro.

Um erro amostral pode ser definido como a diferença do erro entre o parâmetro da população e a estatística da amostra que vem apenas da amostragem.[15]

Esses erros deixam claro que as amostras não são absolutamente fiéis à população, pois em todas as pesquisas amostrais existem as margens de erro que são justamente os níveis de diferenças que existem entre a amostra e a população. Então as conclusões são consideradas como prováveis e não totalmente perfeitas.[16]

As margens de erro definem a variação dos resultados da pesquisa. Se a pesquisa aponta que a margem de erro é de 2%, quando afirma que 80% dos pesquisados estão totalmente satisfeitos com determinada marca de sabão em pó, numa leitura mais rigorosa diríamos que essa satisfação atinge de 78% a 82% dos pesquisados, e não apenas 80%, como foi afirmado anteriormente.

O aumento do tamanho da amostra reduz o erro amostral, porém aumenta seus custos e não reduz qualquer outro tipo de erro.

As pesquisas amostrais devem apresentar também um *Intervalo de Confiança*, que é o número de vezes em que a pesquisa poderia ser realizada sem que o resultado ficasse fora da margem de erro. Então, uma pes-

---

[15] AAKER, D. A., KUMAR, V. & DAY, G. S. *Pesquisa de marketing*. 2. ed., p. 378.
[16] BRUNI, A. L. *Estatística aplicada à gestão empresarial*, p. 182.

quisa com intervalo de confiança de 95% indica que se fossem realizados 100 *surveys*, 95 deles estariam dentro da margem de erro estipulada.

Quando tudo isso estiver definido, chega o momento de se coletar os dados utilizando as técnicas definidas no planejamento da pesquisa.

10.4. Mais Técnicas de Pesquisa para Avaliação de Satisfações

Existem diversas técnicas utilizadas para se avaliar o grau de satisfação das pessoas em relação às marcas, aos produtos e serviços que compram e consomem rotineiramente, como vimos anteriormente.

Iremos tratar aqui de técnicas mais específicas, sendo que uma delas é a *Técnica de Intercepção de Compra* (PIT), que é realizada no momento da compra e no ponto de venda em que o consumidor busca o objeto de sua satisfação. Ela combina a observação inicial e uma aplicação de questionário em seguida à compra de um produto ou serviço. Nesse momento o cliente está com os efeitos do tempo minimizados ou mesmo zerados, o que faz com que suas respostas sejam mais próximas do que ele está sentindo em razão de um bom ou mau atendimento.

As *Malas Diretas* também podem ser classificadas como uma técnica de obter informações que ainda são utilizadas pelas organizações. São os chamados *questionários autoadministrados*, onde a figura do entrevistador é inexistente. É fornecido ao pesquisado um questionário estruturado com uma série de perguntas que ele deverá responder e enviar pelo correio ou, ainda, depositar em uma urna no próprio ponto de venda. É uma técnica muito utilizada por prestadores de serviços, tais como restaurantes, hospitais e academias, entre outros.

As *Entrevistas Telefônicas* são muito utilizadas quando é necessário atingir uma amostra de maior tamanho, pois elas tendem a ser rápidas e diminuem as possibilidades da não resposta. Os números dos telefones são selecionados por meio de um dos métodos amostrais; a partir do momento em que o telefone é atendido, inicia-se o processo de introdução à entrevista e às perguntas propriamente ditas. Para evitar a falta de representatividade, os pesquisadores costumam utilizar o método da *Discagem Telefônica Aleatória*, que envolve a seleção aleatória de todos os números para a definição de um telefone.

Também utilizam o DAS – *Discagem Aleatória Sistemática*, que inicia com a especificação de um parâmetro para a amostra, para que números que não interessem à pesquisa não sejam selecionados. É determinado um primeiro número, que pode ser o prefixo de telefones e, a partir daí, define-se um número aleatório como o constante de todas as ligações. Esse número será somado ao número inicial e a todos os outros gerados por essa técnica. Esse processo tem a vantagem de não permitir que fiquem de fora da seleção quaisquer números de telefone que devam participar da amostra.[17]

Também existem as *Enquetes por e-mail ou fax*, que são de custo muito baixo e podem ser realizadas por poucos pesquisadores. Elas alcançam aquelas pessoas que não se consegue encontrar pessoalmente ou por telefone. São de aplicação rápida e muitas pessoas respondem de bom grado, principalmente quando são realizadas pela internet, e já existe a possibilidade de este tipo de enquete tornar-se um dos métodos de maior popularidade e eficácia, pois permite que as pessoas escolham seus próprios horários para realizar suas respostas e a tabulação dos dados também é realizada mais rapidamente do que em outras técnicas.

Diante de tantas técnicas e métodos que podem ser utilizados, as organizações devem aprender a ouvir seus consumidores, conhecer a opinião que eles têm das empresas, saber até que ponto estão satisfeitos com relação aos preços, à distribuição, se sentem-se explorados ou satisfeitos em relação à atuação da empresa no mercado.

Muitos fogem das reclamações, pois não entendem que ao reclamar, os clientes estão dando uma segunda chance para a empresa que consideram ainda como uma das melhores no mercado e de quem ainda querem continuar comprando sua marca.

Para concluir, vamos aqui definir que não basta ter um bom produto, com excelente preço, muito bem distribuído e com uma ampla linha de divulgação adequada. Precisamos saber, em primeiro lugar, se estamos satisfazendo, pois "consumidores amplamente satisfeitos, encantados e fidelizados" é o que precisamos para nos manter no mercado.

---

[17] AAKER, D. A., KUMAR, V. & DAY, G. S. Pesquisa de marketing. 2. ed., p. 255.

Resumo

Muitas empresas preocupam-se, atualmente, em conhecer detalhadamente o nível de satisfações que seus produtos trazem aos consumidores. As organizações que avaliam tornam-se detentoras de um maior conhecimento do que as que não se preocupam com isso. Elas também terão uma base mais sólida para melhores tomadas de decisão, desenvolvimento de ações e diminuição de incertezas. Existem métodos específicos para se avaliar, sendo que a Observação e os Levantamentos são os mais utilizados. Esses últimos, denominados de *surveys*, aplicam questionários em amostras de consumidores e buscam através do método estatístico respostas para dúvidas frequentes que assolam as organizações. Para a construção de amostras significativas, a metodologia empregada prevê a utilização de um dos tipos de amostragem que existem no universo estatístico, sendo que a Amostragem Probabilística Aleatória Simples ou a Sistemática são as mais utilizadas. Muitas técnicas são definidas para uma melhor avaliação; dentre elas observamos as Entrevistas, que coletam dados por meio de uma conversa orientada para objetivos definidos, sejam elas pessoalmente, por telefone ou por outros tipos mais específicos. O consumidor reclama, opina, sugere e adverte as empresas quanto a seus níveis de satisfações – basta a empresa estar preparada para ouvir.

Questões

1. Sabemos que avaliar a satisfação dos clientes é fator básico de realimentação da empresa. Que tipos de métodos são utilizados pelas empresas para encontrar informações como essas?
2. Elabore uma lista de colegas de sua classe, definindo as principais variáveis que essa população apresenta. Defina como você utilizaria uma das técnicas de amostragem para selecionar uma amostra significativa dessa população.
3. Utilizando a Tabela de Números Aleatórios, defina uma amostra de 10 participantes de uma pesquisa, retirados de uma população de 5.000 pessoas.
4. Quais são as principais diferenças entre amostragem aleatória simples e amostragem estratificada?

5. O que é abordagem *survey* de pesquisa e por que ela é uma das mais utilizadas em avaliações de satisfação de clientes?

Texto para Análise e Discussão – Atendimento pessoal enfocando a satisfação do cliente no varejo – supermercados Braz Leme

Este caso foi criado pela autora com base em dados retirados em seus serviços de consultoria

Quando o fundador do Braz Leme chegou ao Brasil em 1981, vindo de Portugal, nem imaginava o sucesso que lhe aguardava. Hoje, passados quase 60 anos estabelecido no Brasil, inicialmente no ramo da panificação e posteriormente, passado para o ramo de supermercados, possui duas grandes lojas na Zona Leste de São Paulo, ocupando o 10º lugar no ranking estadual de supermercados com pretensões de constante crescimento.

Durante o ano de 2005, os sócios da empresa estavam começando a se preocupar com a concorrência, pois surgiram muitos supermercados de bairro com preços muito competitivos e uma grande variedade de produtos regionais que supriam a necessidade dos consumidores sem que estes precisassem correr a uma loja localizada mais longe de suas residências e pagassem preços mais adequados.

O grupo sempre realizou pesquisas de marketing, portanto tinham muita informação armazenada na empresa e, sempre que necessitavam de informações mais atualizadas, realizavam uma pesquisa.

Porém estavam sentindo-se distantes de seus clientes, notavam que precisavam aproximar-se mais, conhecer mais detalhadamente o que pensavam, o que sentiam. Resolveram contratar uma equipe de profissionais para realizar uma avaliação de satisfações em seus mercados de atuação.

Metodologia utilizada

A avaliação foi definida pela utilização de uma amostra de clientes frequentadores das lojas do Braz Leme.

Foi uma pesquisa com abordagens qualitativas e quantitativas, que procuraria descrever duas situações: o descritivo estatístico e o descritivo qualitativo. Inicialmente, para se obter todos os dados necessários, foi utilizado o estudo descritivo qualitativo e empregada a técnica de Observação Disfarçada, aplicada por observadores ocultos que observaram o comportamento de funcionários de diferentes departamentos, em relação ao atendimento prestado, a cordialidade e atenção dada aos clientes.

Esse tipo de pesquisa é denominada de "Pesquisa de Cliente Oculto" e trouxe um norteamento de ações investigativas para o projeto como um todo.

Em um segundo momento, foi realizada a aplicação da *survey*, que buscou uma análise quantitativa das relações de consumo através de estudos realizados a partir da amostra da população estudada, utilizando-se o método estatístico para esse fim.

O instrumento utilizado foi um formulário criado com base nos resultados da pesquisa de Cliente Oculto. Foram aplicados dez formulários a título de pré-teste, podendo assim criar ajustes no formulário e em outros aspectos relevantes para a aplicação ideal na amostra.

A amostragem probabilística aleatória simples foi definida para compor a amostra, com um número total de 245 pesquisados, sendo definidos respondentes nas duas lojas, em um total de 50% para cada uma, visto que as duas apresentavam o mesmo fluxo de clientes e vendas. Os entrevistados foram abordados no momento de compras. A margem de erro da pesquisa foi de 3% e o nível de confiança de 95%, contando até três pontos para mais ou para menos.

Foram definidas algumas hipóteses, tais como se houvesse um aumento no número de caixas, se criassem horários fixos para a saída de pães, se contratassem pacoteiros, se possuíssem guarda volumes, isso aumentaria a satisfação dos clientes.

Análise de Resultados

Após a aplicação dos resultados, foi feita uma análise quantitativa utilizando o método francês SPHINX, que gerou um relatório parcial da pesquisa. Posteriormente foram utilizadas as ferramentas do EXCEL para nortear o estudo quantitativo final. Finalmente, o método comparativo foi utilizado para a comparação de resultados dos dois tipos de pesquisa aplicados - quantitativo e qualitativo.

Os resultados foram adequados e trouxeram à empresa uma visão de quanto seus clientes estavam satisfeitos, pois através deles observou-se que as lojas possuíam alguns setores que, se melhorados, trariam maior satisfação. Também foi possível a afirmar que as duas lojas têm atendimentos diferenciados, acarretando um maior descontentamento em uma delas. De todo o estudo, surgiram algumas soluções para resolver os principais problemas da empresa. Destas, as que mais influenciariam diretamente na satisfação das pessoas estavam voltadas para ações básicas, tais como haver reposição mais rápida de produtos nas prateleiras e gôndolas principalmente nos horários que as lojas estão fechadas, muitos clientes não gostam de comprar quando as prateleiras estão sendo preenchidas; manter horário fixo para a saída de pães; aumentar o número de funcionários em horários de maior movimento e manter mais caixas abertos para que o tempo não seja desperdiçado em filas.

Os resultados foram apresentados e ações mercadológicas foram realizadas para que uma melhoria contínua no atendimento possa ser uma constante na organização.

Questões

1. De acordo com o texto, qual foi a razão do sucesso da empresa?
2. Comente a metodologia usada pela empresa contratada.
3. Quais os principais resultados encontrados para a satisfação dos clientes?

Referências Bibliográficas

AAKER, D. A., KUMAR, V. & DAY, G. S. *Pesquisa de marketing*. 2. ed. São Paulo: Atlas, 2007.

ADLER, M. K. *A moderna pesquisa de mercado*. 3. ed. São Paulo: 1975.

BLACKSHAW, P. *O cliente é que manda*. Rio de Janeiro: Sextante, 2008.

BRUNI, A. L. *Estatística aplicada à gestão empresarial.* São Paulo: Atlas, 2007.

COOPER, D. & SCHINDLER, P. *Métodos de pesquisa em administração.* 7. ed. São Paulo: Bookman, 2001.

DANTAS, E. *Satisfação do cliente*: um confronto entre a teoria, o discurso e a prática. UFSC. Programa de Pós-graduação em Engenharia da Produção. Dissertação de Mestrado. Orientadora: CARDOSO, O. R. MARCHETTI, R. & PRADO, P. H. M. Um tour pelas medidas de satisfação do consumidor. Era, v. 41, n. 4 - out./nov. de 2001.

GIL, A.C. *Como elaborar projetos de pesquisa.* São Paulo: Atlas, 1994.

_________. *Métodos e técnicas de pesquisa social.* 5. ed. São Paulo: Atlas, 1999.

HAYES, B.E. *Medindo a satisfação de clientes.* Rio de Janeiro: Qualitymark, 1996.

KOTLER, P. & ARMSTRONG G. *Introdução ao marketing.* 4. ed. Rio de Janeiro: LTC, 2000.

LONGO, W. & TAVARES Z.L. *O marketing da era do nexo*: novos caminhos num mundo de múltiplas opções. Rio de Janeiro: Bestseller, 2009.

LOVELOCK, C. & WRIGHT, L. *Serviços, marketing e gestão.* São Paulo: Saraiva, 2001.

MARCONI, M.A & LAKETOS, E. M. *Técnicas de pesquisa.* São Paulo: Atlas, 1990.

RISSATO, M. *O cliente por um fio.* São Paulo: Nobel, 2004.

VIEIRA, S. & WADA, R. *Estatística, introdução ilustrada.* São Paulo: Atlas, 1985.

WHITELEY, R. *A empresa totalmente voltada para o cliente.* Rio de Janeiro: Campus, 1999.

Capítulo 11

Serviço de Atendimento ao Cliente na Internet

11.1. Introdução

Este capítulo tem como objetivo explicar como o atendimento a clientes pela internet pode ajudar a melhorar negócios e explorar novas oportunidades de relacionamento com os clientes.

Hoje em dia, a internet é um recurso excelente para o gerenciamento de relações com os clientes. Este capítulo visa descrever como uma empresa pode utilizar a tecnologia da internet para melhorar a satisfação dos clientes, respondendo rapidamente às solicitações dos clientes e, ao mesmo tempo, dar maior acesso à informação de produtos e serviços.

Com o atendimento ao cliente via internet, as empresas possuem em mão ferramentas com grande potencial para melhorar o serviço percebido pelos clientes.

O atendimento ao cliente pela *web* não só economiza dinheiro, mas, ao envolver o cliente no processo, muitas vezes leva a uma maior satisfação por parte do consumidor. Ao contrário de um telefonema, uma visita a um site pode dar acesso às informações de uma extensa base de dados, permitindo que as empresas conheçam melhor seus clientes.

Com o crescente aumento da exigência dos consumidores por informações atualizadas, o uso de blogs e outras ferramentas de comunicação on-line pode se transformar em um importante canal de comunicação e de sucesso para as empresas.

Pensando nisso, este capítulo visa, de forma simples e clara, apresentar os conceitos mais importantes referentes ao uso dos principais meios de atendimento ao cliente na internet e demonstrar o poder de transformação que essas ferramentas têm alcançado no mundo empresarial.

11.2. Atendimento ao Cliente na Internet: Economia e Fidelização

A internet nos últimos anos tem transformado drasticamente a forma como as pessoas vivem e trabalham, impactando principalmente na comunicação entre as pessoas, na forma de se fazer negócios e conduzir as interações sociais. A internet tem influenciado a população de inúmeras maneiras, e continuamente cria novos mecanismos para se conectar com qualquer pessoa, em qualquer lugar. Com isso, surge uma grande oportunidade para as empresas de estreitar relacionamentos e atender seus clientes de uma forma extremamente satisfatória.

Para se ter uma ideia, até a década de 90, as empresas voltavam-se para seus produtos e o marketing era praticado em massa: atirar para todo lado para ver onde pegava. O atendimento ao cliente era reativo e os esforços de marketing eram orientados à conquista de novos clientes.

Hoje em dia, os produtos estão cada vez mais parecidos e os clientes, mais exigentes, buscam por valores agregados e novos motivos para a compra. Com isso, o foco das empresas se volta para o cliente e o marketing orienta seus esforços para os relacionamentos individuais, na tentativa de reter clientes e aumentar seu valor nos negócios da empresa.

Segundo Moutella (2002), hoje estamos na considerada era da interação. A ordem é interagir com clientes atuais, ex-clientes, clientes da concorrência, consumidores e clientes internos, adquirir novos clientes, vender mais para os clientes antigos e reter os clientes de maior valor, bem como converter clientes eventuais em clientes habituais e tratá-los para tornarem-se cada vez mais importantes, conforme o quadro 11.1.

Quadro 11.1
Evolução da interação com o cliente

Produto	Vendas	Canais	Marketing	Serviços	Clientes
Foco no produto e na velocidade e exatidão das transações.	Foco na *performance* de vendas por região. Transações em massa e marketing direto.	Foco na propaganda. Comunicações levam em consideração características demográficas.	Aumento do número de canais de comunicação. Início da mudança de foco para as relações com clientes.	Foco no uso do histórico do cliente para otimização dos serviços. A informação em cada ponto de contato com o cliente é chave.	Interação baseada nas necessidades e no comportamento de cada cliente.

Fonte: Moutella, 2002.

Para se ter ideia da importância de um atendimento ao cliente eficaz, seja na internet ou em uma loja física comum, em 2002, a *US News and World Report* divulgou os dados de uma pesquisa em que mostra que mais de 68% dos clientes que abandonaram uma loja varejista tomaram essa decisão devido ao péssimo serviço de atendimento recebido.

Essa pesquisa deixa clara a importância de um atendimento eficaz como fonte de fidelização dos clientes.

Uma outra pesquisa realizada pelo Instituto Brasileiro de Opinião Pública e Estatística (Ibope) comprova que, entre os meios de comunicação mais utilizados, o universo digital é a grande aposta das empresas para se relacionar com seus clientes. Confira o ranking:

- Internet: 56%
- E-mail marketing: 39%

Razões da Perda de Clientes por uma Empresa Varejista

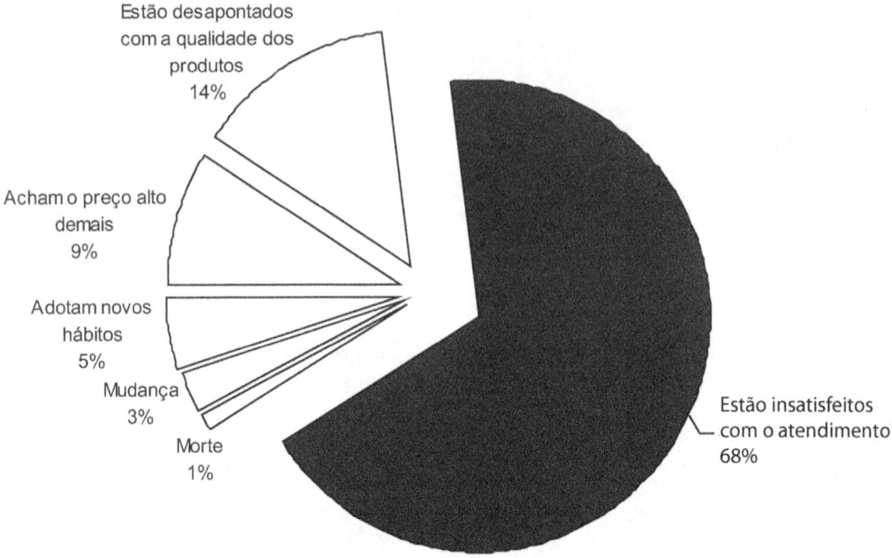

Fonte: *US News and World Report*, 2002.

- Mídia impressa: 24%
- Mala direta: 23%
- TV aberta: 16%
- Celular: 13%
- Rádio: 10%

Hoje em dia a internet oferece muitas opções para se conseguir informações sobre clientes e, a partir daí, efetivar ações de marketing e fidelização. Portanto, é essencial sua empresa ter um relacionamento contínuo com seus consumidores via internet, agregando valor em suas transações de forma rápida e eficiente, proporcionando o melhor atendimento que o seu cliente pode esperar.

Um atendimento ruim pode ser fatal para qualquer empresa, visto que foi constatado recentemente que uma crítica ou comentário negativo sobre o atendimento recebido em determinada situação e postado nos sites Twitter, Facebook ou YouTube pode fazer com que as empresas percam até 30 clientes, segundo uma pesquisa da Convergys. Como visto até aqui, o serviço de atendimento ao cliente na internet é uma tendência mundial e, ao mesmo tempo, a forma mais prática e eficaz de se manter os clientes satisfeitos utilizando ferramentas muitas vezes gratuitas e de fácil implementação.

Entre os principais recursos que os empreendedores têm à sua disposição na internet, como forma de oferecer um atendimento ao cliente eficaz, podemos destacar: bate-papos ao vivo, aplicativos de redes sociais, blogs, fóruns e o e-mail, ferramentas que se transformaram em poderosos recursos de divulgação e realização de negócios.

Se a intenção é estimular as vendas, o empresário deve escolher qual conteúdo, quais aplicativos e quais interações sociais serão utilizados. A tecnologia melhora o acesso às informações para tomada de decisões, automatiza as tarefas rotineiras, melhora o controle interno das operações e facilita o atendimento ao cliente.

Hoje em dia as empresas devem usar a tecnologia para melhorar o atendimento ao cliente e reduzir custos operacionais, possibilitando, assim, um processo de atendimento mais eficiente.

11.2.1. Estratégias de atendimento ao cliente na internet

Em uma época de declínio dos encontros de negócios face a face, como a que vivemos hoje em dia, cabe às empresas racionalizar as suas relações e estratégias, realizando um esforço junto ao cliente on-line para manter as relações que se traduzem em lucros, especialmente em uma recessão econômica.

Avaliar

Para que a estratégia funcione corretamente e, ao mesmo tempo, mantenha-se um elevado nível de serviço ao cliente, é preciso avaliar as atividades de seu cliente. Por exemplo, se um executivo deseja comprar livros on-line para sua viagem de negócios, provavelmente ele vai ficar em dúvida entre tantos títulos quais adquirir; sendo assim, ele precisa realizar uma seleção dos itens que mais chamam sua atenção. Normalmente, esse executivo não vai fazer uma compra em sua primeira visita a uma loja virtual, mas pode pesquisar ao redor e comparar as informações existentes sobre o livro de interesse e sobre a livraria. Nesse caso, será que a livraria é capaz de dar as respostas que o cliente que está comprando deseja? Existe alguém que pode lidar com essa etapa intermediária, ao invés de tentar apressar o visitante a adicionar logo o livro ao carrinho de compras? É muito provável que a empresa que fornece a maioria das informações e que dê garantia será a escolhida pelo cliente, aumentando as chances de se ganhar o cliente pela prestação de tal serviço.

Ser simples e transparente

É essencial que o site de comércio eletrônico seja moderno, transparente com relação às suas políticas de segurança e de fácil contato. Graças à ação de hackers, o nível de confiança dos consumidores no comércio on-line não tem crescido significativamente na última década; nesses casos, quando uma empresa já possui negócios de forma tradicional e os expande para o mundo virtual, ela possui vantagem sobre os varejistas que possuem somente loja on-line, porque os consumidores sabem que podem entrar em sua loja e obter respostas e soluções que não estão disponíveis on-line. No entanto, essa não deve ser a estratégia do empresário.

Para construir fortes relações com os clientes para o seu site, seja ele uma extensão da loja tradicional ou uma loja criada para a internet, são necessários os seguintes procedimentos:

- Compreender as necessidades e hábitos de compra dos seus clientes.
- Nunca assumir que você tem todas as perguntas respondidas em sua loja virtual.
- Ser transparente.
- Sempre deixar algum meio de se entrar em contato com um funcionário.
- Responder a todas as perguntas de e-mail e telefone no prazo máximo de 48 horas.
- Assumir a responsabilidade e tentar resolver todos os conflitos de uma forma antecipada.

Resolver os problemas

Conflitos, queixas e problemas fazem parte de todos os negócios. As empresas que sobreviverão ao longo do tempo são aquelas que possuem uma estratégia de resolução de conflitos rápida. Isso não precisa ser elaborado, é uma questão de treinar seus funcionários sobre como entender um problema, procurar respostas, e nunca citar as "políticas internas da empresa" para negar o problema ou simplesmente ficar deslocando o cliente de um departamento para o outro. Nesse caso, a forma de comunicação também é importante para evitar desrespeitos e até processos na justiça.

Essas estratégias são importantes para que se tenha um bom retorno pelo atendimento na *web*. No entanto, algumas regras irão ajudar os administradores a prestar serviços com excelência.

11.2.2. Dez regras de ouro para prestar serviços de excelência na internet e reduzir custos

Como forma de ajudar você a oferecer o melhor serviço de atendimento ao cliente na internet e ainda reduzir custos, foram desenvolvidas por James Tanner dez principais regras para o sucesso no atendimento ao cliente:

1. **Comunicar o objetivo**: entregar excelente qualidade de atendimento pelos mais variados meios deve ser o objetivo central de qualquer organização, garantindo, assim, vantagem competitiva.
2. **Identificar as iniciativas de redução de custos**: reduzir o número de chamadas recebidas pode reduzir muito os gastos com atendimentos. Para isso, as empresas podem utilizar um site interativo de autoatendimento ou até mesmo um sistema interativo via resposta de voz.
3. **Definir metas de atendimento nas chamadas**: é fundamental para as organizações que todo o pessoal de atendimento, seja ele feito via telefone ou internet, possua metas de desempenho e treinamento para alcançá-las.
4. **Identificar os tipos de chamadas**: saber identificar e priorizar os diferentes tipos de chamadas, para que as mais importantes (por

exemplo, chamadas de emergência) sejam respondidas 100% do tempo e não haja chamadas abandonadas.

5. **Tornar mais fácil o contato dos clientes com sua empresa**: dê aos seus clientes a opção de escolha: telefone, fax, sms, chat, e-mail, twitter; afinal, quanto mais fácil para os clientes for o contato com a sua empresa, mais provável é que eles entrem em contato.
6. **Ajudar o pessoal do atendimento a ser mais produtivo**: liste as dez maiores dúvidas dos clientes e crie uma central de FAQs (perguntas frequentes) para cada equipe em ordem de popularidade. Disponibilize essas dúvidas também no site da organização.
7. **Fazer a tecnologia trabalhar por você**: crie rotinas automáticas na sua central de atendimento para que as chamadas possam ser redirecionas para outras equipes no horário de pico
8. **Esforçar-se para analisar a qualidade do serviço**: estabeleça procedimentos padrões para as encomendas de novos clientes e realize pesquisas com clientes regulares para assegurar a satisfação com o serviço de atendimento que você oferece.
9. **Verificar a satisfação dos clientes com o atendimento recebido**: guarde os dados dos clientes e realize com eles uma pesquisa de satisfação a respeito do serviço recebido.
10. **Formação**: seus funcionários devem ser treinados em várias áreas – eles precisam ser multiqualificados. A ampla gama de conhecimentos os deixa mais produtivos e os torna aptos a responderem diferentes tipos de chamadas.

Conforme a proposta deste autor, as empresas devem administrar o processo completo, comunicando os objetivos e, inclusive, definindo metas de atendimento. Por meio de uma análise do tipo de chamadas realizadas, é possível encontrar formas de reduzir os custos. Na administração das relações, deve-se buscar a facilidade dos contatos, ajudando o pessoal de atendimento a ser mais produtivo. A análise da satisfação dos clientes e a utilização de tecnologias adequadas permitem a obtenção de realimentação de todo o processo, bem como a condução de melhorias tanto no atendimento como no treinamento de reciclagem para os funcionários.

11.3. Formas de Atendimento ao Cliente na Internet

Se você acha que um *call center* em algum lugar na Índia ou que um endereço de e-mail são as únicas maneiras de prestar serviço de atendimento ao cliente para o seu negócio, você está lamentavelmente perdendo muito ao deixar passar a revolução das redes sociais. Na verdade, muitas empresas (grandes e pequenas) estão se voltando às redes sociais (a partir de fóruns de comunidades on-line, do uso de blogs, twitter e facebook, entre outros) para lidar com um volume cada vez maior de preocupações do cliente com o menor custo possível para a empresa.

A seguir, serão apresentadas as melhoras maneiras de atender seus clientes de forma satisfatória utilizando a internet.

11.3.1. E-mail

É muito importante manter um sistema de atendimento às reclamações dos clientes para permitir um permanente desenvolvimento interno e uma gestão empresarial com foco no cliente. Os novos desafios do mercado demandam que as empresas observem e desenvolvam seus processos de atendimento, entendendo os motivos para reclamações e sugerindo ações para solucionar problemas.

Com base nisso, o e-mail se torna uma das principais ferramentas de relacionamento de curto e longo prazo, visto que é possível a criação de um banco de dados com todas as informações úteis para o desenvolvimento do negócio.

A seguir uma lista de como responder corretamente os e-mails dos clientes:

1. Independentemente do grau de instrução, classe social, faixa etária, etnia e sexo, todos - indistintamente - são clientes. E todo cliente merece sempre uma resposta clara e profissional, que atenda, sobretudo, as suas necessidades.
2. Leia atentamente o que o cliente escreveu. É o mínimo que você pode fazer por ele. Durante a leitura, procure anotar quais são as reclamações, reivindicações, críticas e sugestões. Lembre-se de que, na sua resposta, tudo deve ser levado em conta.

3. Responda precisamente ao que foi perguntado. Na medida do possível, não deixe perguntas sem respostas. Imprecisão e sonegação de informações geram sempre trabalho dobrado, pois resposta incompleta gera fatalmente um novo e-mail.
4. Não perca o controle sobre a quantidade de informações. Se você passar informações que o cliente não pediu, pode acabar criando problemas que ele não tinha.
5. Mantenha sempre aberto o canal de comunicação com todas as áreas da sua empresa. Lembre-se de que ninguém escreve sobre aquilo que não sabe. Peça orientações por escrito. Elas serão a base para suas respostas.
6. Seja cordial e diplomático. Nada que o cliente diga é contra você, especificamente. Por isso, não "GRITE" com o leitor (digitar em letras maiúsculas) e mantenha sempre uma atitude positiva, mesmo em situações de conflito.
7. Procure individualizar sua resposta. Use o nome do cliente no vocativo (Senhor Ricardo, Prezado Ricardo ou apenas Ricardo). Mencione no texto o motivo que levou o cliente a emitir a mensagem. Sendo específico quanto a isso, o cliente se sente reconhecido e respeitado.
8. Escolha o tom correto. A escolha do tom está ligada à maneira como o texto deve adaptar-se a circunstâncias e leitores diferentes. Portanto, seja simples, sem ser vulgar; seja formal, sem ser pedante.
9. Faça uma boa revisão gramatical antes de enviar a mensagem. Erros gramaticais, além de dificultarem a compreensão do texto prejudicam substancialmente sua imagem e a de sua empresa perante o cliente.

11.3.2. *Chat*

Até bem pouco tempo, o *chat* (sistema de comunicação em tempo real, através da internet) era utilizado apenas como forma de entretenimento. Recentemente, de sala de bate-papo o chat se transformou em um importante canal de comunicação entre a empresa e o cliente. Em um mundo onde a falta de tempo é generalizada e o uso de equipamentos de informática está cada vez mais presente no cotidiano de boa parte da população, o atendimento on-line avança como uma tendência disseminada entre sites de empresas de pequeno a grandes portes.

Graças aos serviços de *chat on-line*, toda empresa poderá oferecer a seus clientes e parceiros uma opção rápida, segura e de amplo retorno para seus negócios. O chat pode eliminar o uso do telefone, pois permite que qualquer cliente, ao navegar em sua página, converse com um de seus funcionários em tempo real.

Pensando no ritmo dinâmico exigido pela internet, os programas de chat ainda oferecem recursos que facilitarão o trabalho do seu operador.

Entre as principais vantagens do uso de chat, podemos destacar:

Credibilidade: Os visitantes se sentem bem mais seguros quando veem que existe alguém por trás da "página estática" que eles estão visitando, pois percebem que podem falar com alguém da empresa no momento em que quiserem.

Impulso: Uma boa parte das vendas é feita por impulso momentâneo, e se você só fornece opção de atendimento por e-mail, você pode estar perdendo diversas oportunidades de venda ou contato pelo seu site.

Opção de contato: Um empresário sabe que os clientes não pensam do mesmo jeito, e o que agrada a um pode não agradar a outro. É importante fornecer diversas formas para contato e atendimento, para deixar o cliente confortável para escolher a forma que mais lhe agrada. Algumas pessoas preferem atendimento por telefone, outras, mais tímidas ou menos ansiosas, preferem atendimento por *chat on-line*, que é uma forma mais impessoal.

Monitoramento de seu site: Saiba de onde vêm os visitantes, quantos estão on-line, o tempo que estão em seu site, a página que está sendo visitada e quando mudam de página.

11.3.3. Fóruns

Um fórum (na internet) é um espaço de discussão pública. Normalmente eles têm temas, onde geralmente é colocada uma questão, uma reflexão ou uma opinião que pode ser comentada por quem se interessar. Quem quiser pode ler as participações anteriores e pode acrescentar algo, se desejar.

A melhor coisa sobre o uso dessa ferramenta versátil para as empresas que visam melhorar seu serviço de atendimento ao cliente via internet é que você realmente não precisa fazer nenhum trabalho. Certamente você pode ter um representante da empresa ou um técnico para monitorar o fórum, se e quando necessário, mas são os próprios clientes que frequentemente se encarregam de fazer a grande maioria do trabalho, escrevendo sobre os problemas solucionados e compartilhando informação e conhecimento adquiridos de forma livre e sem custos para a empresa.

Os fóruns de discussão basicamente possuem duas divisões organizacionais; a primeira é uma divisão por assunto, e a segunda, uma divisão desse em tópicos. As mensagens ficam ordenadas decrescentemente por data, da mesma forma que os tópicos ficam ordenados pela data da última postagem.

Hoje em dia existem dois tipos de fórum: o público e o privado. No fórum de discussão público, provedores, empresas ou instituições disponibilizam espaços para discussão sobre os mais variados tópicos de interesse geral, durante um determinado período de tempo; o acesso e a participação nesse tipo de fórum é livre e irrestrito, sem limite de tempo ou espaço para a troca de mensagens escritas. Em contrapartida, no fórum de discussão privado, uma empresa ou instituição abre espaço para discussão sobre tópicos específicos relacionados à área de interesse, durante um período de tempo determinado; o usuário apenas precisa ter acesso ao sistema do fórum na web, por meio de cadastramento prévio para obtenção da senha competente.

Entre as principais vantagens de se utilizar fóruns está o modo como estes armazenam as mensagens: os participantes que acessam um tópico pela primeira vez podem acompanhar mais facilmente a discussão assim evitando redundâncias, o que torna mais eficientes as retomadas ao tema, fazendo com que uma discussão com pausas fosse como uma ininterrupta. Além do mais, a escrita das mensagens pode ser mais trabalhada, objetivada, diferentemente das salas de bate-papo, onde se trabalha mais instantaneamente, ficando mais passível a desvios gramaticais e de raciocínio.

Para se ter ideia, quase metade dos internautas brasileiros diz, em pesquisa, que consultam fóruns e comunidades na web para ouvir a opinião de outros consumidores antes de fechar uma compra.

O estudo foi feito pela *Talk Interactive* com apoio do *Datafolha*, e ouviu usuários de web nas cinco regiões do Brasil. De acordo com o estudo, quanto maior a complexidade dos produtos a serem comprados, maior a leitura de conteúdo gerado pelo usuário na web para decidir a compra.

Assim, eletrônicos que podem ser analisados sob muitos aspectos, como laptops e máquinas fotográficas digitais, têm maior leitura on-line em fóruns. Segundo os organizadores do estudo, os números revelam a importância de fabricantes e revendedores investirem em marketing on-line e acompanharem as discussões que acontecem na internet a respeito de seus produtos.

Os comentários em fóruns, diz ainda a análise, têm maior peso na decisão dos consumidores pois são recebidos como um material isento ou imparcial, ao passo que anúncios tradicionais são vistos com maior desconfiança, por sabidamente mostrar apenas o que o fabricante deseja.

11.3.4. Twitter

O Twitter é uma rede social e servidor para microblogging, que permite aos usuários enviar e receber atualizações pessoais de outros contatos (em textos de até 140 caracteres, conhecidos como *tweets*), por meio do *website* do serviço, por SMS e por softwares específicos de gerenciamento. As atualizações são exibidas no perfil de um usuário em tempo real e também enviadas a outros usuários seguidores que tenham assinado para recebê-las.

A seguir, 20 dicas de como utilizar melhor o Twitter e ter resultados.

1. Crie um nome que seja referente a você ou à empresa; até tenha mais de um twitter para assuntos diferentes.
2. Adicione seu endereço de twitter na sua assinatura de email, no seu site e blog.
3. Repita as informações postadas depois de algumas horas; ninguém vê tudo a todo momento.
4. Saiba o melhor horário para postar e quando seus seguidores estão conectados.
5. Tenha seguidores "apóstolos" ou comunicadores. Eles irão divulgar seu trabalho.
6. Mostre seu twitter, como se fosse um cartão de visita da sua empresa. Se a pessoa tiver interesse, vai te adicionar.
7. Busque contatos com base em grupos de interesses (conselhos de classe, comunidades de empreendedores).
8. Não escreva tudo em MAIÚSCULO! Isso faz parecer que você grita com o seguidor.
9. Use ferramentas do twitter: no Futuretweets.com, você consegue agendar os seus tweets quando não pode estar presente ou dispor de ferramentas para buscar assuntos a ver com seu twitter.
10. Você somente terá retweets após uma certa quantidade de seguidores, geralmente está na casa dos 2% de pessoas que "retweetam" algo. Isso ainda depende do assunto/horário também.
11. Foque um assunto no seu twitter; *posts* variados dão a impressão de que você não sabe o que quer.
12. Quantidade de seguidores não é referencial. Melhor ter qualidade do que quantidade; hoje se consegue seguidores até pagando por eles.
13. Use *Hashtags*! Palavras que entram nas buscas de assuntos. Exemplo: #diadocliente
14. Retweete com moderação.

15. Faça promoções com brindes para conseguir divulgação do seu twitter e premiar seus seguidores mais assíduos.
16. Crie listas de assuntos e siga listas.
17. Agradeça os retweets, e, principalmente, poste os elogios no agradecimento: o que os outros falam de você tem um valor mil vezes maior do que o que você diz sobre sua empresa.
18. Cite outras pessoas no twitter @anderson_ciclo em suas frases ou comentários; isso conta pontos.
19. Não poste coisas pessoais no seu twitter nem frases sem sentido ou desabafos. Twitter não é Orkut.
20. Inclua links que direcionem para o seu blog ou site.

Um bom exemplo das vantagens do Twitter é o caso da companhia aérea americana JetBlue, que faz do Twitter uma espécie de serviço de atendimento ao consumidor, dando ao cliente uma alternativa simples e eficiente de entrar em contato com a empresa. A rede americana Walmart criou, em seus supermercados no Brasil, uma conta no Twitter específica para os consumidores, como parte de sua estratégia de vendas on-line.

11.3.5. Blog

Um blog é um site cuja estrutura permite a atualização rápida a partir de acréscimos dos chamados artigos, ou *posts*. Estes são, em geral, organizados de forma cronológica inversa, tendo como foco a temática proposta do blog, podendo ser escritos por um número variável de pessoas, de acordo com a política do blog.

Muitos blogs fornecem comentários ou notícias sobre um assunto em particular; outros funcionam mais como diários on-line. Um blog típico combina texto, imagens e *links* para outros blogs, páginas da web e mídias relacionadas a seu tema. A capacidade de leitores deixarem comentários de forma a interagir com o autor e outros leitores é uma parte importante de muitos blogs.

Portanto, a criação de um blog é uma ótima maneira de não só chegar até os seus clientes (para resolver suas preocupações em grande escala), mas também uma excelente ferramenta para gerar comentários, pois se você escreve um post sobre determinado assunto, os clientes, além de obterem informações atualizadas, podem também receber informações sobre esse mesmo assunto (quais soluções encontradas, como chegar ao resultado esperado), o que pode diminuir significativamente os chamados de dúvidas registrados pela empresa.

11.3.6. Facebook e Orkut

O Orkut e o Facebook são os principais sites de relacionamentos utilizados pelos brasileiros, e são definidos como uma comunidade on-line desenvolvida para promover a interação entre as pessoas, estabelecer relacionamentos e criar comunidades em torno de interesses comuns.

Considerando que os consumidores estão utilizando cada vez mais canais não oficiais para expor suas opiniões e críticas sobre marcas, empresas e produtos, começa a ficar claro que as mídias sociais se tornarão os principais canais de relacionamento das empresas com seus clientes em um futuro próximo.

Algumas empresas já estão se antecipando a essa tendência e fazendo esse movimento. Ao monitorarem e identificarem conversas em canais não oficiais como Orkut e Facebook, se antecipam às necessidades de atendimento dos clientes e resolvem seus problemas antes que se tornem maiores e tragam mais inconvenientes.

11.4. Como Melhorar o Atendimento ao Cliente na Internet

Como visto até aqui, no decorrer do capítulo, realizar o atendimento ao cliente via internet traz inúmeras vantagens às empresas, como por exemplo, rapidez no atendimento e diminuição de custos.

Para ajudar você e sua empresa a entender a melhor maneira de utilizar essas ferramentas e se diferenciar da concorrência, a seguir uma lista das melhores práticas de atendimento ao cliente via internet.

1. **Atualize suas ferramentas de CRM**: o uso de tecnologia apropriada pode ajudar a percorrer um longo caminho para melhorar o atendimento ao cliente. Ao assegurar que sua equipe tenha a capacidade de visualizar o histórico de interações anteriores com um determinado cliente, além do ganho de tempo, há melhora na satisfação do mesmo.

2. **Proporcione um atendimento pessoal**: com a confirmação de recebimento de pedidos que você envia para seus clientes, atribua automaticamente a cada cliente um representante pessoal que será responsável por cuidar de todas as suas dúvidas. Os clientes ficarão impressionados ao saber que possuem um representante especialmente selecionado para atender seu pedido e que podem encaminhar todas as suas dúvidas a ele.

3. **Acompanhe os chamados abandonados**: Quando um cliente inicia uma solicitação, mas não termina a mesma, use o telefone para saber se todos os problemas foram resolvidos. Os clientes irão apreciar o gesto, e você provavelmente vai salvar muitas vendas com esse processo.

4. **Acompanhe a satisfação com os pedidos**: considere o envio de um e-mail com uma pesquisa de satisfação, juntamente com a confirmação do pedido. Embora nem todos os clientes responderão ao questionário, eles saberão que você se importa o suficiente com ele, para pedir sua opinião.

5. **Amplie sua base de perguntas e respostas na sua base de FAQs**: surpreendentemente, uma das maneiras mais fáceis de melhorar a satisfação do cliente pode ser evitar interações desnecessárias com ele. Não importa o quão amigável e treinado seja o seu representante de *call center*, nenhum cliente ficará satisfeito se tiver de entrar em contato para que se responda a uma pergunta simples: "como faço para devolver um produto?". Evite situações como esta, mantendo uma base de conhecimento via FAQ que responde a todas as perguntas de forma simples e direta.

6. **Chat ao vivo**: muitos clientes não gostam da ideia de esperar, nem que seja poucos segundos, para falar com alguém. Oferecer uma

opção de chat ao vivo pode ser uma maneira barata de responder as perguntas de seus visitantes, e, ao mesmo tempo, reduzir drasticamente o volume de chamadas para o seu *call center*.

7. **Crie uma pagina de produtos detalhada**: tente imaginar as perguntas que seus clientes podem realizar e as responda antes mesmo de serem colocadas, detalhando ao máximo a página de informação dos produtos. Inclua todas as informações relevantes que um cliente gostaria de saber sobre seus produtos.
8. **Tenha uma política de devolução simples**: certifique-se de que a sua política de devolução não seja exageradamente complicada ou rígida. Quantas vezes você já comprou em uma determinada loja só porque a sua política de devolução era favorável e lhe passou a confiança necessária que precisava para comprar?
9. **Envie um obrigado por e-mail**: sempre envie um e-mail para seus clientes agradecendo o negócio realizado. Certifique-se de incluir algo personalizado no e-mail, pois assim irá convencê-lo de que esse agradecimento não é apenas algo genérico enviado para todos, e sim algo criado especificamente para ele.
10. **Faça mais do que simplesmente consertar seus erros**: quando sua empresa comete um erro, certifique-se de exceder as expectativas do seu cliente quando for corrigi-lo. Se um item foi erroneamente deixado de fora de uma encomenda, não apenas ofereça o envio do item, ofereça algo a mais de forma gratuita. Muitas empresas acham que seus clientes se tornam mais fieis após uma solução extremamente satisfatória de um problema.
11. **Conserte os erros dos outros**: se a encomenda estiver atrasada ou se perder por culpa dos serviços de entrega, não apenas culpe o parceiro, mas ofereça uma. Uma das primeiras providências a serem tomadas é se oferecer de imediato para reenviar o item ou no mínimo se tornar o responsável para cuidar do problema junto à transportadora, evitando que o mesmo tenha que se encarregar da solução do problema.
12. **Garanta uma resposta de e-mails em tempo real**: a maioria dos clientes espera que suas solicitações possam ser respondidas

no prazo máximo de 24 horas. Quanto menor o tempo para responder uma dúvida, maior a chance de o cliente ficar satisfeito com o contato.

Excelência no atendimento ao cliente pela internet requer que os procedimentos sugeridos neste capítulo sejam aplicados para que se obtenham níveis de satisfação adequados. No entanto, o monitoramento dos comentários nas redes sociais e nos diversos canais selecionados pela empresa deve ser acompanhado para resultados positivos. Muitas empresas não monitoram os resultados, deixando de obter uma excelente informação para atingir serviços nota 10. Para se alcançar o melhor dos resultados, a avaliação deve ser constante e as adaptações frequentes para adequação dos serviços aos resultados encontrados.

Resumo

Hoje em dia existe uma preocupação constante das organizações com sua imagem perante o mercado. Sendo assim, elas sentem a necessidade de monitorar os espaços virtuais, a fim de captar informações que sejam úteis para manter sua aceitabilidade e credibilidade.

Nesse cenário, a internet é um recurso incrível para o gerenciamento de relações com os clientes. Este capítulo teve como objetivo descrever como uma empresa pode utilizar as tecnologias e recursos disponíveis na internet para melhorar a satisfação dos clientes, respondendo rapidamente às solicitações dos clientes, proporcionando um maior acesso à informação de produtos e serviços.

Essa nova forma de prestar serviço de atendimento ao consumidor busca aumentar a satisfação do cliente, pois ele mesmo pode ter acesso à solução de seus problemas de forma rápida e simples.

Nesse sentido, o objetivo básico que buscamos no decorrer desse capítulo foi o de responder como utilizar essas novas ferramentas para proporcionar uma experiência única de atendimento.

Questões

1. Que informações ajudam a verificar a importância do atendimento eficaz na internet como fonte de fidelização dos clientes?
2. Quais as recomendações para um bom atendimento ao cliente na internet?
3. Quais são as regras para prestar serviços de excelência na internet e reduzir custos?
4. Como um cliente pode ser atendido pela internet? Comente as formas de atendimento.
5. Qual a principal recomendação para a obtenção permanente de níveis adequados de satisfação?

Texto para Análise e Discussão

O site VendaMais elaborou alguns exemplos de como as principais empresas brasileiras utilizam a internet na busca de oferecer um atendimento ao cliente eficaz:

- **UOL** - Além do Orkut e YouTube, a companhia se comunica cotidianamente com seu público via e-mail, salas de bate-papo, murais, grupos de discussão e blogs. No Shopping UOL, por exemplo, as pessoas podem dar notas para os produtos e publicar suas críticas.
- **Locaweb** - A grande aposta da organização é o Statusblog de Serviços (www.statusblog.locaweb.com.br). Nele, são postados problemas técnicos de maior escala em tempo real. Assim, se a mesma dificuldade impactar vários clientes, eles podem evitar o atendimento telefônico e recorrer ao blog para solucionar suas dúvidas.
- **Claro** – A operadora de telefonia móvel se comunica com seus consumidores no mundo virtual há mais de um ano. Em 2008, criou um blog corporativo no intuito de gerar fóruns de discussão.

- **Linksys** - Especializada em infraestrutura de redes *voip*, *wireless* e *ethernet*, a companhia lançou o portal Web 2.0 Eu quero Linksys (www.euquerolinksys.com.br), em que é possível navegar pelas soluções Linksys e postar dúvidas. Todas as perguntas são interativas e podem ser respondidas tanto pela equipe quanto por outros leitores.
- **O Boticário** - A empresa trabalha com a E-life, uma ferramenta que, todo mês, disponibiliza um relatório completo de tudo o que se fala sobre a marca nos 60 sites mais populares. Dessas informações, os profissionais de atendimento ao consumidor selecionam os comentários que são passíveis de resposta e iniciam um diálogo com o internauta. No período de um ano, o centro de relacionamento com o cliente monitora, analisa e responde aproximadamente 1,4 mil depoimentos publicados on-line.

Questões

1. Comente a validade de cada uma destas ferramentas mencionadas e utilizadas pelas empresas.
2. Em sua opinião, as ferramentas estão adequadas ao tipo de atendimento em relação à prestação de serviços?
3. Comente a tática usada pelo Boticário. Como você relaciona esta tática com a teoria que foi apresentada no capítulo?

Referências

<http://www.resellerweb.com.br/solutions/telecom/call_center/artigo.asp?id=15600>. Acesso em 11 de novembro de 2010.

<http://www.catho.com.br/jcs/inputer_view.phtml?id=7920>. Acesso em 11 de novembro de 2010.

<http://www.relacionamentodigital.com/como-desenvolver-um-relacionamento-eficiente-com-os-clientes>. Acesso em 12 de novembro de 2010.

<http://www.e_life.blogger.com.br/2005_11_01_archive.html>. Acesso em 12 de novembro 2010.

<http://www.sinestesia.co.uk/blog/?page_id=501> Acesso em 12 de novembro de 2010.

<http://www.aureliogalvao.jor.br/art/art025.htm> Acesso em 12 de novembro de 2010.

<http://www.dnt.adv.br/noticias/direito-do-consumidor/nova-lei-vai-regulamentar-atendimento-ao-cliente-via-internet/>. Acesso em 12 de novembro de 2010.

<http://www.sebraego.com.br/site/site.do?idArtigo=1496>. Acesso em 12 de novembro de 2010.

<http://varejovirtual.wordpress.com/category/atendimento-ao-cliente/>. Acesso em 11 de novembro de 2010.

<http://pt.wikipedia.org/wiki/Blog>. Acesso em 11 de novembro de 2010.

<http://www.artigonal.com/atendimento-ao-cliente-artigos/gestao-de-clientes-no-twitter-20-dicas-de-como-utilizar-bem-o-twitter-e-ter-resultados-3311287.html>. Acesso em 11 de novembro de 2010.

<http://pt.wikipedia.org/wiki/Twitter#Perfil_do_usu.C3.A1rio_brasileiro>. Acesso em 11 de novembro de 2010.

<http://www.freshbusinessthinking.com/archives.php?NWSID=632>. Acesso em 11 de novembro de 2010.

<http://www.scribd.com/doc/23682270/HSM-A-Fidelidade-Na-Internet>. Acesso em 11 de novembro de 2010.

<http://www.michaelfruchter.com/blog/2010/07/five-ways-to-improve-customer-service-through-social-networking>. Acesso em 11 de novembro de 2010.

<http://ezinearticles.com/?25-Creative-Ways-To-Improve-Internet-Customer-Service&id=758731>. Acesso em 11 de novembro de 2010.

<http://idgnow.uol.com.br/internet/2009/02/04/nova-lei-vai-regulamentar-atendimento-ao-cliente-via-internet/>. Acesso em 11 de novembro de 2010.

<http://www.cisco.com/web/BR/solucoes/commercial/2d_Five_Ways_to_Improve_Customer_Responsiveness_por.html>. Acesso em 11 de novembro de 2010.

<http://mypix.com.br/pixblog/casos-reais-de-atendimento-ao-cliente/>. Acesso em 11 de novembro de 2010.

<http://www.targeting.com/book2.html>. Acesso em 11 de novembro de 2010.

<http://www.vendamais.com.br/artigo/48822-fidelizacao-on-line.html>. Acesso em 11 de novembro de 2010.

Autores

ALEXANDRE LUZZI LAS CASAS - Graduado em Administraçãode Empresas (concentração em marketing) pela University of Maryland (EUA) e em Administração Mercadológica pela Prince Georges College (USA). É mestre em Administração de Empresas pela PUC-SP e doutor em Administração Mercadológica pela FGV-SP. Professor titular da PUC-SP em cursos de graduação e pós-graduação. É líder do núcleo de pesquisa MARCO - núcleo de pesquisa em marketing e comunicação da PUC-SP. Foi professor convidado nas universidades de Valladolid (Espanha), de Neuremberg (Alemanha), Complutense (Madri) e do Instituto de Economia e Administração (Moscou); Universidade Católica de Angola e Universidade Católica de Porto, onde ministrou aulas em cursos de doutorado, MBA, além de desenvolver pesquisas em algumas dessas instituições. Palestrante internacional, proferiu palestras em universidades e faculdades espanholas, como ESIC, Carlos III e Maria Cristina El Escorial, e em universidades portuguesas, como UCP de Porto. É também consultor de empresas e autor de 20 livros de marketing e vendas.

AGUSTIN RODRIGUES - Doutor em Comunicação e Semiótica e Mestre em Administração de Marketing pela PUC/SP. Administrador. Professor de Marketing junto ao Departamento de Administração da FEA - PUC/SP e dos programas de Pós-graduação em Marketing da Cogeae PUC SP. Professor de Marketing da FAAP, no curso de Administração. Pesquisador junto ao GESC - Grupo de Estudos Semióticos em Comunicação, Cultura e Consumo.

ANA MARIA RAMOS BUAIRIDE - Graduada em Administração de Empresas pela Universidade de São Paulo e mestre em Administração pela Pontifícia Universidade Católica de São Paulo. Professora de Administração, com ênfase em marketing, da PUCSP. Tem experiência na área de Administração, com ênfase em Marketing, atuando principalmente nos seguintes temas: serviços, vendas, comunicação e planejamento estratégico.

Ana Paula Maiochi Silverio – Mestre em Administração pela PUC-SP, pós-graduada em "Lazer e Eventos" (ESEFM/FIEMG) e bacharel em Turismo pela PUC-MINAS. Atualmente, atuo como professora do curso de Administração na Faculdade de Ciencias de Guarulhos. Participação como pesquisadora do núcleo de pesquisas MARCO/PUC-SP, desenvolvendo estudos de marketing estratégico e de serviços e atuação em trabalhos de consultoria e assessoria em Turismo e Hotelaria.

Antonio Vico Mañas – Administrador, Mestre em Administração, Doutor em Ciências Sociais e Pós Doutorado em Administração. Professor titular e Vice-reitor da PUC-SP, Consultor empresarial, palestrante e autor de diversos livros, capítulos e artigos.

Clotilde Perez – Livre-docente em Ciências da Comunicação pela ECA – USP. Pós-doutora em Comunicação pela Universidad de Murcia, Espanha, com bolsa da Fundación Carolina. Doutora em Semiótica e Mestre em Administração de Marketing pela PUC/SP. Professora da ECA – USP no Programa de Pós-graduação em Ciências da Comunicação e no curso de Publicidade. Professora da PUC/SP junto ao departamento de Administração – FEA. Líder do GESC – Grupo de Estudos Semióticos em Comunicação, Cultura e Consumo.

Iara Lucia Cardoso Alves Rangel – Empresária, Coordenadora de Pós-Graduação, Professora Universitária, graduada em Economia, Mestre em Comunicação Tecnológica com enfoque em Marketing, especialista em Administração Industrial, Comunicação Mercadológica e Administração de Marketing.

LUISA ESTEFANÍA APARÍCIO JARAMILLO – Mestranda pela Pontifícia Universidade Católica de São Paulo

LUIZ CLAUDIO ZENONE – Professor Universitário e Coordenador do Curso de MBA em Marketing na PUC/SP, Mestre em Administração e Doutor em Ciências Sociais pela PUC-SP.

NICOLAU ANDRÉ DE MIGUEL – Professor universitário, Doutor em Psicologia Social IP-USP e Doutor em Administração FGV-EAESP. Trabalhou mais de 22 anos na IBM Brasil em diversos cargos gerenciais em vendas, marketing, recursos humanos e desenvolvimento gerencial. Especializou-se em competências, vendas, marketing, negociação e planejamento de marketing. Autor de capítulos de livros e artigos acadêmicos para Congressos.

RUTHELLE MARIA DE CARVALHO SOUSA – Mestranda pela Pontifícia Universidade Católica de São Paulo

SÍLVIO LUIZ SANT'ANNA – Escritor, professor universitário, graduado em História, com MBA em Gestão de Marketing, especialista em Ciências Sociais, mestre em Ciências da Religião e doutorando em Ciências Sociais, com enfoque em Antropologia pela PUC-SP.

TANIA MAIA – Professora universitária da FEA e PUC-SP. Mestre em Administração com ênfase em Marketing e doutoranda em Ciências Sociais pela PUC-SP.

WAGNER DE OLIVEIRA PIVA – Mestre em Administração de Empresas pela PUC-SP (2010). Responsável pelo lançamento dos seguintes sites: www.litec.com.br, www.livrododia.com.br, www.livrariafacil.com.br